教育と政治
戦後教育史を読みなおす

森田尚人
森田伸子
今井康雄
編著

勁草書房

序

本書は、西洋教育史、とりわけ欧米近・現代の教育思想を主たる研究対象としてきた著者たちによる、戦後日本教育の歴史を読みなおす企てである。学問一般の例にもれず、教育学にあっても専門性の深まりにともなって、サブ・ディシプリンの間を隔てる壁が高くなるなかで、こうした研究領域の越境はいささか無謀な試みといわれるかもしれない。だが、実に六〇年に及ぼうとしている敗戦からの年月は、個人の生活の文脈においてだけでなく、日本教育のさまざまな局面にわたって大きな歴史的意味をもっているにもかかわらず、わずかに占領期を除いては、本格的な研究はいまだ現われていない。われわれの現在いる歴史的地点を明らかにすることなしに、今日の教育の直面する政治的・社会的課題を検証することができないとすれば、なにより組織的な取り組みが求められているのは、戦後教育史像のあらたな構築ではあるまいか。

タイトルが示すように、著者たちの関心はおのずと戦後日本社会における政治と教育のかかわりに収斂していった。ソヴィエト連邦の崩壊による東西冷戦の終結は、冷戦体制の一方の陣営に共感を示すことの多かった、戦後教育学の歴史的意味の問いなおしを迫っている。しかしながら、教育学にかぎらず、社会科学一般の間に広くみられるのは、「歴史の忘却」とでも呼ぶべき事態である。教育をめぐる言説が、「個性教育」「心の教育」「子どもの権利」といったスローガンのもとで、限りなく個人の側に収縮していく現在にあって、「五五年体制」のもとで政治的対立軸のひとつを構成したほどに激しく闘われた戦後政治にかかわる教育の歴史は、たんなる過去の記憶のひとつとして忘れ去られてよい問題ではあるまい。

とはいっても、これまで戦後教育史が書かれてこなかったというわけではない。むしろ、戦後教育学は自らの政治的選択を誇示するかのように、ある物語にそった歴史的自画像を描き出してきた。むしろ問題は、そうした歴史分析の枠組がステロタイプ化して、自由な発想に基づく、活発な論争を締め出してきたことなのである。各論稿には、明示的あるいは暗黙裡に、従来の戦後教育史研究に対する批判がこめられている。そういった意味で本書の特徴を、これまで支配的であった戦後教育史研究のありようと対比させながら、三点にわたって述べておきたい。

第一に、本書の執筆者たちは、一九七〇年代末までにかたちづくられた戦後教育史の通説的枠組に対する批判を強く意識していることである。ここで通説というのは、戦後教育の歴史を、占領期の非軍事化・民主化の一環としての教育改革→「逆コース」にともなう政治の反動化による戦後教育改革の空洞化→高度経済成長期の能力主義的教育政策によって、教育の経済への従属が進み、教育の荒廃がもたらされた、という筋に沿って論じる立場を指している（羽田貴史「戦後教育史像の再構成」、藤田英典他編『教育学年報6』、世織書房を参照）。こうしたシェマの前提となっているのは、権力的に教育政策を壟断する反動的な政治勢力と、戦後改革の理念を擁護する民主的な革新勢力との間で、妥協の余地ない対立抗争があったとみる、二元的な図式である。それに対してわれわれは、戦後教育の果たしてきた社会的機能は、政策決定のレヴェルからミクロな教室実践にいたるさまざまな場において展開された、ヘゲモニーをめぐる争いの総和として論じられるべきだ、と考えるのである。

このことと関連して、第二に、本書では従来の戦後教育史のイメージを超えた幅広い、多様な主題が論じられる。幼児教育から大学教育にいたる教育行政、あるいは教科論から授業論にわたる教育改革の動向や教師論、さらには平和と民主主義やポップカルチャーを論じる雑誌文化などである。もちろん、教育行政サイドからみた政治過程の分析は、教育学研究にとって、依然として重要な視点でありつづけるだろう。だが、本書で戦後教育の主要なアクターとして登場するのは、「反動的な」自民党政治家やその意を受けた行政官僚にとどまらない。労働組合運動の指導者や、国際共産主義運動のエージェント、その同伴者としてのリベラルな知識人。学校教育のあり方の改革をめざす国語学者や数学者、自然科学者、さらには少女雑誌やロック雑誌の編集者や、あるいは建築家。そして、教師の権力性を問いなおす教師自身もまた、戦後教育を語る上で欠くことのできない登場人物なのである。こうしたさまざまな人びとの視線を交錯させて浮かび上がる複合的な歴史的現実こそが、われわれのいる地点を読み解くために必要な教育学的認識を構成するのではなかろうか。

最後に、戦後という時代の区切り方の問題である。敗戦体験から今日にいたる六〇年を地続きの時間的経過とみなして、戦後をひとまとまりの時代として括ることはもはや不可能なことであろう。とりわけ戦後教育史研究の行き詰まりは、先述した通説的枠組に依拠するかぎり、八〇年代以降の日本教育の際立った変貌を捉えきれなくなった事情が大きく作用している（今井康雄「見失われた公共性を求めて：戦後日本の教育学における議論」、『近代教育フォーラム』第五号）。今日的な問題関心から戦後教育の歴史を振り返ろうとする本書の試みにおいて、多くの論稿が「五五年体制」成立以後に現われた教育界の趨勢を主題に取り上げることになったのは、けだし当然のことであろう。七〇年代以降（九〇年代に入ってからのポスト戦後までを含めて）に顕著になった、教育活動そのものが「発生因子」となっているような新しい教育問題をも歴史研究の射程に収めているという意味で、本書の試みは戦後教育史研究に新たな地平を拓くものと考える。

本書の刊行までには、思いのほか時間がかかった。早春の熱海に集い、論文の構想をめぐって激しい、しかし、胸躍るような議論を交わしてから、すでに三年半が経過した。その時間は、新たな挑戦が支払わねばならない代価であったように思われる。この試みを契機に、戦後教育史研究においても有意義な論争が起こることを願っている。

森田尚人

目次

——第Ⅲ部　深層の政治——

目　次

第Ⅰ部　排除される政治・持続する政治

第1章　戦後日本の知識人と平和をめぐる教育政治
――「戦後教育学」の成立と日教組運動――

森田尚人

はじめに――戦後政治の対立軸としての教育問題

ソヴィエト連邦の突然の崩壊にともなう冷戦の終結は、戦後教育史の根本的な書きなおしを迫っている。政府・文部省と日教組の対立を軸に、きびしい政治的対決の物語として描かれてきた戦後教育の歴史叙述は、この予想外のできごとによって急速にリアリティを失ったかにみえる。しかし、こうした事態の変転は、人びとをして新たな歴史像の再構成に向かわせるというより、むしろ歴史の「忘却」とでもいうべき状況を醸し出している。保守と革新、あるいは総資本対総労働といった先鋭な政治的対立に彩られたいわゆる「五五年体制」の記憶は、遠い過去の世界に埋もれてしまったかにみえる。

「五五年体制」における基本的な政治的対立軸は、安保・防衛に加えて教育問題をめぐって構成された。本稿は、そうした対立構図が定着するまでにいかなる歴史的事情が作用したかを、冷戦構造の文脈で読み解こうという試みである。戦後日本における保守と革新の争点が、先進工業諸国でみられたような経済・福祉政策をめぐってではなく、再軍備をめぐる防衛問題にあったことはしばしば指摘されるところである。(1) 教育の世界においても、占領下に中央集権的な制度機構をそのまま温存させた文部省と、義務教育段階の教員をたちまちのうちに組織して急進化していった日教組との間で緊張が昂進したが、それは教育をめぐる争点がストレートに防衛問題に連結していた事情を反映していた。

戦後改革の見直しは、日本をアジアにおける反共の戦略拠点と位置づけ、その経済的復興を通してアジアの近代的工業力の中心地として再生させるという、ケナン（George F. Kennan）の「封じ込め」構想の具体化にともなうものであった。ケナンはソ連の直接的な軍事的脅威よりも、共産主義勢力の政治的浸透を重視したから、教育、労働、治安などが政治的争点として前面に浮かび上がった。(2) 保守と革新の政治的対立は「米ソ国際冷戦の国内版」（原彬久）として、「資本主義か社会主義か」という体制選択と結びついた原理的なイデオロギー対立の構図を孕むことになったのである。同時に占領政策の転換は、左派陣営からは占領下の民主的改革の成果を否定して、戦前の国家体制への回帰を目論むものと受け取られて、「逆コース」と呼ばれるようになった。しかも保守勢力は、教育政策を中央集権的な国家権力を強化する方向に修正していこうとしたとき、伝統的価値観という心理的リソースを動員したから、平等主義と近代的価値観に立つ革新勢力との対立はいっそう熾烈なものとなった。占領下に行われた教育改革の帰趨が戦後政治の基本的な争点であり続けたのは、体制選択と結びついたイデオロギー対立が、伝統的価値観と近代的価値観の対立をめぐる「文化政治」と密接に結びついていたからにほかならない。(3)

「平和」を新たな教育の原理に据えて文部行政に対抗した日教組運動に対して、教育学者だけでなく、社会科学者の多くも政治的支援を惜しまなかった。講和・平和問題を核に結集した革新系知識人は、憲法と安保・防衛問題をめぐる理念的なイデオロギー闘争にその存立基盤を求めた社会党＝総評ブロックを理論的にも支えたが、日教組はその動きのなかでつねに中核的な位置を占めていた。「逆コース」を、国家による教育統制の強化を軸にした教育の反動化のはじまりとみなす戦後教育史の通説的見解は、日教組運動に共感をもつ進歩的知識人の描き出したイデオロギー的自画像にほかならない。(4) だが、そうした歴史認識が書き換えられねばならない理由の第一は、そこに含意されていたソ連寄りの冷戦認識が、もはや歴史の検証に耐えられないからである。

言い換えれば、問題は「全体主義」という歴史的概念をどのように捉えるかということになるだろう。戦前期日本の超国家主義やナチズム支配下のドイツを全体主義と規定することに異論を挟むものはいないだろう。それに加えて、プロレタリア独裁を謳ったソ連の政治体制もまた全体主義のカテゴリーによって括ることができるのではないだろうか。われわれはいまでは、「安全保障が脅かされているというスターリンの認識こそ、冷戦を生み出した原因であった」ことを知っている。冷戦時代のソ連の対外的行動は、全体主義的専制に固有な国内的要因の不安定さによって決定されていたのである。だが、戦後日本の進歩的知識人の多くは、世界平和を積極的に推進するソ連の外交メッセージを一方的に信じて、ソヴィエト国家による途轍もない殺戮や収奪行為に対して眼を閉ざしてきた。(5)

一九三〇年代のアメリカを「赤い一〇年間」と呼ぶことがある。(6) それに倣えば、われわれは五〇年代を日本の「赤い一〇年間」と呼んでもよいだろう。三〇年代アメリカにおけるリベラル知識人の左傾化は、「独ソ不可侵条約」の悪夢によって終わりを告げたが、戦後日本のリベラル知識人はその歴史的経験からほとんど学ぶことのないままに、ソ連擁護の言説を拡大再生産していった。しかも、三〇年代アメリカでは、反スターリニズムの立場から旺盛な言論活動をつづけた左派知識人が存在したが、(7) 戦後日本でそれに相応する左派知識人はごく少数にとどまった。本稿が戦後教育史の再検討にとどまらず、「五五年体制」の確立とともに忘却の淵に追いやられた、反スターリニズムの左派知識人の存在を学問の世界においても復権させるきっかけになればと思うのである。

Ｉ　冷戦イデオロギーと平和問題談話会

（１）「ユネスコ声明」と平和のための統一戦線

戦後日本政治においてリベラル左派から社会党左派・共産党を包摂する革新陣営は、強固な「平和主義」を政治的主張の中核に据えたが、そうした共同戦線の結成にあたっては雑誌『世界』が大きな役割を果たした。一九四九年から翌年にかけて、この雑誌に掲載された「戦争と平和に関する日本の科学者の声明」、および講和問題に関する「平和問題談話会」の二つの声明が進歩的ジャーナリズムの原型となって、言論界のみならず、労働運動から政治の世界にまで及ぶ戦後社会の動向を方向づけた。さらにそれは教員組合運動に対して、「平和のための教育」という原理的立場を提示することによって、国の教育政策に対抗する上で測り知れない影響を及ぼした。というより、戦後社会において「平和の問題」が保守と革新を分かつ政治的対立軸を構成したのは、日教組の掲げた「平和教育」の原理と実践を切り離して考えることができない。

『世界』は、岩波書店が「オールド・リベラリスト」と呼ばれた人びとの文化団体「同心会」と協力して、敗戦直後に創刊した総合雑誌である。創業者岩波茂雄の親友であった安倍能成が監修にあたり、吉野源三郎が編集主任をつとめた。「どこまでも皇室を中心とする文化国家の理念に基づいて」創刊されたこの雑誌の論調が、大きく左へカーブを切るきっかけとなったのが、一九四六年五月号の巻頭を飾った丸山眞男の「超国家主義の論理と心理」であったことはよく知られている。(8) 吉野に丸山を紹介したのが、丸山と「小学校六年生のころから知り合い」である塙作楽であった。塙は敗戦間もないころ伊藤律の紹介で岩波書店に入社し、『世界』の編集部に配属されていた。塙はまもなく松本慎一の誘いで共産党に入党し、古在由重を含めた三人の集合細胞での議論を背景に、吉野に対して、「同心会の影響を何よりもさきに排除することを主張」した。塙はこの主張をことあるごとに吉野に「進言」

し、「吉野さんも次第に『基本的には賛成する』といってくれるようになった」という。[9]

吉野源三郎は当初『世界』の編集に気が進まず、しばしば辞意を洩らしていたといわれる。実際吉野が、第一回参議院議員選挙（一九四七年四月）に出馬する松本慎一の後を襲って、全日本印刷出版労働組合の書記長に就任したので、『世界』の編集は実質的には塙作楽がきりもりすることになった。一一月に書記長を辞めて戻ってきた吉野は、有名な「唯物史観と主体性」（一九四八年二月号）の座談会を企画成功させ、以後『世界』には吉野の編集方針が色濃く表れるようになった。その吉野が、ＣＩＥ（民間情報教育局）から配給された文書のなかに、ユネスコの発表した「戦争をひきおこす緊迫の原因」についての「八社会科学者の声明」を認めたのは、一九四八年秋のことであった。彼はただちに、この声明に応えて、日本の学者が共同声明を発表することについて、清水幾太郎に相談をもちかけた。清水はこの八名のなかに、共産圏の学者（ハンガリーのサライ）が含まれていることに着目し、「ロシアにも脈があるということ、何処かに東西の一致点――平和が成立つ一点――がある」のではないかと考えた。このエピソードは、「平和的共存」という政治理念の成否がひとえに東側陣営の出方にかかっていると考えていたという点で、当時の進歩派知識人の共産主義コンプレックスをよく物語っている。[10]

ただちに、「オールド・リベラリストの代表格」の安倍能成、「左翼の人たちの間に大きな影響力を持っていた」大内兵衛、「自然科学者の間で人望のあった」仁科芳雄の三人を中心にして、研究活動の組織化がはかられた。東京では清水幾太郎が、関西では久野収が事務局的役割を果たしながら、それぞれ三つの部会をつくって研究が進められた。一九四八年一二月に行われた総会は安倍が議長を務め、各部会の討論を踏まえた清水の草案をもとに討議が行われて、「戦争と平和に関する日本の科学者の声明」にまとまった。その声明は『世界』一九四九年三月号に掲載されて、大きな反響を呼んだ。

この集まりはやがて「平和問題談話会」として組織化され、講和問題を契機に国内政治に積極的に発言していくことになる。そこには安倍能成のほか、天野貞祐、和辻哲郎など岩波書店と縁の深い「オールド・リベラリスト」が参加しており、それゆえ共産党サイドでは、「硝子箱入りの現実性に乏しい運動」と冷笑まじりに批判していたといわれる。(11) しかし、オーガナイザーであった吉野はこの運動に対して、人民戦線的な共同行動を実現するという意図をもって関わったのである。戦後まもなく荒畑寒村、山川均や野坂参三によってなされた人民戦線の提唱は、民主化を求める国民の期待の高まりに応えるものであったが、社会党の頑強な反共意識と、共産党の社会民主主義に対する攻撃姿勢とによってたちまちのうちに退潮していった。労働組合運動においても、組織労働者の半数近くを傘下におさめた産別会議は、共産党のセクト的な指導のもとで非妥協的な革命路線に固執したがゆえに、それに対抗して生まれた組合民主化運動の抬頭によって、分裂が表面化していた。吉野は印刷出版労組に出向していた時に、労働戦線の統一の崩れ去るところを、運動の現場で目の当たりにしたのである。吉野はのちにこう語っている。「私は少なくとも平和の問題に関して、社共の間に共通の理解が成立てば、平和擁護の線では統一行動の望みがある。またそれを足場にして、統一戦線を実現することも絶望ではない、という考えでした」。(12)

平和問題談話会が政治的な平和運動へと強く傾斜していったのは、こうした吉野の意図と無関係ではない。もとになった「ユネスコ声明」と比較したとき、「日本の科学者の声明」に際立つのは、その啓蒙的性格である。人類進歩への楽天的な信仰にたって、科学技術の方法と成果をいかに広く国民のあいだに浸透させるかという教育的関心は、やがて「楽観的啓蒙主義にとらわれていた」と評されることになる。(13) それとは著しく対照的に、「ユネスコ声明」の主眼は平和研究の制度化を訴えることであった。国家間の緊迫をいかにして統御可能の範囲におさえ、建設的な目的を指向させることができるかという理論問題への関心から、平和研究の組織化の必要が論じられたのである。こうした基調音の違いは、教育に期待するところに表れざるをえない。

「ユネスコ声明」はまず、教育が国家主義的な自己正義観と戦わなければならないと述べる。したがって、教育は「自他いずれもの社会生活の諸形式に対して、つねに批判的な、自己抑制に充ちた評価をつくりあげるように努めなければならない」。家庭や学校、社会教育において教育方法の研究がなされなくてはならないが、それを支えるのは、「各国民の文化に関するもっとも有益な知識」を与え、「もろもろの危険な不安状態や緊迫の諸原因を明らかにしてくれる」ような、「国際的な研究及び教育のプログラム」である。そして、「青少年の魂に、戦争へか、平和へかの方向づけを与えるような教育方法の研究」がおこなわれるようになれば、各国家に具体的な教育プログラムの提案をすることが可能になるだろう。要するに「ユネスコ声明」が教育に期待したものは、なによりも国民文化の多様性についての認識であり、そのための教育方法の開発であった。

しかるに、「日本の科学者の声明」においては、日本の教育に「世界平和のもっとも広汎な地盤を形作る」という「事業のうちに先駆的意義を担う」べきだという過大な期待がかけられる。

「特に平和の確立が民衆の科学的知識と共に、またその倫理的意思に依存することが少なくないところから見ても、われわれは平和のための教育に重大な意義を認めるものである。特に久しい間の軍国主義的支配によって荒廃した日本の教育は、平和の理想を以って光輝ある原理たらしめることによって新しい出発をなし得るであろう。われわれ及びその子弟が平和的方法に習熟することのうちに、日本再建の唯一の可能性は横たわっている」(14)。

「戦争の惨禍」を経た敗戦後の日本人にとって、平和という理想がいかに切実な政治的課題としてたち現れたかは、いくら強調してもし過ぎることはないだろう。この提言には、平和教育の原理が軍国主義支配を許したことへの反省に基づくものであることが示されている。後にみるように、このように戦前の教育への批判と平和問題とがストレートに結びついたところに、つまり民主化と平和が一体化して論じられたところに、一般教員から広範な支持を獲得した理由のひとつを見出すことができるだろう。だが、そのまえに、平和問題談話会と冷戦イデオロギーの関連について検討しておかなくてはならない。

（2）平和の理想と現実としての冷戦

占領の終結が日程にのぼって、講和の準備が始められるようになると、「平和的共存」という理想主義的理念は、国内政治においてひとつのイデオロギーとして政治的機能を不可避的に担うようになった。平和問題談話会が「講和問題についての声明」を発表したのは、先の「声明」からちょうど一年後のことであった。「二つの世界の平和共存」を実現するために全面講和と軍事基地絶対反対を主張する、このたびの声明が「反米キャンペーン的な色彩」をもたざるをえないことは明らかであった。[15] 二つの声明の署名者を比べてみると、コミュニズムに対する政治的態度の違いから田中耕太郎ら七名が抜けている。そうしたなかで「共産党嫌いとしても知られていた」[16]安倍能成が談話会にとどまったのは、吉野源三郎への人間的信頼に加えて、平和に対する「熱烈な関心」ゆえにであった。「日本の進むべき道は平和の一途に外ならぬといふことは、私の変らぬ信念である」[17]。そして、まさにこの「ユートピア平和主義」（和田春樹）ゆえに、平和問題談話会は「オールド・リベラリスト」からマルクス主義者までを含む広範な知識人を組織しえたのである。

清水幾太郎の回想によれば、一九五〇年六月二六日は訪日中のアメリカ国務長官ダレスに平和問題談話会の書簡を手渡そうと、会のメンバーが駆けずり回った日であった。ようやくダレスに書簡を届けるめどがたち、深夜帰宅した清水を待っていたのは、前日未明に北朝鮮軍が韓国に侵入したことを報らせる夕刊であった。[18] 平和問題談話会は新たな対応を迫られることになった。「三たび平和について」（『世界』一九五〇年一二月号）は、朝鮮戦争という新たな現実に対応しうる平和論の構築をめざして、改めて全面講和を主張するものであった。この声明がそれまでの二つの声明と異なるのは、分担執筆ということであった。序文を書いた清水幾太郎のほか、第一、二章は丸山眞男、

第三章は鵜飼信成、第四章は都留重人が担当した。

とりわけ丸山眞男の執筆部分は、「戦後日本の平和論のパラダイムともいうべきものを築いた」ものとして高い評価が与えられてきた。「日本の科学者の声明」の「啓蒙主義的楽天性」を指摘した関寛治も、「三たび平和について」に関しては、平和共存時代の到来を予見する「実に透徹した臨床平和学の診断」として、その今日的意義を強調している。そうした丸山の知的営為に、「政治は可能性の技術である」ということばの現実化をみようとする都築勉は、ほぼ時期を同じくして書かれた「ある自由主義者への手紙」とあわせて、丸山の平和論を論じている。[19]このことは本稿にとって、示唆的である。というのは、ロシア革命以後、リベラリズムの政治的態度がコミュニズムへの対応を基準にして、まったく対立する二つの陣営に分岐したことを、われわれが踏まえるべきことを教えてくれるからである。丸山自身のことばを用いれば、一方に「ファッショに対してと同様、左の全体主義たる共産主義に対しても画然たる一線」をひく立場があり、他方で「共産党が社会党と並んで、民主化に果たす役割を認める」立場である。[20]こうしたリベラリズム内部の分岐にもとづく知識人の論争は、戦前から欧米の言論界を賑わせたものであり、必ずしも戦後日本に特有な現象ではなかった。丸山の現実的な政治的判断は一貫して後者にあたる容共的立場を示している。だが、それはナチズムというひとつの全体主義に対抗するために、スターリニズムというもうひとつの全体主義を擁護することになった、かつての欧米のリベラル知識人の轍を踏むことにならないのだろうか。

われわれはこうした視点から、平和問題談話会の「三たび平和について」を批判的に吟味してみなければならない。論点は三つある。第一は、そこで隠された前提となっている、コミュニズム陣営よりの冷戦認識についてである。リベラル左派の知識人の間では、冷戦を仕掛けた責任が西側にあるとみなす点で、当時はほぼ合意が成立していた。たとえば、丸山眞男と都留重人に古在由重が加わっておこなわれた座談会で、「ソ連や中共側に戦争を起こす本質的、内在的な要因」が存在しないのだから、冷戦が西側主導によって開始されたことは自明であるとの前提で議論が進められている。丸山は、ソ連による「衛星国の把握」ついて、広い国境線をもつ大国の「ナショナル・セキュリティの要求」として「冷静に見る必要がある」、ときわめて現実主義的な権力政治の見方を示している。[21]「三たび平和について」において、丸山は「西欧の識者がしばしば指摘しているところ」として、「共産主義国家の国際行動と、ナチのような全体主義国家のそれの大きな相異」を強調した上で、スターリンの政策について次のように述べる。

「ソ連の指導者が世界の共産主義に対してどんなに確固不動の信念を持っているとしても、彼らは同時に、二億の国民の安全を保護する責任を負うた現実政治家であり、その安全を犠牲にしても、世界革命に直進するような地位と立場には居ないのである。ソ連の対外行動は、外部からは変幻極まりないように見えるが、その基底には資本主義国家群の対ソ十字軍形成に対する深刻な恐怖と猜疑とが横たわっているという事について、すでに世界の冷静な観察は一致している」。[22]

この議論は、かつて欧米のリベラルな知識人がソ連の北欧や東欧圏への軍事的膨脹を、資本主義諸国の包囲に対する自己防衛から出たものと論じて、社会主義体制を擁護するために、スターリンの「大粛清」に眼を閉ざしたことをなぞっているかのようである。だが、「はじめに」でふれたように、冷戦の原因は、全体主義的独裁を維持することを至上命題としたスターリンの政策に求められるべきなのである。われわれはまた、朝鮮戦争が「冷戦の第二戦線」として、金日成がかねてから提議していた武力による南北統一という南進計画を、スターリンが承認したことによって開始されたことを知っている。[23] さらに、一九五〇年はじめのコミンフォルムによる野坂参三批判を契機におこなわれた日本共産党の武装闘争路線への転換が、朝鮮戦争時の最前線基地となる在日米軍の後方攪乱を意図したものとして、スターリンの指示に基づくものであったことも広く認められるようになった。[24] つまり、平和問題談話会が「平和的共存」のために単独講和に反対すべきだと説いたちょうどそのとき、スターリンは、共産主義者による朝鮮の武力統一が日本とアメリカの単独講和を阻止し、中ソに有利なかたちで日本との講和を締結するうえに重要なモメントになると考えていたのである。日本の進歩的知識人にとって決定的に欠落していたのは、冷戦を世界史的視野のもとで認識しようとする努力であった。彼らは「国内政治における戦略上の理由から、平和運動がもつ国際政治上の戦略的な意味をほとんど無視してしまったのである」(25)。三〇年代の欧米の親ソ派知識人がスターリンの「大粛清」に眼を閉ざしたように、五〇年代の日本の知識人はスターリンによる東欧諸国に対する武力介入の実態から眼をそらして、「理想」の国連のもとで「二つの体制」の共存を望んだのである。

したがって、第二の論点はこの「理想主義」をめぐる問題である。声明はこう読める。「いまや戦争はまぎれもなく、地上における最大の悪となった」のだから、「平和を維持し、平和を高度にするということが、それなしには他のいかなる価値も実現されないような、第一義的な目標になったといわなければならない」(26)と。ソ連の冷戦に対する対応を擁護するときに丸山眞男が用いた現実主義的なレトリックは、ここで一転して、超歴史的な理想主義に転調する。ここに戦後日本の革新勢力をとらえて離さなかった絶対平和主義の原型が見出せよう。それゆえに、和田春樹は平和問題談話会の声明を「徹底したユートピア的平和主義」と批判したのである。「起草者たちは、朝鮮戦争という眼前の現実から身をもぎ離して、米ソ冷戦という一段上の大現実に上昇して、そのなかにはらまれている未来の可能性を取り出して、手前の現実を批判するという姿勢をとった」(27)。丸山はこうした立場に抽象論という批判が投げかけられることを予想するかのように、核の時代にあっては、こうした理想主義こそが現実的なのだと強弁する。「戦争を最大の悪とし、平和を最大の価値とする立場は、戦争が原子力戦争の段階に到達したことによって、同時に高度に現実主義的な意味を帯びるに至ったといえよう」。だが、丸山がこうした論理を論証するために提示しえたのは、シューマン（Frederick L. Schuman）からの観念的なことばの引用でしかない。「戦争が起こるのはすべて、人間が平和を尊重する以上に何か他のものの価値を重んずるからである」(28)。

われわれの関心をひくのは、丸山眞男の議論の主要な骨格がシューマンの世界認識に依拠して組み立てられていることである。シューマンはコミンテルンの人民戦線路線に呼応した、親ソ派の国際政治学者であった。彼はモスクワ見世物裁判に際して、トロツキーの陰謀の存在は否定しきれないという懐疑論を根拠に、ソ連政府の公的見解を擁護する論陣を張ったが、それが「中立性」と「客観性」を装っただけに、コミュニストにとっては価値あるものであった。リベラル知識人にとって、トロツキーの世界革命論よりも、スターリンのプラグマティックな社会主義建設の道程の方が、平和およびリベラル・デモクラシーとの共存可能性が高いはずだと映ったのである。「独ソ不可侵協定」の衝撃に直面しても、シューマンのスターリンに対するシンパシーは揺るがなかった。「シューマンはソヴィエト政府のあらゆる術策を、レアル・ポリティークとして正当化してみせたのである」[29]。「三たび平和について」は、「赤い一〇年間」と呼ばれた三〇年代の欧米のリベラルたちをとらえた親ソヴィエト的議論が、いかに戦後日本社会に生き延びたかを証するものとなっている。丸山もまたトロツキーの永久革命論よりも、スターリンの一国社会主義の方が武力介入の可能性が少ないとして、スターリンの政策に期待を寄せ、さらに驚くべきことに「ナチスと不可侵条約を締結して資本主義国家相互の戦争から超然としようとしたソ連の政策」を、「ナチスや日本帝国主義と妥協してその力をソ連に向けようとした西欧諸国の『宥和政策』と等価なもの」として正当化してみせたのである[30]。それは第二次世界大戦の開戦に対するスターリンの責任を免罪するものであるとともに、その「裏切り」によって国際共産主義運動が蒙った悲惨な結果を、ことさら無視するものであった。

　第三の論点は、この声明がその理想主義にもかかわらず、というよりそれゆえに、知識人にとどまらずに、労働組合から革新政党にまで及ぶ広範な影響力をもったことである。和田春樹のいうところの「ユートピア的平和主義」が、反政府野党の理念として取り上げられて、「五五年体制」に象徴される妥協の余地のない政治的対立軸を構成するにあたって、決定的な役割を果たしたということである。当時、平和問題談話会の影響が政党や労働組合にまで及ぶことに、もっとも深い危惧の念を抱いていたのが、「文化的自由のための会議」に拠った反スターリン派の知識人たちであった。絶対平和主義は、それが少数の知識人の間で唱えられているかぎり見逃されてもよい、だが、労働組合や社会主義政党がそういった立場を受容するなら、反体制勢力は日本の安全保障に真剣に取り組むことを避けて通ることにならざるをえないだろう。荒畑寒村は、高柳賢三や対馬忠行とともに出席した座談会『「平和問題談話会」の声明批判』で、再軍備必要論を繰り返している。「ぼくとしては再軍備は必至だし、また現実にはじまっていると思うのです。だから抽象的に絶対平和論といったものでなく、具体的な解決策は、つくられる軍隊をいかなるものにすべきか、だろうと思うのです」。つまり、寒村は抽象的な平和論議ではなく、平和主義者の理想を現実に活かすような方法で軍隊を再編成する必要を主張したのである。(31)

ここで重要なことは、「平和問題談話会」と「文化的自由のための会議」との対立の根柢に、全体主義をどのように捉えるかという歴史認識の問題が伏在していたことである。その意味で、この対立は、三〇年代に欧米のリベラル知識人の間でみられたスターリニズムをめぐる対立を再現している。「全体主義に抗して思想と表現の自由を守ることを目的とする」この「文化的自由のための会議」がジョン・デューイ（John Dewey）の愛弟子で、彼とともにスターリニズムと闘ったシドニー・フック（Sidney Hook）によって組織されたものであることは、だから偶然ではないのだろう。寒村は「ソ連を理想化する」日本の進歩的知識人について、辛らつな批評を加えている。

「わが国でも、思想と表現の自由を守るはずのいわゆる進歩的文化人が、戦争の間は軍部の侵略政策に尻尾をふり、戦後は面をおし拭って民主主義を唱えている。かつてはヒットラーを神格化し、国民の自由と人権を絞殺したナチスの虐政に迎合した彼らは、今やスターリンを神の如く崇拝し、中世の異端焚殺の如き血の粛清と強制収容所の奴隷労働をもって、思想と表現の自由を弾圧しているソ連の全体主義に対しても、批判の口を閉ざすことを進歩的と考えている」。(32)

しかしながら、左派の立場からする冷戦への現実的対応の試みは、戦後の左派政治勢力のなかでは徹底して孤立の憂き目に遭わされることになり、ほどなくして忘れ去られた。それとは著しく対照的に、平和問題談話会の「プロフェッサー・パシフィズム」（小堀甚二）[33]は社会党左派＝総評ブロックを通して、戦後政治の世界に確固たる地歩を占めるにいたった。その結果、国内政治の対立構図は反証不可能なイデオロギー的立場を軸にして構成されることになり、東西冷戦を反映した「神々の戦い」の場となった。そうした経緯を、教育界の動向とかかわって検討することが、次章の課題である。

2　平和をめぐる教育政治

(1)　戦後啓蒙と平和教育の原理

平和問題談話会の唱えた「全面講和論」が、革新勢力に保守政治に対峙する対抗言説を提供したのに対応して、教育の世界でも、「平和教育」の原理は日教組に、政府の文教政策に対抗するイデオロギー的根拠を与えるものになった。戦後二代目の文部大臣を務めた安倍能成が代表した知識人の運動が、その後半世紀にわたって、「文部省対日教組」という非妥協的な政治図式を教育の世界に持ち込むきっかけになったのは、なんとも歴史の皮肉としかいいようがない。

教育界の動向をみるために、もう一度一九四八年一二月に開催された平和問題討議会の様子に戻ろう。そこでは開会直後から激しい議論の応酬があったといわれる。多様な専門分野・世代にわたる参加者が、イデオロギーを超えてひとつの合意に到達しえたのは、司会にあたった安倍能成の人柄と議事進行の妙によるところが大きかった[34]。ただ、平和教育の段になると、他の問題に比して議論は少なかった。安倍、天野貞祐らのオールド・リベラリストにとって、教育を通して平和について啓蒙することにもとより異議はなかったし、関西に多かったマルクス主義者にとっても、教育は政治的啓蒙の一環として重要視さるべきであった(35)。

教育学から唯一の参加となった宮原誠一は、平和教育の主体となるべき教師に対する啓蒙の必要性を訴えた。「特に教師たちが教師相互の協力と団結を通じまして、自分たちを教育しなおして行くことが大切であります。そして、この教師の自己教育を、社会科学者、自然科学者が協力して助けてゆく、こういう態勢をつくることが必要で、これを強く主張していただきたい」(36)。宮原の発言は、教師と知識人の連携による平和教育の構想として、やがて「五〇万教師」を巻き込んで、日教組の教育研究大会のなかで現実化していくだろう。しかし、翌年五月に宮原の仲介で、清水幾太郎や吉野源三郎は日教組への働きかけをはじめたが、日教組側の対応は鈍く、その道のりはたやすいものではなかった。七月に教育会館で開催された講演会には、組合幹部が六〇〇名の参加を約束したにもかかわらず、五〇名ほどの出席しかなかった。清水はのちに、「一向に乗気でない日教組にこちらの平和運動を押しつけたような気がする」と回顧している(37)。

『世界』の座談会「平和のための教育」のなかで、宮原が「日本の教員層は平和問題に対して驚くべきほど無関心である」と発言しているのは、こうした苛立ちを表しているのであろう。宮原はその無関心の拠って来るところを「教員層が長い間自主的な態度を失っていたことによるのではないか」と述べている。この座談会は日教組の平和教育の性格を考えるとき、二つの点で示唆的である。ひとつは、「平和」には、新しい教育の理念として、教育勅語に代わる位置づけが与えられていることである。清水幾太郎は言う、「教育勅語が効力を失ってから、日本の教育界に一つの空白ができておるということであります。……私は、教育の空白を埋めるものが平和の理念、あるいは平和の理想であるべきではないかと考えるのであります」。いまひとつは、その啓蒙的性格である。「ユネスコが目指しておるのもそれであって、簡単にいえば、蒙を啓くことによって平和をもたらそうというわけです」（中井正一の発言）。ここから、教職員組合が立ち上がって、自然科学者と社会科学者の協力を得て、教員の再教育をおこなうべきだというプログラムが出てくるのは必然的であったろう。(38)

もとより当時にあっても、宮原誠一たちの啓蒙的な発言に対して、現場教師からの批判がなかったわけではない。たとえば和光学園の大村栄は、宮原の「平和のための教育」を論じている基盤が「なにか余りに現実から遊離しているというか、高踏的だというか、あぶない感じがしてならない」と評している。暗い戦争のさなかでさえ、子どもたちの命を守ろうとした教師や、敗戦という現実に深い悲しみを経験しながら、新しい教育に精力を傾注していった草の根の教師たちの存在を見落としているのではないか、と。のちには、こうした平和問題に関する教師への訴えは、「教師をさらに勇気を必要とするような窮地に追い込むだけ」だとの反発さえ聞こえるようになった。(39)

ところが当初気乗り薄だった日教組は、やがて平和教育に熱心に取り組むようになる。「この高貴にして困難な課題」は、その政治的意義ゆえに、積極的に引き受けられるようになったのである。一九四九年夏から秋にかけて、談話会メンバーは、北海道、青森、岩手、山形、愛知、和歌山、兵庫、山口の各地で開かれた教組主催の講習会に出かけた。その成果があったのか、秋になると『教育新聞』は「平和運動について」と題する主張を載せ、「ユネスコ声明」および「日本の科学者の声明」への支持を表明し、平和運動は必然的に「啓蒙運動の形態」をとるはずだと論じた。(40)

日教組が組織体として平和教育へ向けて大きく舵をとった過程は、社会党、とりわけ左派が日教組運動の主導権を握るようになったプロセスと軌を一にしていた。最初のステップは、日教組が「右旋回」をとげたことで知られる一九四九年一一月の第六回臨時大会（塩原）であった。この大会は、レッドパージによって活動家教員の多くを失った共産党フラクションに対して全面的に攻勢をかける場となった。社会党系指導部は「左翼組合主義を完全に払拭する」ことをめざす運動方針を提起し、大差で可決された。またこの大会で保留になったものの、「平和運動の推進」と「教育研究活動」という二つの課題がはじめて提起された。[41] これらの課題は次期中央委員会に付託され、「年末賃金闘争たけなわ」の一二月に開催された教文部長会議で論議された。ここで先の二つの声明を支持する立場が確認されるとともに、後の教研集会につながる、「教組運動の基本的立場にたって教育研究活動を組織化するための」具体案がはじめて策定された。

一九五〇年五月の第七回定期大会（琴平）では執行部選挙があり、反共産党系内部の争いになった。僅差ではあったが左派の勝利をみたことが、日教組が組織をあげて平和教育に取り組む契機になった。委員長は岡三郎。二人の副委員長今村彰と大西正道は、組織部長平垣巳代司とともに平和問題談話会と協力して、全国各地で平和教育講座を中心とする運動の展開に力を尽くすことになる。[42] 敗戦以来、低い給与水準のもたらす教員の苦境を改善することに闘争の主眼をおいてきた日教組運動は、冷戦の激化にともなって国際的緊張が高まるなかで、平和教育を掲げて政治闘争に邁進していく。「一九五〇年における平和問題への関心の高まりに対応して、同組合は、その活動を国際関係の領域にまで拡大していったのである」。[43] だが、このことは教員組合が、教育実践においてのみならず、一国の教育政策の場面でも解決不能な外交・防衛問題まで背負いこむという代償を、支払わねばならないことを意味した。

一九五一年一月第一八回中央委員会が教育会館で開催されたが、舞台正面には「教え子を再び戦場に送るな」のスローガンが掲げられていた。このスローガンが議案として採択されるにあたっては、事前に開かれた執行委員会までに曲折があった。「時期尚早」という声が多くあがるなかで、婦人部長として出席していた千葉千代世が、青年部の執行委員とともに説得に駆けまわってようやく可決にこぎつけたといわれる。[44] だが、平和教育という日教組の新たな運動原理が一般教員のあいだに浸透するにあたって、このスローガンの果たした役割はいくら評価しても過大にすぎることはないだろう。それは、自らの受けてきた戦前の軍国主義的な教員養成の体験と、教員になってからの戦争協力という拭い切れない「悔恨」の記憶に対して、平和教育は「教師としての良心」に訴えかける点で、一種の償いのイメージを与えたからである。と同時に、このスローガンには平和教育という課題が、一方で冷戦のもたらした戦争勢力と平和勢力の区別をめぐる体制選択にかかわる問題と、他方で軍国主義の復活に抗して、戦後改革によって実現した民主的価値を擁護する問題という、二つの政治的対立軸の交錯するところに成り立っていることが、みごとに反映されていた。

ところでマッカーサーが年頭所感で、「年内講和」、「日本の再武装」、そして自由主義諸国との「集団安全保障」を述べた一九五一年は、日本の労働運動にとっても大きな転機の年となった。一月ダレス訪日下に開かれた社会党大会は、左派と右派とが激しく対立するなかで、「平和四原則」（全面講和、中立堅持、軍事基地提供反対、再軍備反対）を採択した。ひきつづいて三月におこなわれた総評第二回大会も、左右の対立が激化し、さながら講和論争の観を呈したといわれる。結局、「われわれは、再軍備に反対し、中立堅持・軍事基地提供反対・全面講和の実現により、日本の平和を守り独立を達成するために闘う」という全逓の折衷案で決着した。朝鮮戦争勃発直後の一九五〇年七月、共産党のセクト的な組合支配に反発した産別民主化同盟（民同）運動の所産として、GHQの強力な後押しのもとで発足した総評は、以後「平和四原則」を行動綱領に掲げて、急進化していく。このことは「ニワトリからアヒルへ」の比喩で語られることになるが、こうした総評の変貌には、国労とともに、先の中央委員会で「教え子を再び戦場に送るな」のスローガンを決定していた、日教組の動向が大きな役割を演じた(45)。

そして、この年五月に開かれた第八回定期大会（城崎）で、日教組は「平和四原則」を基調とした運動方針を正式に決定した。先の社会党や総評大会で、全面講和をめぐって左右が激突したのとは対照的に、日教組大会は圧倒的多数で決着をみた。「予想に反して『四原則批判』の声はほとんど聞かれなかった。『断固平和を守る』といった日本の教師たちの願いが大会を支配していたといっていいかもしれない」と、『教育新聞』の記者であった望月宗明は書き残している。日教組は「平和運動に対して『宗教的』とさえみられるほど熱心だった」（村上寛治）ことが大きく作用したのであろう。また、この大会で、教育研究大会の開催が決まった。[46]

（２）教研大会における平和教育論争

第一回教育研究大会は一九五一年一一月、秋色濃い栃木県日光町で開かれた。戦前から教育運動に携わってきた国分一太郎は、それまで政治・経済的闘争にかかわってきた日教組が、ようやく「子どものたちの心身の成長にかかわる」「教育そのもの」に関心を払うようになったと、その画期的な意義を指摘している。民族の危機と戦争の切迫という状況のなかで開催されたこの大会が、「ひとりでに、『平和の教育』へと目をむけさせた」のもまたごく自然ななりゆきであった。日教組がこの教研大会をきっかけに、当時「澎湃として興った」民間教育研究運動と連携して、各教科の授業や生活指導など教師の日常的なしごとについて、教師による教育研究運動の組織化に貢献したことは疑えない。[47]しかし同時に、教育研究大会を開催するにいたる根本的な動機が、講和問題を契機として左翼陣営を深く捉えることになった「独立と平和」に対する危機意識という、政治的課題にあったこともまた紛れもない事実であった。日教組委員長岡三郎は、大会に寄せてこう述べている。

「これを遂行せしめたものは、困難なる一九五一年の国内外の諸情勢下において、いかにすれば平和を守りぬくことが出来るか、いかにすれば教え子をふたたび戦場に送ることなく守ってゆけるかという、已むに已まれない『教師の倫理』であった」。[48]

大会は、清水幾太郎、大内兵衛、城戸幡太郎による特別講演に始まった。ここでは大会の中核的位置づけを与えられた第一一分科会「平和教育を如何に展開するか」を取り上げて、当時の左派の平和運動には、社会党系と共産党系の二つの流れがあって対立していたこと、レッド・パージによって共産党は非合法化されたが、組合運動のなかで隠然たる勢力を保持していたことを確認することにしたい。

初日は八府県の実践報告がおこなわれた。それらはいずれも、平和教育を必要とする大状況についての政治的関心と、どのような平和教育プログラムを組むかという実践的関心との間に、大きな落差があったことを伝えている。平和教育のための学校経営の目標は、「なかよく↓ちからをあわせて」であったり（山形）、教育愛であったり（大阪）、「命を大事にすること」「日本の貧困を建て直す」（高知）ということであったりした。平和教育の具体的イメージが描けないまま、政治的必要から実践を迫られる教師の姿が浮かび上がる。[49] 全国レヴェルの大会でみられたこうした傾向は、事前に開催された都道府県レヴェルではさらに顕著であった。たとえば、一〇月に行われた東京都教育研究大会の場合、平和教育分科会の報告は、「児童ボスの存在とその対策」というテーマであった。「平和な社会を建設するためには社会が民主的な構成を持たなくてはならないから」、「親分子分の関係を以って学級を支配しようとするような児童」がどの程度存在するかを質問紙法によって調査し、「その結果に基づいて対策でもたてられれば」と考えたのである。[50] こうした平和教育の理念と実践との乖離は、われわれの眼からすればこっけいにも映る。しかし、当時は活動家教員にとってさえ平和教育は外部からやってきた政治的課題であった。高知の代表は率直にこう述べている。「世の中が平和であるということは誰でも願っているところです。それで組合の方も、私も一組合員としてやっておりますが、平和四原則について何度となく会合をやっているけれども、それが実際に効果が挙がらないのは、これは理論的に、信念的にものを解決しようとしているためであります。これはしっかりした具体案がなかったからであります」。[51]

ところが翌日の議論は一転して、平和戦略をめぐる政治論争として白熱した。この対立は、のちに「組合型」と「研究型」の矛盾として表現されたことによって政治的含意があいまいになったが、[52] 平和運動内部に根深く存在していた党派的対立を反映したものであった。平和教育の議論は現実政治への対応ではなく、「平和を確立できるような人間」へと改造することに焦点を絞るべきでないかという穏健な意見（東京）は、「現実の政治というものに平和教育のもっとも緊急の問題がある」（香川）といった急進的な発言に圧倒された。そして、現在の「国連は間違った方向に行っている」（埼玉）から平和擁護委員会の世界大会の線にそった運動の展開をはかるべきだという、共産党系会員による発言が相次いだ。彼らの立場を象徴するのが、五大国による平和条約締結を求める署名運動を、という提案であった。だが、この提案は、平和問題で中立を志向する社会党系が多数を制していた中央執行委員会の受け入れるところではなかった。岡委員長は、ベルリン・アピールがソ連の平和攻勢のひとつであるとの認識にたって、米ソのいずれかに味方すれば平和が維持できなくなると述べたが、それは平和問題談話会の立場でもあったろう。「五大国署名というものは明確に科学的ではなくして政治攻勢であると考えております」(53)。

争点となった「五大国署名」について知るために、ここで共産党に指導された平和運動の動向について言及しておかねばならない。一九五一年二月ベルリンで開催された世界平和評議会第一回総会の発表した「ベルリン・アピール」のなかに「五大国署名」の提案が含まれていた。米・ソ・英・仏に革命中国を加えた五大国による協定締結が国際紛争を平和裡に解決するもっとも重要な方法であるとの提案であった。一九四八年にパリではじまった平和擁護運動は、朝鮮戦争開始後の一九五〇年一一月にワルシャワで開かれた第二回平和擁護世界大会で、常設機関として世界平和評議会を設立することを決定した。日本からはスターリン平和賞を受賞することになる大山郁夫と平野義太郎が評議員に選出された。こうした平和擁護運動は、西側の民衆の反応をソ連の対外政策に利用しようというスターリンの意図のもとで展開された。つまり、原爆反対運動は当時核兵器の開発で圧倒的に不利な立場にあったソ連の戦略上の劣勢を回復する狙いをもつものであった。平和運動は「共産主義運動によってきっちりとコントロールされ、その立場は注意深くソ連対外政策と調整されていた」(54)。

したがって、冷戦下スターリンの平和攻勢は決して武装闘争路線の放棄を意味したわけではなかった。一九四九年一一月コミンフォルムは、平和運動を共産主義者の最大の任務として強調する「平和擁護と戦争挑発者との闘争に関する決議」を採択して、広範な文化人や人民層を動員することを各国共産党に要請した。(55)だが、ちょうどそのころスターリンは中国革命の成功をうけて、アジアにおける革命運動の急進化に本格的に取り組みはじめていたのである。スターリンが、一九五〇年のコミンフォルムの野坂批判を通して、日本共産党に対してアメリカ占領軍に対して戦闘的スタンスを取るよう促したこと、あるいは金日成の企てていた南朝鮮に対する侵攻作戦に最終的な承認を与えて、朝鮮戦争がはじまったことについてはすでに述べた。

朝鮮戦争の始まる直前のレッド・パージで主要幹部が地下に潜行した日本共産党の平和運動も、こうしたスターリンの平和戦略に忠実に従っていた。一方で、合法機関として設置された日本共産党の臨時中央指導部は、一九五一年五月に「平和擁護闘争こそわが党の中心任務」を出して、民主的諸団体がこの運動に積極的に参加すべきことを強く指示した。ところが、日本共産党の非公然指導部は、教研大会の直前に開かれた第五回全国協議会で、当面の革命を「民族解放民主革命」と規定し、「われわれは武装の準備と行動を開始しなければならない」とする軍事方針を含んだ綱領を決定していた。この新綱領にはスターリンの意向が強く反映していたといわれる。こうした日本共産党のダブル・スタンダードは、それが平和擁護とソ連の防衛はひとつであるとするスターリンの冷戦外交に沿ったものであったことを知れば、容易に納得がいくだろう。「五大国署名」に積極的に取り組むべきという世界平和評議会を支持する発言は、日本共産党の平和政策をストレートに日教組運動に持ち込むものにほかならなかった。(56)

たしかに平和問題談話会および社会党左派の主張は、中立的立場から資本主義と社会主義との間の平和共存を期待する「第三勢力論」と呼ばれ、アメリカ帝国主義を敵視して、中ソを平和勢力とみなす共産党の平和論からはっきりと一線を画されるものであった。また共産党系平和運動の指導的立場にあった平野義太郎について、平和問題談話会への参加呼びかけが見送られたといういきさつもあった。吉野源三郎には、「戦争中にナチス国家体系という企画を岩波から出さないかという申し込みが平野さんからあって」、それを断るのに苦労した経緯があったからである。[57] また平和教育分科会の講師団の一員として、世界平和評議会の平和運動を国際理解教育のために取り上げるべきだと主張した矢川徳光は、「共産党のフラクション活動をやった」という理由で、高橋磌一とともに、第二回の高知大会以後講師団からはずされるということもあった。[58] だが、教研大会が終わって間もないその年の末に開かれた日教組中央委員会の場で、上原専祿を代表とする文化人による「五〇万教職員に訴える」との平和声明がだされたが、それは日教組を軸に、知識人レヴェルでは社共の溝が埋まりつつあったことを示すものであった。組合運動の現場にいた望月宗明は講和・安保両条約の批准によって平和運動が停滞しつつあるなかで、「上原を中心にした学者・文化人のアピールは『平和の日教組』を蘇生させる役割を十分に果たすことになった」と総括している。たしかに労働組合運動と知識人の連携のはじまりは、教育研究大会の生んだもうひとつの成果であった。[59]

平和問題談話会は、その理想主義ゆえに、二つの体制の「平和的共存」を政治よりも教育という啓蒙活動を通して達成することをはかった。だが、そうした文化国家の主張は皮肉なことに戦後教育の現場を、世界的な冷戦体制から逃れることのできない国内政治勢力の相剋の渦のなかに投げ込むことになったのである。「五五年体制」に向かうなかで、非合法化されて政治の表舞台から去った共産党に代わって、社会党左派の執行部に率いられた総評系労働組合が親ソ的な政治勢力として伸張したが、日教組はそうした動きの中心勢力となった。教育の「反動化」に抗して戦後教育改革の成果を守るという対文部省闘争が、反米闘争と結びつけられて、日教組の急進化を促したのである。第二回教研大会の統一テーマに掲げられた「平和と民族の独立」という課題こそ、日教組が実質的に〈第三勢力論〉から社会主義陣営に対する共感をともなう〈平和勢力論〉に移行しつつあることをよく示すものであった。

3　戦後教育学のプロトタイプ

（1）日教組の急進化と知識人の役割

いわゆる「五五年体制」において、「総資本」対「総労働」の対決が、当事者によって体制選択をめぐるきびしい政治的対立として自覚されていたことについては、これまでにもふれてきた。一九四八年に労働問題を担当する経営者組織として発足した日経連は、一九五五年に主要企業の協賛を得て極秘裡に「時局懇談会」を組織して、反共運動にのりだすことになった。ターゲットは「民主主義を否定する勢力」である共産党と総評であったが、なかでも反日教組運動はこの時局懇談会がもっとも力を注いだ反共活動のひとつであった。このことほど、時事的な教育問題が体制選択とかかわる深刻な政治問題として受けとめられていた事情を物語るものはないだろう。(60) わずか数年前の大会で「右旋回」をとげ、初期の教研大会で内部に社共の非妥協的な対立を抱えていることを露呈した日教組運動は、いったいいかなる経緯を経て、もっとも反体制的な容共組織のひとつとみなされるようになったのだろうか。総評および日教組のラディカルな姿勢転換は平和問題を媒介にしてなされたが、いずれの場合も二つの要因が共通の戦略のもとで、協同して働くことが必要であった。ひとつは組合内リーダーの存在であり、いまひとつは同伴者としての知識人の役割である。順にみてみよう。

労働運動指導者として、総評の高野実と日教組の平垣巳代司の存在があげられよう。レッド・パージによって労働運動に対する共産党の影響力が決定的に衰退したあとを受けて、総評を反米闘争の中心的担い手に導いたのが、第二回大会で事務局長に選出された高野であった。彼は、労働組合運動が経済闘争に埋没してしまわないように、絶えず政治化することに腐心したといわれる。平和運動はそのために格好のテーマであった。「平和四原則」は抵抗のシンボルとして、改憲・再軍備政策に危惧を抱く革新層に広く受け入れられ、総評の全面的支援を受けた社会党が国政選挙で躍進をとげたことはよく知られる通りである。五三年の総評第四回大会で、高野は〈第三勢力論〉から中ソを平和グループとみなす〈平和勢力論〉に転じて、総評の役割は「平和国民」の主柱として闘うことであると主張するにいたった。[61] 大嶽秀夫によれば、「彼（高野）の果たした役割は、当時軍事闘争方針に傾斜し、孤立しつつあった共産党に代わって、総評を軸に民族民主統一戦線を形成し、平和運動によってアメリカの同盟国の再軍備を抑制するという、ソ連の戦略に沿った戦線を展開していたものである」ということになる。重要なことは、高野がこの役割を演ずる上で、「共産党員ではなく、共産党と一定の距離をもっていたこと」であった。[62]

日教組運動において高野に相応する役割を担ったのが、平垣巳代司であった。平垣は国労の岩井章、全逓の宝樹文彦とともに労働者同志会を結成し、社会党左派と総評の思想的支柱として、平和運動への路線転換にあたって中心的役割を演じた。実際には、労働者同志会の動きに乗ることによって、高野実は転換の旗を振ることができたのである。[63] 五三年の日教組定期大会（宇治山田）で平垣が書記長に選出されたことは、それまでの岡三郎委員長―宮之原貞光書記長ラインが率いてきた穏健派路線を、急進派がきびしく追い上げていたことを示すものであった。この大会のさなかに岩国市教育委員会が、山口県教組文化部の編集になる「日記」の使用を禁止したことが明るみに出た。いわゆる「山口県小中学生日記事件」である。そして、つづいて起こった「旭丘中学事件」[64] とともに、文部省と日教組は平和教育をめぐって抜き差しならぬ対立関係に入り込んでいった。日教組は高野の提起した〈地域ぐるみ闘争〉戦術を採用して、広く国民抵抗の運動を組織することを掲げて、急進化した。[65] 高野によって総評と共産党の事実上の共闘に道が拓かれたように、平垣を通して日教組運動のヘゲモニーは再び共産党系組合員の手に移っていった。「平垣自身は、自分がいまだかつて共産党員であったことはないと頑として否定していた」ことが、日教組運動のなかで共産党系勢力の影響を強めるのにつながったことも、高野の場合と同様であった。[66]

高野実は一九四九年に社会党に入党したが、五六年以降共産党の党籍をもっていたことが、死後明るみにでた。[67]当時社会党員として労働運動に関わった清水慎三は、総評の〈ぐるみ闘争〉といわれた国民総抵抗路線が「共産党の五一年綱領の高野的運動化であった」ことを証言している。「政党の側の空白期に」、高野は総評事務局長として「その空白を埋め、全体の運動を左翼的・戦闘的方向で旗を振ったという意味で」、「革新政治代表の任を果たした」。[68]その高野は五五年総評大会の事務局長選挙で岩井章と争って敗れたが、平垣巳代司は五八年まで日教組書記長の座にあって、勤評闘争を攻撃的な姿勢で闘った。彼らがめざした平和問題を軸にした統一戦線の結成は、吉野源三郎が平和問題談話会に託したものを、労働組合運動の場で実践したものといえようか。

高野と平垣が彼らの組合を容共組織の方向に導くことができたのは、まさに彼らが公式には共産党党員でなかったからであるが、このことは意図的に仕組まれたものであった。一九四七年ごろから共産党は政治局の直接の指導(担当は伊藤律)のもとで、社会党に対して潜入工作をおこない、党内の容共勢力の結集をはかっていたからである。伊藤が社会党に送り込んだ松本健二らによって、社会党内の容共左派を労農党に結集させる工作や、労働組合幹部に対する入党工作などが進められた。[69]戦前コミンテルンが「人民戦線」を提唱した時期までに、日本共産党はほとんど壊滅状態にあり、戦後の指導者たちもながいこと獄中にあって、異なる政治勢力間の共闘といった体験を欠いていた。[70]こうした共産党の他政党に対する非寛容な対応は、社会民主主義に対する根深い敵対意識にでるものであり、民主民族戦線という統一戦線イデオロギーを三〇年代前半の「社会ファシズム論」の水準に逆戻りさせてしまった。[71]しかしながら、松本の回想によれば、こうした独善的な階級闘争史観に固有なラディカリズムに共感を示すことが多かったのは、むしろ社会党内の「インテリ議員」であった、という。[72]

ついで同伴者としての知識人に眼を転じるならば、社会党左派と共産党をつなぐ橋渡しをした知識人の代表的存在が、清水幾太郎であった。平和問題談話会が「三たび平和について」の声明を出して、実質的に開店休業状態になった後、清水は高野実の誘いをうけて、社会党左派＝総評ブロックの平和運動に直接かかわるようになった。インテリのゆるいグループであった平和問題談話会とちがって、左派社会党はマルクス・レーニン主義者を含む社会主義者の集団であったことが、清水の気持ちを軽くした(73)。第一回教育研究大会の特別講演に招かれた清水は、平和を至上価値とした新しい教育のありかたを訴えるとともに、吉田内閣打倒の必要性をきわめて反米的な口調で述べた。翌日の平和教育分科会の討議では、「昨日清水先生がいわれたように」と「五大国署名」に好意的に言及した清水に同調する発言が、共産党系会員から相次いだ(74)。

コミンフォルム批判で組織を分裂させた上に、レッド・パージで地下に潜入することを余儀なくされた共産党に代わって、この時期に社会党左派―進歩的知識人―総評（日教組）のあいだに「平和と民主主義」を軸にする新たな連帯が生まれた。そこで中心的な役割を果たした清水幾太郎の発言がさながら共産党のスポークスマンのようであったことは、次節でふれる。たしかに林健太郎が証言しているように、清水は正統派マルクス主義からつねに距離をおき、「共産党のことを気にして発言する人のことを『気兼ね学者』と呼んで軽蔑していた(75)」。他方で共産党系知識人は、丸山眞男をはじめとする平和問題談話会の近代主義的知識人に対して、決定的なところで対立することを避けた。ヨーロッパ近代を基準に日本社会の後進性を批判する近代主義の発想が、日本資本主義の現段階の「半封建的」性格を強調する講座派の見解と親近性があったからかもしれない。また近代主義者の啓蒙的進歩史観が、社会主義を資本主義を乗り越えた段階として要請したことが、マルクス主義の必然史的な社会観と適合的だったからかもしれない(76)。だが、本論にとって重要なのは、清水、丸山らの進歩的知識人が非共産党員であったことが、共産党の影響力を革新勢力のあいだに温存させることにつながったということである。そうだからこそ、一九五五年の六全協によって共産党が合法政治の世界に復帰したとき、「同党の方向転換がとくに労働組合戦線に素直に受けとめられ、この分野における急速な失地回復と勢力拡大に導く(77)」ことが可能になったのだといえよう。

（2）岩波講座『教育』と戦後教育言説の成立

戦後教育学は、日教組運動を取り巻く政治状況を正確に反映して形成された。一九五二年六月、「逆コース」にタイミングをあわせるかのように刊行が開始された岩波講座『教育』全八巻は、教育の言説を冷戦の文脈のなかに埋め込むことによって、戦後教育学の原型をつくりだした。つまり、「民主的な進歩勢力対反動的な保守勢力」という対立図式を踏まえて教育の課題を論じる、戦後教育学に特有なスキームがここに定着をみたのである。

一九五一年八月、岩波書店で講座『教育』の出版準備がはじめられた。この企画は出版部長長村忠の提案になるものであり、編集会議に提案されたときは「新しい時代の学校教育の指針となるべきものとして」、小学校教員を対象としていた。編集を担当したのは、『世界』をすでに離れていた塙作楽であった。塙は当時『日本資本主義講座』の編集にも携わっており、さらに組合委員長と共産党の経営細胞キャップを兼ねて、多忙をきわめていた。塙はまず高等学校の先輩であった勝田守一のところに相談を持ちかけ、勝田の推薦で宗像誠也と宮原誠一の名が挙がった。さらに吉野源三郎の発案で、清水幾太郎と久野収が編集委員に加えられた。清水と久野がそれぞれ東京と関西で、平和問題談話会の事務局長的役割を果たしていたことについては先述した。とくに第一巻「世界と日本」と第二巻「日本の問題」は広い立場から、「大部分は教育学専攻の人ではない人たち」が執筆した。その結果、上原専禄が「すいせんのことば」に書いたように、「日本と世界の未来についても深く考えようとするあらゆる人びとによって熟読されることを希望したい」という「大風呂敷」の編集内容になった。[78]

この講座のなかに見出される戦後教育学に特徴的な言説の原型を、つぎの二点に絞って考えてみよう。第一は、教育の本質を「人類と日本の危機を克服する」[79]という大仰な課題とかかわらせて議論する政治的姿勢である。それは必然的に、教育を「資本主義か社会主義か」という体制選択の問題と関わって論じることにつながった。第二は、

「封じ込め」構想にもとづく占領政策の転換、いわゆる「逆コース」を軍国主義体制の復活と結びつけ、戦後教育改革の修正を戦前のような国家統制の企てとして批判するスタンスである。これによって、教育問題は「伝統対近代」というイデオロギー対立とリンクされて論じられることになった。

第一の問題から。第一巻の巻頭におかれた清水幾太郎「現代文明論」が、なににもましてこの講座の性格を物語るであろう。清水は戦時中にアメリカ児童心理学の紹介に携わったこともあって、戦後まもないころから教育に関する論文を多く書いていた(80)。だが奇妙なことに、戦後教育をテーマにしたこの論文に、教育への直接的な言及は見当たらない。清水にとって、平和こそ戦後教育の原理となるべきものだから、「現代文明の根本問題は戦争と平和にある」ことを論じさえすれば、それで十分だと考えたのかもしれない。この論文から、清水がかねてから主張してきた「平和的共存」とは、資本主義と社会主義の収斂論に根ざしたものであったことがわかる。それは、平和が続けば、「二つの文明は相互に歩み寄って、一体になるであろう」という、当時多くの進歩派知識人を捉えていた見方である(81)。だが清水の場合、二つの体制の収斂が不可避とみなされたのは、資本主義から社会主義への移行の歴史的必然を説く、マルクス主義的な進歩史観がそこで前提されていたからにほかならない。清水はほぼ同時期の論文に、「歴史は資本主義から社会主義へ向かって流れている筈である。これは事実の問題である(82)」と書いている。

かつて平和問題談話会で平和の理想を訴え、ユネスコのために努力した清水は、ユネスコのいうように、精神だけでは平和を確立することができないと考え始めるようになった、という。平和の問題はその物質的基盤としての社会体制とかかわって、つまり体制選択という課題とリンクさせて議論しなければ意味がないのである。「どんなに平和を願っても、どんなに戦争を呪っても、自分たちのつくっている社会それ自身が『戦争への衝動』を有している限り、即ち、資本主義社会である限り、平和を手に入れることは出来ないし、戦争を回避することは出来ない」(83)。

清水はやがて内灘をはじめとする反米・反基地闘争にのめりこむことになる。それを予示するかのように、高知での第二回教育研究大会後、基地問題に関して二冊の本を刊行した。ひとつは、「教育をめぐる社会環境」分科会の報告を中心にまとめた『基地日本』であり、もうひとつは、子どもたちの作文を募集してつくった『基地の子』である。前回以上に社共が激しく対立した大会の興奮を引きずるかのように、日本社会全体の基地社会化を断罪する清水の反米的議論は、アメリカ帝国主義によって（半）植民地化された状況からの「民族の独立」を説く、共産党の「民主民族戦線」のテーゼとほとんど重なってみえる。[84]

「新しい戦争を開始する危険は、ロシアでなくて、実にアメリカにある。私たちがロシアを悪魔に仕立てあげる宣伝に乗っている限り、基地問題の解決は不可能である。宣伝家が何を言うにしても、またロシアの行動をいちいち弁護する必要はないにしても、ロシアは、戦争の原因である資本主義の問題を処理してしまった国である。これだけは忘れてはならぬ。日本も本当に平和を愛するのなら、本当に人間を愛すのなら、社会主義への道を選ばねばならない」。[85]

第一回教研大会の講演のときと同じように、清水の論文に高い評価を与えたのは共産党系の人びとであった。『教師の友』は座談会による特集を組んで、講座『教育』に詳細な検討を加えた。出席者に共通する不満は、この講座が全体として今日的な課題に対して近代主義的なアプローチをとっていることに向けられた。だが、清水の論文だけは例外であった。「その不満は清水幾太郎さんの『現代文明論』に対してだけはあてはまらない。……教育論文でこれだけ力強く、しかも科学的に書かれている論文はそう多くはないとおもいます」。[86] 教育にほとんどふれることのない清水の論文が、教育学論文としてきわめて肯定的に受け入れられていたことに、教育がなにより体制選択の問題として捉えられていた時代の雰囲気が透けて見える。

しかしながら、このように教育問題を大状況のなかに解消してしまう議論を認めてしまうのは、やはり教育学にとって尋常な事態ではない。「社会主義社会にならなければ、どうにもならん」式のアプローチが教育現場にもたらした弊害をはやくから憂慮していたひとりに、この座談会の司会にあたった国分一太郎がいた。当時日本共産党本部の文化部員であった国分は、第二回教研大会の傍聴記で、「社会主義社会への夢をのべすぎて、現実の日本では、そういう遠い夢を追う前に、あるいは『資本主義か社会主義か』などと論ずる前に、まず解決しなければならない難問題を解決しなければならないことを認識させることが少なかった」(87)と書いている。

国分一太郎とはまったく対極的な視点から、個別的な社会問題をストレートに政治運動に結びつけてしまう進歩的文化人の陥穽を鋭くついたのが、福田恆存である。福田と清水との間で、政治と教育の関係がちょうど捩じれ現象を起こしてしまったのは、福田が進歩的知識人の政治的役割を批判する際に取り上げた例が、基地周辺の教育問題であったからである。福田はいう、基地周辺の町の風儀が乱れて、それが学童のうえに及ぼす影響が重大な問題であることはいうまでもない。しかし、「基地における学童教育の問題と世界平和とは、風と桶屋ほどの関係しかない」。そして、福田の批判は社会問題を無限定に拡大してしまう日本的な統一戦線の構想にも向けられる。「民主戦線とか統一戦線とかいふことばは、この擴大主義から生まれてくるのであります……日本でいふ統一戦線とは、つねにかういふ性格をもつてゐるのです。それは問題を自分から遠ざけ、責任を抛棄し、事をあいまいにしてしまふのです」(88)。

第二の論点に移ろう。アメリカの対日占領政策の転換、いわゆる「逆コース」は、ジョージ・ケナンの「封じ込め」構想のアジア版として推進された。清水幾太郎はこの「ロシア包囲政策」を、戦争を招き寄せる「きわめて危険な政策である」と難じている(89)。同様な評価は同じ巻に収められた都留重人「戦後世界の情勢」にも見出される。「いわゆるソ連邦とじこめ政策は、その論理的帰結としては、尨大な国防計画と、すべての反資本主義勢力にたいする苛烈な弾圧政策と、さらに、ひいてはとじこめの範囲を越えて、鉄のカーテンそのものを突き破って、その間隙にはいりこもうとする積極的な反革命政策へと導かざるを」えない。[90] すでに述べたように、「封じ込め」政策に対する批判的態度は当時のリベラルな知識人にひろく共有された見方であった。

第二巻の宗像誠也の論文「戦後の日本教育の回顧と展望：教育政策」が、こうした冷戦認識を踏まえていたことは疑えない。だが、興味深いのは、のちに検討する第一巻の勝田守一論文に比べて、宗像が「逆コース」についてきわめて控え目な記述にとどめていることである。朝鮮戦争の勃発後ほどなくして来日したアメリカ第二次教育使節団の報告書は、「極東において共産主義に対抗する最大の武器の一つは、日本の啓発された選挙民である」という一節を含んでいたがゆえに、のちの池田＝ロバートソン会談で交わされた覚書とあわせて、教育反動化政策の起点と目されるようになる。[91] しかしながら、宗像は第二次使節団に対して依然として高い評価を与え、「教育の機会の拡充と均等化、教育の人民統制の実現という基本線においては変わりがないのみならず、或る点ではますますそれを具体的に推し進めてさえいる」という。[92]

だが、こうした教育尊重政策は進行しつつある防衛力拡充政策との間に矛盾が生じ、講和後安保条約のために著しい対立を生み出すことになろう。保守勢力と進歩勢力の対立抗争によって戦後教育の本質を捉えようとする宗像誠也の二元的図式がここに顔を出している。したがって、こうした政策間の矛盾の解決には、改正諮問委員会の答申のように、教育を現状維持に奉仕させる、「民主化の犠牲」による方向と、「社会化、民主化の主体的勢力」の発展に期待する方向がある。この時点で宗像は、必ずしも前者の方向に天皇神格化や国体護持といった旧体制への復帰という意味を付与していないことに留意しよう。彼の主たる関心は「教育民主化における人民統制と専門家の指導権との関係」にあった。[93] 教育民主化の主体的担い手としての教員組合というテーゼは、六〇年代に入って流通した国民の教育権論が「真理の代理人としての教師」という啓蒙的な論理構成を必要としたことを予想させる。宗像はわずか数年前に教員が教育委員になることに反対していたにもかかわらず、[94] ここで一転して教員代表が教育委員会に入るべきだと主張するようになった。「五〇万の教員は、なんといっても、日本において最も開明された社会集団である」からである。(95)

宗像誠也が教育政策の行き過ぎ是正を戦前型旧教育への復帰と結びつけて論じるようになるのは、一九五三年九月に刊行がはじまった『日本資本主義講座』第二巻の論文「占領期の教育改革」(五十嵐顕、持田栄一と共著)以後である。塙作楽がこの講座の編集に与っていたことは先述した。共産党関係者との話し合いにもとづいて、「戦後日本のおかれた地位」を明らかにする趣旨で企画されたこの『講座』は、実際には、一九五二年のスターリン論文「ソ同盟における社会主義の経済的諸問題」を承けて、正統派マルクス主義研究者が資本主義の経済法則を日本において実証しようとした試みといわれる。「半封建的な諸関係の残存」という「三二年テーゼ」に、アメリカ帝国主義による植民地的支配をつけ加えた現状分析を前提にして、この『講座』は戦後日本の支配体制の「買弁」的再編成を、「半封建的な諸関係をテコにして、不可避的に、最良のビジネスである戦争経済の中へ(しかも植民地的隷属という条件の下で)、はまりこんでゆく過程である」と主張することになった。(96)すなわち、「民主化」から「復興」へと移行したアメリカ対日政策が「逆コース」と呼ばれるのは、それによって「天皇制官僚と寄生地主と独占資本」からなる旧勢力の温存がはかられたからなのである。

この論文で、宗像らは政令改正諮問委員会「答申」の本質を、先にみたように現状維持ではなく、復古的な動きと規定するようになる。「答申」は新教育を批判することによって、占領下の教育改革の矛盾をついているが、「その矛盾を民主化を放棄することによって解消しようとするものであり、保守勢力に都合のいい旧教育への復帰と、教育の国家統制の方向を示すものといわねばならない」。この論文のなかに、同様な表現をいくつも見出すことができよう。

「その後現在に至るまでの時期は、教育政策に対する強力な発言者としての資本家陣営の公然たる登場と、その代弁者たちの語る教育理念のいちじるしい復古調によって特色づけられる」。「岡野文相の教育理念は露骨な反動であって、封建的であり、超国家主義的ですらある」。「五二年一〇月の地方教育委員会の無謀な一斉設置、義務教育学校職員法案の提案などは、教育の封建的支配の強化、教組抑圧を意図するものにほかならない……」(97)

当時共産党本部員としてマルクス・レーニン主義研究所に所属していた石堂清倫は、のちにこの講座について、「最初から結論のできていることを理論化する試みは破綻してしまい、まるで進歩的経済学者の集団自殺のようなことになった」と評した(98)。だが、教育の世界にかぎっていえば、占領期の「民主的な教育改革」から復興期の「逆コース」へという戦後教育史の通説的枠組は、この講座のなかから生まれ、しかもそれは「五五年体制」の保革対立を演出した「国民の教育権論」の歴史的・理論的な根拠となって生き続けたのである。だが、こうしたイデオロギー的な歴史解釈は、教育史研究に少なくとも二つの負の遺産を遺したことになる。ひとつは、教育に対するいかなる国家の介入も教育の自由を侵害するものとしてきびしく拒斥する見解が支配的になったことである。中央集権化の趨勢は、アメリカを含めた先進工業国にひろくみられた戦後教育に共通する傾向という側面があったにもかかわらず(99)、進歩的教育学者の眼には、日本の近代化を逆行させるもの、ひいては戦前の天皇制国家へ回帰する危険性を孕んだものと映ったのである。いまひとつは、社会主義を志向する立場のみを民主勢力と認めて、反共産主義を掲げるリベラリズムを反動勢力と決めつける二元的図式をもたらしたことである。このことが、内山節のことばを借りれば、「日本の保守勢力もアメリカも、ある種の民主主義者だった」ことを見落とすことになった(100)。戦前に反ファシズムの立場を貫いた政治家や知識人であっても、ソ連の全体主義的傾向に警戒の念を示すかぎり、復古的な国家主義者としてきびしい指弾の対象とされるにいたったのである。

（3）インドクトリネーションをめぐる全体主義批判の系譜

レッド・パージのさなかに刊行された矢川徳光『新教育への批判』（一九五〇年五月）は、占領軍の後押しで文部省が普及に努めてきた経験主義的な問題解決学習に対する、共産党サイドからの本格的な批判として注目を集めた[101]。講座『教育』第一巻に「教育になにが期待できるか」を執筆した勝田守一は、敗戦直後に文部省の担当官として社会科の発足に立ち会った経歴をもつが、この論文のトーンは矢川の新教育批判に同調しているかにみえる。この時点では、勝田の方が宗像誠也よりも「逆コース」にこだわっていた。講和のかけ声が高まるとともに政府の教育政策に変化が生じはじめ、日本の子どもたちが「真実から眼をそらすようにという配慮が次第に強く押し出されてくる」。そして、「平和のための教育を良心的に守ろうとする人々は、いつのまにかひとつの抵抗の姿勢を取るようになっていった[102]」、と。だが、このことは占領下の教育改革に対する勝田の議論を、一種の解きがたいパラドクスのなかに追い込むことになった。一方で、そこでは教育使節団報告書の勧告にしたがって、教育の自由は一時大幅に拡げられたのであり、それゆえ憲法・教育基本法体制は「逆コース」に抗して守られるべきであった。ところが他方で、占領行政のイニシアティヴによって指導された現場レヴェルの教育実践は、矢川のいうように、いまや歴史的現実を捨象した新教育的偏向として克服の対象とされねばならない。

勝田守一がこの隘路からの脱出をはかるために参看した歴史的事例は三〇年代アメリカの新教育批判の経験であった。徹底した教育の統制によって、教育を方法とする社会の建設が可能であることを示したのが二〇世紀の特色であった、と勝田はいう。ナチのドイツ、ファッショのイタリアにならんで、日本の戦前の教育政策がそれに類したものであったことはいうまでもない。だが、民主主義を擁護してファシズムと戦った経験を通じて、西欧民主主義諸国もソ連邦も平和の確保のために「文化的教育的プログラム」が有効であることを自覚するようになった。当時の勝田は教育についてリアルな認識を示し、教育には理想的な人間形成という非権力的な側面とともに、現実にはひとつの社会の統制作用として、教化政策への要求という側面をあわせもつことを指摘している。[103] アメリカの進歩主義教育が陥った危機は、後者の側面に対する認識を欠いて、公教育をとりまく階級関係に眼を向けなかったことから生じた。勝田はブラメルド（Theodore Brameld）に仮託しながら、こう述べる。

「進歩主義教育が個人主義的自由主義に固執し、そのために『未来への見通し』に決定を与えず、子どもの生活の方向を知的な選択にまかせているかぎり、それは時代の強力な力によって、打ちまかされてしまう。……教師が寛容な態度で強い指導をひかえている間に、子どもは社会からそれらのものを強制されてしまう。だから真に民主的な教師は、むしろ悪評高い注入（インドクトリネーション）を排するという形式的寛容をやめて、最大多数者の要求の側に立つ「許され得る」注入を行なうべきだとさえ（ブラメルドは）いっている」。[104]

この引用部分で、勝田守一は社会的な目的を欠いて「無籍もののように漂泊を続け」たアメリカの進歩主義教育と、「這い回る経験主義」と揶揄された戦後日本の新教育の実態とを二重映しにして批判しているのである。したがって、冷戦にともなう「逆行現象」のなかで、「権力の教化政策に奉仕させられ、自ら植民地化して行く危険」に直面している現在こそ、日本の教育はいかなる社会といかなる人間を形成するかという明確な「未来形成」への目標をもたなくてはならない。そのために勝田は教育の政治性が自覚されるべきだと訴える。「平和と解放と独立のために奉仕する教育」こそが、現実に即した教育のあり方なのだ、と。[105]

勝田がこの論文でアメリカの歴史的経験を引き合いにだしたとき、もっぱらブラメルドに依拠して議論を展開していることに着目したい。一九二九年の大恐慌にはじまる資本主義社会の混乱に直面して、進歩主義教育運動はその内部に子ども中心主義への偏向を批判する、社会改造主義と呼ばれたグループを生んだ。ラディカルな教育学者たちはソ連の五カ年計画のめざましい達成に強い衝撃をうけて、資本主義はより人間的な社会秩序に向けて再編されねばならないと主張した。そこでは労働者階級に開かれた教育が重要な役割を担うはずであった。カウンツ

(George S. Counts) はマニフェスト的文書で、生徒は日常的に保守的な「インドクトリネーション」にさらされているのだから、それにラディカルな立場から対抗するにあたって、「インドクトリネーション」をもちいることを躊躇してはならないと宣言した。(106) しかし、デューイ (John Dewey) は、民主主義的目的を活性化させるためにインドクトリネーションという手段で対抗しようとする、ラディカルな主張に強く反対した。資本主義社会の弊害について子どもたちが同一の結論に到達するとしても、たえざる知的な吟味をおこなう過程を欠いて、結論のみを押しつけるような教育は認められないというのである。(107)

われわれにとって興味深いのは、インドクトリネーションをめぐるデューイとカウンツの教育観の違いが、ソ連の政治体制に対するまったく対立する認識に由因していたということなのである。一九三〇年に出版された『アメリカに対するソ連の挑戦』は、当時のカウンツが、ソ連共産党は独裁者の手中にある統治機構にすぎないのでなく、全国に散在する共産主義者の小グループによって党の方針が決定される分権的システムである、と信じていたことを窺わせる。利己主義を克服し、協同的な「新しい人間」の発達をめざす、ソ連の「社会的実験」にカウンツは強い共感を寄せていたのである。(108) 他方で、デューイは三〇年代のはじめからソ連の独裁政治にきびしい眼を向け、トロツキー裁判の調査委員会の仕事にかかわってからは、ヒトラーとスターリンの全体主義体制の類似性を強調するようになった。(109) 一九三八年ごろまでに、カウンツはデューイのソ連観に同調して、ソ連をナチス・ドイツとともにヨーロッパを覆った全体主義的な専制政治とみなすようになった。カウンツ『アメリカ民主主義の展望』はアメリカ経済の現状を激しく攻撃して、集産主義 (collectivism) の方向へ改革されるべきという、ラディカルな主張を展開したものとして知られるが、そこではソヴィエト・コミュニズムはもはやアメリカの改革のモデルとされるべきではなかった。カウンツの場合も、デューイと同じように、アメリカ教員組合での活動体験がその転機となった。彼らはともに、教員組合をコミンテルンの指導に従わせようとする共産党のフラクション活動に強い嫌悪を感じたのである。[110]

ところが、一九三九年のヒトラー＝スターリン協定の衝撃によって容共派のリベラル知識人の多くがコミュニズムに対する幻想を捨てたなかにあって、社会改造主義者のなかで、戦後にも変わらぬ政治的立場を維持したのはほとんどブラメルドのみであった。その意味で、勝田守一が平和教育のためにあえてインドクトリネーションも辞さずというハードな主張をするにあたって、ブラメルドを援用しているのはたいへん興味あることなのである。ブラメルドは五〇年代に入ってからも、教育活動は特定の方向性を帯びざるをえないという見地から、教え込みという教育方法の重要性を説き続けた。たしかに、彼はプロパガンダとインドクトリネーションを区別して、後者を教育方法として用いるのは不適切として退けた。だが、ある信念や価値を効果的に学習者に教える「近道」としてのプロパガンダの教育的価値は認められるべきであった。[111] 勝田守一が先の引用で、「悪評高い注入（インドクトリネーション）を排するという形式的寛容をやめて」と述べている部分は、ブラメルドに即していえば、「注入」でなく、プロパガンダと置き換えられるべきであろう。だが、ある教育史家はこうのべる。

「実際のところ、ブラメルドはアメリカ教育に、新たにラディカルな新機軸を打ち出すのに成功したといえるかもしれない。だが、それは他の世界からみれば新しくもなんでもないことであった。独裁者の多くはブラメルドの擁護したテクニックの有能きわまる実践家だったのであり、それほど大物でなくとも、政治や宗教的目的に教育を従属させることですぐれた腕前を発揮してきた人びとはいくらでもいたのである」。[112]

われわれは最後に、戦後教育学が前提にしていた冷戦認識に立ち戻ろう。講座『教育』は、社会党左派＝総評（日教組）ブロックの政治運動と共同歩調をとることによって、ソ連擁護という政治目的に足をすくわれて、全体主義体制に対する批判の眼を自ら閉ざすことになったことについてである。「すぐれた意味で教育という時には、平和のための教育以外には存在しないとさえ思う」[113] という勝田守一のアジテーションは、ブラメルドのいう教育方法としてのプロパガンダを連想させる。勝田をはじめ、清水幾太郎や宮原誠一のように、戦前戦中の暗い谷間の時代にプラグマティズムに出会って、そこに思想的拠りどころを求めたケースは多い。だが、デューイの民主主義論に含意される反全体主義の政治的姿勢の影響は、彼らにほとんど痕跡すら残さなかった。

宮原誠一はデューイ『学校と社会』の訳書に付した有名な解説で、デューイの社会理論を「ニュー・ディール政策を、いわば社会理論の面でうけとめたものである」と位置づけたが、[114]この評価は歴史事実に反している。それは、デューイが一貫してニュー・ディール政策に批判的であったからだけではない。ローズヴェルト大統領の対ソ連観は、「米ソ両体制がやがて類似したそれになるであろうと予測していた」ように、[115]米ソ収斂論に立っており、デューイの全体主義観と相容れないものであったからである。平和問題談話会の「平和的共存」の主張が、まさに米ソ収斂論にもとづいていたことについては、すでに述べた。

デューイのもっとも信頼する弟子のひとりであったシドニー・フック（Sidney Hook）は、一九三九年春にファシズムおよびコミュニズムの全体主義に対抗するため、「文化的自由のための委員会」（Committee for Cultural Freedom）を組織し、デューイを名誉会長に迎えた。人民戦線戦術へと路線転換して以来、文学者や芸術家、大学人を結集する文化人団体の組織化を次つぎに進めてきたアメリカ共産党のまさに絶頂期のことであった。フックは『自伝』で、アメリカの指導的知識人がこうした団体に魅かれたのは、アメリカ共産党のプロパガンダによるというより、ソヴィエト連邦の存在に負うところが大きかったと回想している。その例としてフックがあげるのが、三、四〇年代のイギリス論壇および労働党を通して政界に絶大な影響力を振るったハロルド・ラスキ（Harold Laski）であったことは、ラスキが戦後日本の知識人に与えた影響の大きさを思うと、ここで触れないわけにいかない。フックによれば、ラスキはトロツキー裁判の調査委員会への誘いを断っただけでなく、トロツキーがもし無実であるというのなら、モスクワへ戻って弁明すればいいと語ったという。ラスキはヒトラー＝スターリン協定が締結された後になっても、ソ連は新しい文明の地であり、人類にとって残された唯一の希望だと称揚しつづけた。そのラスキは、フックの「トロツキズム」には同調できないと人に語っていたといわれる。その言い回しは、助手時代にフックの『ヘーゲルからマルクスへ』を読んでいた丸山眞男が、鶴見和子にその話をしたとき、「『あれはトロツキストよ』って怒られました（笑い）」という回想とあまりに似通っている。(116)

北朝鮮が戦端を開いた一九五〇年六月、ベルリンで「文化的自由のための会議」(Congress for Cultural Freedom)が開催された。このたびもフックが、もっとも中心的な役割を果たした。宣言は、「全体主義国家の脅威から現存の自由を防衛」することが、現代の第一の課題であると謳った。デューイは、クローチェ、ヤスパース、マルタン、ラッセルとともに、パリに本部をおく、この会議の名誉議長に推された。(117)この動きに応えて一九五二年四月、高柳賢三を会長に文化自由会議日本委員会が結成され、九月には機関誌『自由の旗のもとに』が創刊された。全体主義との戦いを掲げたこの会議の特色は、荒畑寒村、対馬忠行、小堀甚二ら左派知識人や労働運動家が中心となったことである。創刊の辞は、「知識層を読者とするいわゆる綜合雑誌の多くもまた全体主義的制服思想の有力な宣伝舞台たる観を呈するに至って」いることへの危機感を表明している。(118)先にみたように、荒畑らが平和問題談話会の声明に対してきびしい批判を投げかけたことは、その具体化であった。

本稿を通して、われわれは戦後教育の政治的性格について論じてきた。われわれが日教組運動が掲げた「平和教育」を歴史のなかに投げ込んで相対化しようとするのは、その政治性を暴き立てるためではない。それが批判されねばならないのはその政治的性格ゆえにではなく、全体主義をめぐる歴史認識において決定的な誤りを犯したからなのである。それによって、わが国の教育界は、「五五年体制」のもとで「神々の戦い」とでもいうべき論証不能なイデオロギー対立の中に引きずり込まれ、戦後政治の主要な対立軸に仕立てあげられてしまった。こうした議論はあるいはソ連崩壊後の歴史の後智恵といわれるかもしれない。しかしながら、こんにちでは明らかになった社会主義体制の歴史的実態を、同時代にあってすでに見据えていた人びとは存在したのである。このことをわれわれは忘れ去っていいわけではない。その人びとは、一流雑誌に拠るアカデミズムやジャーナリズムの世界からでなく、労働運動のなかから出たのであり、そしてわずか二年あまりで廃刊になった、毎号一〇〇ページにも満たないこの小雑誌に依拠して論陣を張ったのである。

〔注〕

（1）大嶽秀夫『日本政治の対立軸：九三年以降の政界再編の中で』（中央公論新社、一九九九）、樋渡展洋『戦後日本の市場と政治』（東京大学出版会、一九九一）、同「五五年体制の『終焉』と戦後国家」『レヴァイアサン』16（一九九五）。戦後日本の政治がきわめて強力な利益配分志向をもっていたこと、しかもその恩典が社会の周辺層に向けられたことが、経済や福祉分野での与野党対立をあいまいにしたことについては、ケント・E・カルダー『自民党長期政権の研究：危機と補助金』（淑子カルダー訳、文藝春秋、一九八九）を参照。「戦後の保守陣営は、社会主義を標榜する野党側の主張の中から、もっとも創造性に富んだ、ヴィジョン溢れる部分を取り出し、自らの政策に採用してきた」（一三〇頁）。

（2）ジョージ・F・ケナン『回顧録』上（清水俊雄訳、読売新聞社、一九七三）第一六章、鈴木健人『「封じ込め」構想と米国世界戦略：ジョージ・F・ケナンの思想と行動、一九三一-一九五二』（渓水社、二〇〇二）、マイケル・シャラー『アジアにおける冷戦の起源：アメリカの対日占領』（五味俊樹監訳、木鐸社、一九九六）

（3）綿貫譲治『日本政治の分析視角』（中央公論社、一九七六）第六章、蒲島郁夫・竹中佳彦「戦後日本の争点とイデオロギー」『レヴァイアサン』14（一九九四）

（4）五十嵐顕・伊ヶ崎暁生編『戦後教育の歴史』（青木書店、一九七〇）、大田堯編『戦後日本教育史』（岩波書店、一九七八）、尾崎ムゲン『日本の教育改革：産業化社会を育てた一三〇年』（中央公論新社、一九九九）

（5）ヴォイチェフ・マストニー『冷戦とは何だったのか：戦後政治史とスターリン』（秋野豊・広瀬佳一訳、柏書房、二〇〇〇）二八二頁。スターリン時代に限らない、ロシア革命後のソヴィエト政治に関するもっともまとまった記述は、ステファヌ・クルトワ他『共産主義黒書：犯罪・テロル・抑圧〈ソ連篇〉』（外川継男訳、恵雅堂出版、二〇〇一）にみられる。なお、全体主義（totalitarianism）の概念がはじめて英語に登場するのは一九二〇年代で、三〇年代末になって一般に使用されるようになったという。全体主義の歴史的概念について、ハンナ・アーレント『全体主義の起源3』（大久保・大島訳、みすず書房、一九七四）、Thomas E. Lifka, *The Concept "Totalitarianism" and American Foreign Policy, 1933-1949* (Garland, 1988); Abbott Gleason, *Totalitarianism: The Inner History of the Cold War* (Oxford University Press, 1995).

（6）Eugene Lyons, *The Red Decade: The Stalinist Penetration of America* (Bobbs-Merrill, 1941)

（7）拙稿「モダニズムからポストモダニズムへ：知識人と政治」（増渕幸男・森田尚人編『現代教育学の地平：ポストモダニズムを超えて』南窓社、二〇〇一）を参照

（8）都築勉『戦後日本の知識人：丸山眞男とその時代』（世織書房、一九九五）一二三頁以下

（9）塙作楽『岩波物語：私の戦後史』（審美社、一九九〇）一一頁ほか。塙の岩波書店入社に際して、伊藤律は松本慎一の紹介状を吉野に渡すようにいったという。松本は尾崎秀美の一高時代からの親友で、一九四七年に急逝した。風間道太郎『暗い夜の記念：戦中日暦』（未来社、一九八一）に松本について伝記的エッセイがある。吉野と松本の関係については、一六〇‐一六二頁

（10）清水幾太郎『わが人生の断片』下（文藝春秋、一九七五）八三‐五頁。「平和の問題といえば、コンミュニズムの側になんらかの形でつくことであった」当時にあって、久野収にとっても東側からの参加者のもつ意味は大きかった。（『平和問題談話会』について」『世界』臨時増刊号「戦後平和論の源流」一九八五年七月、一〇頁）。このような東側陣営に対する腰の引けた対応を理解するには、ソ連がユネスコに対して一貫して否定的な態度をとってきた歴史的事情を重ねてみる必要があるだろう。一九四八年のユネスコ第三回総会にあたって、東欧諸国もソ連の圧力で消極的な態度をみせるようになっていた（田中耕太郎「ユネスコ哲学と共産主義」『共産主義と世界観』春秋社、一九五〇、八一‐四頁）

（11）塙・前掲書、一〇四頁

（12）「座談会・戦後の三十年と『世界』の三十年：平和の問題を中心に」（『世界』一九七六年一月号）における吉野の発言。（吉野源三郎『「戦後」への訣別』岩波書店、一九九五所収、二六二頁）

（13）関寛治「平和の政治学」日本政治学会編『年報政治学』一九七六年度、一〇二頁

（14）「戦争と平和に関する日本の科学者の声明」（『世界』一九四九年三月号）九頁。「ユネスコ声明」とともに、吉野源三郎『平和への意志』（岩波書店、一九九五）に収録されている。

（15）林健太郎『昭和史と私』（文藝春秋、一九九二）二四七頁
（16）同上書、二四九頁。
（17）安倍能成『戦後の自叙傳』（新潮社、一九五九）一九八-二〇二頁
（18）清水・前掲書、一〇七-九頁
（19）都築・前掲書、一六七-七五頁、関・前掲論文、一〇七頁
（20）丸山眞男「ある自由主義者への手紙」『丸山眞男集』第4巻（岩波書店、一九九五）三一六頁
（21）都留重人、古在由重、丸山眞男「座談会：恐怖から共存へ」『世界』五三年五月号、三三、四五頁
（22）「三たび平和について」『世界』一九五〇年一二月号（文藝春秋編『戦後五〇年：日本人の発言』上、文藝春秋、一九九五、所収）二二五頁
（23）マストニー・前掲書、一二九頁以下。また和田・前掲書。A・V・トルクノフ『朝鮮戦争の謎と真実』（下斗米伸夫・金成浩訳、草思社、二〇〇一）を参照。
（24）大嶽秀夫「五五年体制の形成」、中村政則他編『戦後日本：占領と戦後改革』第6巻（岩波書店、一九九五）三七頁。五十嵐武士『戦後日米関係の形成：講和・安保と冷戦後の視点に立って』（講談社、一九九五）一四二頁以下。和田・前掲書、七四、三二七頁
（25）大嶽・前掲論文、五〇頁
（26）「三たび平和について」前掲書、二二五頁
（27）和田春樹『朝鮮戦争全史』（岩波書店、二〇〇二）一八九頁
（28）「三たび平和について」前掲書、二二六頁
（29）Frank A. Warren III, *Liberals and Communism: the "Red Decade" Revisited* (Indiana University Press, 1966) pp.164-66, 199-200.
（30）「三たび平和について」前掲書、二二五、二三一頁
（31）高柳賢三、荒畑寒村、対馬忠行「座談会：『平和問題談話会』の声明批判」『自由の旗のもとに』一九五二年一〇月号、一五頁。寒村の再軍備論は、山川均、向坂逸郎との論争のかたちをとって、『自由の旗のもとに』一九五二年一一月号、同一二月号、一九五三年二月号に掲載された（『荒畑寒村著作集』第4巻、平凡社、一九七六、所収）が、戦後史のなかでほとんど省

みられることはなかった。寒村の再軍備論について、植村秀樹『再軍備と五五年体制』（木鐸社、一九九五）から示唆を受けた。

(32) 荒畑寒村『新版　寒村自伝』下（『荒畑寒村著作集』第10巻、平凡社、一九七七）二八五‐六頁
(33) 小堀甚二「社会党の再軍備実践」『自由の旗のもとに』一九五二年一〇月号、五頁
(34) 丸山眞男・吉野源三郎「安倍先生と平和問題談話会」（『世界』一九九六年八月号、前掲、吉野『「戦後」への訣別』に再録）
(35) 「平和問題討議会：議事録」（『世界』臨時増刊号「戦後平和論の源流」一九八五年七月）二六二頁。なお、あたかもこうした動きに抗するかのように、平和運動の啓蒙運動化を危惧した知識人に、田辺元がいたことを指摘しておこう。田辺は岩波雄二郎宛に、「平和の為に戦争防止の思想的任務を果たさなかったことを悔ゆる小生の如き者は、こんどこそ再び過誤を重ねまいと更新を誓う外ありませぬ。他に対する覚醒はこの自己更新と相即する筈です。いはゆる啓蒙運動に止まるならば、小生の如き者は御計画に参加することはできませぬ」と書き送った（『世界』一九四九年三月号、四九頁）。
(36) 「平和問題討議会：議事録」、三〇二頁
(37) 清水・前掲書、九九頁
(38) 「平和のための教育」『世界』一九四九年七月号（吉野源三郎編『原点：「戦後」とその問題点』（評論社、一九七〇）に再録、六六‐七、七〇、八一、九六‐八頁
(39) 大村栄「中学校の平和教育」『カリキュラム』一九五〇年五月号、匿名座談会「日本の教育学者に望む」『6・3教室』一九五二年四月号
(40) 『教育新聞』一九四九年一〇月六日
(41) 沢田文明（望月宗明）『日教組の歴史：風雪の日々に』上（合同出版、一九六七）三〇六頁
(42) 久野収『平和の論理と戦争の論理』（岩波書店、一九七二）三九二頁
(43) ベンジャミン・C・デューク『日本の戦闘的教師たち』（市川博訳、教育開発研究所、一九七六）一四六頁。なお、日教組運動を通観するアカデミックな研究は、いまだ日本人研究者によって書かれていない。新井恒易『日教組運動史』（日本出版協同、一九五三）とともに、沢田・前掲書は運動の当事者の手になるものである。それとは対照的に、アメリカ人による著作がデューク以外に二冊ある。Donald R. Thurston, *Teachers and Politics in Japan* (Princeton Univ. Press, 1973), Robert W. Aspinall, *Teachers' Unions and the Politics of Education in Japan* (State Univ. of New York Press, 2001).

(44) 望月宗明『日教組とともに：ぼくの戦後三〇年』(三一書房、一九八〇)九五頁。兵藤釗『労働の戦後史』上(東京大学出版会、一九九七)九七頁以下

(45) 兵藤釗『労働の戦後史』上(東京大学出版会、一九九七)九七頁以下

(46) 望月・前掲書、一〇〇-五頁

(47) 国分一太郎「民間教育運動の年を：一九五二年への期待」『教師の友』一九五二年一月号、三七頁。また、綿引みさ『曙光：戦後の教育と民間教育運動』(学陽書房、一九七九)

(48) 岡三郎「大会報告書に寄せる」『教育評論』臨時特集号「第一回教育研究大会報告書-日光大会」一九五二年二月

(49) 「第11分科会：平和教育を如何に展開するか」同上、五〇四頁以下

(50) 「児童ボスの存在とその対策」、東京都教職員組合連合『東京都教育研究大会』(一九五一)

(51) 前掲「第11分科会：平和教育を如何に展開するか」、五一二頁。平和教育はいざ実践となるとはなはだ貧困であるという印象は、はやくから運動の当事者によって抱かれていた。雑誌『教育』は、『世界』の座談会「平和のための教育」の後を受けて、座談会「平和教育の具体的方法」をおこなった。そこでの話は結局のところ「間接的な平和」、つまり民主化を妨げる要因についての話になった。傍聴した宗像誠也は、それは仕方ないことであり、「平和は何といっても直接的には政治の問題である」と開き直るしかなかった(「座談会傍聴記」『教育』一九四九年一〇月号)

(52) 勝田守一「平和と繁栄の教育をめざして」、日本教職員組合編『日本の教育：第二回全国教育研究大会報告』四頁

(53) 岡三郎の発言は、前掲「第11分科会：平和教育を如何に展開するか」五三一頁

(54) デーヴィド・ホロウェイ『スターリンと原爆』下(川上洸他訳、大月書店、一九九七)三八二-三頁

(55) 日刊労働通信社編『戦後日本共産主義運動』(日刊労働通信社、一九五五)、五五一頁

(56) 同上書、一三四-七、五四八頁以下。袴田里見『私の昭和史』(朝日新聞社、一九七八)、九三-一〇二頁

(57) 前掲「『平和問題談話会』について」一一-一二頁

(58) 矢川の主張は、「平和へのいとなみ」『教師の友』一九五一年一二月号にみられる。なお国分一太郎『いつまで青い渋柿ぞ：戦後日本教育史外伝』(新評論、一九八六)一〇二頁、久野収・高畠通敏『市民として哲学者として』(毎日新聞社、一九九五)二〇〇頁を参照。久野によれば、第二回の高知大会では、社会党系と共産党系の対立はさらにエスカレートし、「司会役の宮原誠一氏などは、両方につめられて、病中の貧血も作用して、気を失ったほどの激しさだった」という。

(59) 望月・前掲書、一〇九頁
(60) 櫻田武・鹿内信隆『いま明かす戦後秘史』下（サンケイ出版、一九八三）二〇〇頁以下
(61) 兵藤・前掲書、一一六頁
(62) 大嶽・前掲論文、四六頁
(63) 高島喜久男『戦後労働運動私史』第2巻（第三書館、一九九三）一三二―四頁、兵藤・前掲書、一〇〇頁
(64) 「旭丘中学事件」は、教員の政治活動を制限する「教育二法」成立のきっかけになった「偏向教育の二四例」のなかでもっとも注目を集めた。それには、東京大学、東京教育大学、京都大学などが調査に入ったことが大きかった。前掲の大田尭編『戦後日本教育史』は、そうした共同調査が「〝旭丘教育〟が憲法と教育基本法の精神につらぬかれた民主的な教育であったことを学問的に実証した」という評価を与えている（二一六頁）。しかし、「旭丘教育」は、今日の日本共産党が極左冒険主義として自己批判する五一年綱領のもとでの、グロテスクな教育実践にほかならない。「数多い雑誌論文」が書かれたが、歴史の検証に耐えうる証言は、臼井吉見「旭ヶ丘中学の白虎隊」（『文藝春秋』一九五四年七月号）のみであろう。この事件について最近の研究で注目されるのは、大久保正廣『「良心」の教育神話：戦後教師文化と学校崩壊』（文芸社、一九九三）。
(65) 望月・前掲書、一三三頁
(66) デューク、前掲書、一九九頁
(67) 高島、前掲書、一八頁
(68) 清水慎三「五〇年代前半労働運動（高野時代）は何であったか」『労働運動史研究』61号、一九七八年
(69) 亀山幸三『戦後日本共産党の二重帳簿』（現代評論社、一九七八）六〇頁。松本健二『戦後日本革命の内幕』（亜紀書房、一九七三）
(70) 前掲「『平和問題談話会』について」における吉野源三郎の発言、二〇頁
(71) 日本共産党が武装闘争の方針を決定した第五回全国協議会（五全協）は、同時に「社会民主主義との闘い」を前面に打ち出した（日刊労働通信社編、前掲書、二一一頁）
(72) 松本、前掲書、一三七頁
(73) 清水幾太郎、前掲書、一二三頁
(74) 前掲「第11分科会：平和教育を如何に展開するか」

(75) 林健太郎『戦後五十年の反省：国際化時代と日本の将来』(原書房、一九九六)二〇九頁

(76) リベラル知識人がマルクス主義に対して明確な批判的立場を確立できなかったのは、大塚久雄や南原繁の例にみられるように、彼らの多くがプロテスタントであったことと無関係ではないだろう。田中耕太郎は、プロテスタンティズムの「信仰のみ」の立場は独自の社会科学の立場をもちえないがゆえに、統一的世界観と独自の社会科学の体系を有するマルクス主義に対して、無力たらざるをえないという(三谷太一郎「田中耕太郎の近代批判」『二つの戦後：権力と知識人』筑摩書房、一九八八、一七九-八〇頁)。

(77) 清水慎三『戦後日本の革新勢力：史的過程の分析』(青木書店、一九六六)一六八頁。なお、本稿では占領軍によるレッド・パージにほとんど言及できなかった。日本共産党は五五年の六全協(第六回全国協議会)で武装闘争路線を自己批判して合法政治の舞台に復帰したが、その際いちばんの力になったのは、レッド・パージであったと逆説的に述べることができるかもしれない。アメリカにおけるマッカーシズムの「赤狩り」と同じように、反共産主義を保守反動と結びつけるという政治的効果を生んだからである。アメリカの反スターリニズム知識人のひとりであったダイアナ・トリリングはこう述べている。「マッカーシーの出現の結果、反共産主義は進歩主義的なものであろうと非進歩主義的なものであろうとおかまいなしに、すべていっしょくたにマッカーシズムとして非難されて、その信望を落とす羽目になったのである」(ダイアナ・トリリング『旅のはじめに：ニューヨーク知識人の肖像』野島秀勝訳、法政大学出版局、一九九六、四三二-三頁)。ニューヨーク知識人の反スターリニズムについて、前掲拙稿「モダニズムからポストモダニズムへ」を参照。一九四九年九月の教員を皮切りに、朝鮮戦争勃発に先手を打つタイミングでおこなわれたレッド・パージについて、伊藤律の指示で事前に党員名簿が提出されていたことや、共産党の名誉議長野坂参三の除名と関わって多くのことが明らかにされなくてはならないと思われる。関連文献として、五十嵐武士・前掲書、一三四-五〇頁、和田春樹『朝鮮戦争』(岩波書店、一九九五)第三章のほか、和田春樹『歴史としての野坂参三』(平凡社、一九九六)、荒木義修『占領期における共産主義運動』(芦書房、一九九三)など。

(78) 塙・前掲書、一二〇-四頁

(79) 勝田守一「序」岩波講座『教育』第3巻「日本の教育」(岩波書店、一九五二)二頁

(80) 重複するのもあるが、それらは清水幾太郎の以下の著作に収められている。『今日の教育』(岩波書店、一九四七)、『教育論』(乾元社、一九五〇)、『私の教育観』(河出書房、一九五一)

(81) 清水幾太郎「現代文明論」岩波講座『教育』第1巻「世界と日本」(岩波書店、一九五二)一三、三七-八頁。その代表はも

ちろん前掲「三たび平和について」の丸山眞男執筆部分である。（前掲書、二三三-四頁）

(82) 清水幾太郎「私たちにも何事かは為し得る」『世界』一九五三年六月号（清水『現代文明論』岩波書店、一九五三、に再録）、引用は同書、一一六頁

(83) 清水、前掲「現代文明論」、二四-七頁

(84) 清水幾太郎・猪俣浩三・木村禧八郎編『基地日本：うしなわれゆく祖国のすがた』（和光社、一九五三）、清水幾太郎・宮原誠一・上田庄三郎編『基地の子：この事実をどう考えたらよいか』（光文社、一九五三）

(85) 清水他編『基地日本』、二二三頁

(86) 「座談会：岩波講座『教育』をめぐって」『教師の友』一九五二年一二月号

(87) 国分一太郎「胸先にひっかかることだけを拾って：一傍聴者の感想」『教育評論』一九五三年三月号、七八頁。また、国分「教育実践における『社会主義派』(?)」『日本資本主義講座：月報1』（岩波書店、一九五三）

(88) 福田恆存「平和論の進め方についての疑問」『中央公論』一九五四年一二月号（福田『平和論にたいする疑問』文藝春秋新社、一九五五、に再録）。福田の問題提起は実りある論争につながらなかった。福田自身はこれによって「保守反動呼ばわりされ論壇からはいわゆる村八分の処遇を受けるに至った」と述べている（文藝春秋編『戦後五〇年：日本人の発言』（上）の収録に際して編集者のつけた注記による）。

(89) 清水、前掲「現代文明論」、三八-四〇頁

(90) 都留重人「戦後世界の情勢」岩波講座『教育』第1巻（岩波書店、一九五二）一二〇頁

(91) 池田＝ロバートソン会談についての新しい研究成果は、植村・前掲書、第三章第三節、秦郁彦『昭和史の謎を追う』下（文藝春秋、一九九三）第三九章、にみられる。「逆コース」の始まりを示すメルクマールを、第二次教育使節団と池田＝ロバートソン会談に求めてきた戦後教育史の通説的な記述ほど、戦後教育学が日教組の政治的立場と不即不離の関係にあった事情を物語るものはない。ひとつ、ふたつの文書で、全面的な歴史の転換がなされるわけでない。そうした歴史像は、教育政策の転換にいたる政治過程において、教員組合運動もまた主要なアクターであったことを意図的に無視するものだ。つまり、教育に対する統制の強化は、教育の自由の名のもとに左翼イデオロギーが教育の現場にストレートに持ち込まれたことへの対応という側面もあったのである（正村公宏『戦後史』下、筑摩書房、一九九〇、一一四-五頁）。つまり、左右の政治勢力が、ヘゲモニーをめぐって教育の場で争ったことが、政府・文部省対日教組という対立図式にリアリティを与えたのである。

(92) 宗像誠也「戦後の日本教育の回顧と展望：教育政策」岩波講座『教育』第3巻「日本の教育」（岩波書店、一九五二）二八七頁

(93) 同上論文、三〇四頁

(94) 宗像誠也「教育委員会法批判」『教育』一九四八年一〇月号、三-四頁

(95) 宗像、前掲「戦後の日本教育の回顧と展望」三〇五頁

(96) 「『日本資本主義講座』の出発のために」『日本資本主義講座：戦後日本の政治と経済』第1巻（岩波書店、一九五三）

(97) 宗像誠也、五十嵐顕、持田栄一「占領下の教育改革」『日本資本主義講座：戦後日本の政治と経済』第2巻（岩波書店、一九五三）三五二-三頁（傍点は筆者）。

(98) 石堂清倫『続・わが異端の昭和史』（勁草書房、一九九〇）五四頁

(99) Byron K. Marshall, *Learning to Be Modern: Japanese Political Discourse on Education* (Westview Press, 1994) p.172. また、正村は前掲書で、国家統制復活の試みは、戦前のような国民の思想統制を意図したものでなく、「全国的な基準による教育の品質管理の保障という意図が強く示されていた」、という（二一四頁）

(100) 内山節『戦後思想の旅から』（有斐閣、一九九二）八三頁

(101) 矢川徳光『新教育の批判：反コア・カリキュラム論』（刀江書院、一九五〇）

(102) 勝田守一「教育になにを期待できるか」岩波講座『教育』第1巻、二五九頁

(103) 同上論文、二七二、二八八頁

(104) 同上論文、二八二頁

(105) 同上論文、二九三、三〇七頁

(106) George S. Counts, *Dare the School Build a New Social Order?* (John Day, 1932).

(107) デューイのインドクトリネーションについての議論は、John Dewey, "The Crucial Role of Intelligence," *Social Frontier* 1 (Feb. 1935) pp.9-10 and "Education and Social Change," *Id.*, 3 (May 1937) pp.235-38 などにみられる。

(108) George S. Counts, *The Soviet Challenge to America* (John Day, 1931).

(109) デューイの対コミュニズム認識については、拙稿「『赤い三〇年代』のジョン・デューイ：リベラリズムと反スターリニズムのあいだ」『教育学論集』第45集（中央大学、二〇〇三）九七-一一五頁を参照。

(110) George S. Counts, *The Prospects of American Democracy* (John Day, 1938). また Robert W. Iversen, *The Communists and the Schools* (Harcourt Brace, 1959), Gerald L. Gutek, *George S. Counts and American Civilization* (Mercer, 1984) を参照

(111) Theodore Brameld, *Ends and Means in Education: A Midcentury Appraisal* (Harper, 1950) Chap.10.

(112) C. A. Bowers, *The Progressive Educators and the Depression: The Radical Years* (Random House, 1969) p.251. なお、ハーヴァード大学のマルクス主義者が刊行した雑誌『科学と社会』創刊号の巻頭論文はブラメルドの「アメリカ教育と社会闘争」である。Theodore Brameld, "American Education and the Social Struggle," *Science and Society*, 1 (1936). 当時はアカデミックなマルクス主義者は、大半が共産党員であった。(Ellen W. Schrecker, *No Ivory Tower: McCarthyism and the University* (Oxford University Press, 1986) p.51. この雑誌の創刊に都留重人が関わっており、「この企画の発案にはアメリカ共産党の文化部が関係していたらしい」と書いている（都留重人『いくつもの岐路を回顧して：都留重人自伝』岩波書店、二〇〇一）。都留はこの自伝で、戦後に彼自身がソ連や共産党に対してとった態度について、一切口を閉ざしている。

(113) 勝田、前掲論文、二九四頁

(114) ジョン・デューイ『学校と社会』（宮原誠一訳、岩波書店、一九五七）解説、一七五頁

(115) 佐々木卓也『封じ込めの形成と変容：ケナン、アチソン、ニッツェとトルーマン政権の冷戦戦略』（三嶺書房、一九九三）、二〇頁

(116) Sidney Hook, *Out of Step: An Unquiet Life in the 20th Century* (Carroll & Graf, 1987) pp.249–50. ラスキのトロツキーのモスクワ裁判に対する懐疑的な態度は、さきに言及したシューマンも含めて、容共派のリベラル知識人に共通していた。デューイのトロツキー裁判を素材に歴史的真実とは何かを論じたスピッツァーは、過去の認識がいかに現在の関心によって規定されているとしても、リベラル知識人のモスクワ裁判に対する不可知論は正当化できないと論じる。Alan B. Spitzer, *Historical Truth and Lies about the Past: Reflections on Dewey, Drefus, de Man, and Reagan* (University of North Carolina Press, 1996) Chap 1. 戦後、ラスキの親ボルシェヴィズムを熱心に紹介したのが、丸山眞男である。ラスキに託して語るそのソヴィエト評価は、リベラルの不可知論のもっとも洗練された型といえよう。丸山のラスキへの言及は多いが、まとまったものとして、「西欧文化と共産主義の対決：ラスキ『信仰・理性および文明』について」前掲『丸山眞男集』第3巻、「ラスキのロシア革命観とその推移」同第4巻。ラスキに対するのとは対照的な丸山のフック観について、「同人結成のころのこぼれ話」

同第15巻、一六二頁。また、「赤い三〇年代」のラスキについて、水谷三公『ラスキとその仲間：「赤い三〇年代」の知識人』（中央公論社、一九九四）を参照。

(117) Hook, *op.cit.*, Chap.18.「文化的自由のための会議」について、Peter Coleman, *The Liberal Conspiracy: The Congress for Cultural Freedom and the Struggle for the Mind of Postwar Europe* (Free Press, 1989).

(118)「創刊の辞」『自由の旗のもとに』創刊号（一九五二年八月）六頁。「文化自由会議日本委員会」については、前掲、『新版寒村自伝』下、第一七、一八章

第2章　戦後日本における少女という主体
――『ひまわり』（一九四七―一九五二）の政治世界をめぐって――

森田伸子

1　敗戦・純白の未来・少女性

日本における「戦後」という時代は、少なくとも同時代人たちにとって、日本史上の他の時期とは同一には語られない特別な響きを帯びていたように思われる。歴史というものが、どんな形であれ時間の連続性として意識されるものだとすれば、第二次世界大戦直後の時代は、日本の歴史において、他に比類を見ない特別な歴史体験と結びつけられた時代であった。

「――待つがいい　お前の悲しみがもう少し静まるやうに　哀れな魂よ、昨日の戦ひがお前を　こんなに疲れさせたのだ。――一九四五年の八月なかば、この国がながい闇の《悪夢》からやつと解放されやうとしたとき、私はアンドレ・ジイドの「白い手記」の最初に書き記されたこの短章の数句を思ひ浮かべた。（中略）このまちがつた一つの号令のもとに、誰もが「自分」をすてゝ、付き従はねばならなかつた時代が、みごとに破れ去つたあと、ひとびとは、呆然として虚脱状態となつた。ジイドの言ふ「憐れな魂」がそこに可憐にさまよつてゐる。だがジイドは教へる。「待つがいゝ」とやがて「最愛の希望は花咲くだらう」と――さう、ほんとうに――うら若いひとには、これから先の前途が白い紙のままに残されてゐる。その白い紙のこれからの将来にいかなる生活の文字をしるしづけるか？（中略）ここにおいて――ああ誰もが心高く心ひろく賢こき我を持たねば、この国に愛と光に満ちた時代を招き得ない。この国を高める為に、人類に役立つ国たらしめる為にも、私たちは、立派な「自我」――個性を確立させたい。（中略）よい自分を、人に世に役立つおのれをつくる為に、いまなんのさまたげなく、若きをとめの前途に、白い未知と未完成の行く手がひろく長く開き始めてゐるのを、知つてゐて戴きたい。そして、その道こそ人類の最高の〈真理〉の磁石の針さす彼方に続くことを！　若きをとめの、はるかなる行く手に幸あれ！」(1)

一九四七年一月一日、雑誌『ひまわり』の創刊号に、吉屋信子はこう書いた。戦前からの人気少女小説家が、戦後の少女たちに向けて語るこの叙情的な文章は、戦後という時代の特徴をあますところなく表現している。戦後は、何よりも「白い」という形容詞に象徴される時代であった。白い手帳、白い紙、白い未知。この白は、いうまでもなく、一方では、タブラ・ラサとしての、まだ何も書かれていない、素材としての可能性を表している。それは、戦後という時代が、過去の一切を白紙に戻すこと、言ってみればすべてをちゃらにするという、希有な条件の上に成り立った時代であることを意味している。言うまでもなく、歴史上の起こってしまったこと、もっと正確に言えば、自らが行ってしまったことが、消しゴムで消すように無かったことにされてしまう、ということは、現実にはあり得ない。しかし、このテクストでは、このことは自明のこととして語られている。ここでは、歴史が、過去の「誤った」「笑うべき」「悪夢」としての時代と、真理のみが記されるはずのまっさらな未来とにまっぷたつに分けられる。こうした歴史感覚は、歴史上、革命が一時的に成就した高揚の瞬間に、しばしば経験されたことではあった。しかし、戦後という時代は、それがはかない夢に酔う人々の幻想として現出するのではなく、一つの確固とした政治意図によって、持続すべき国民の意識として組織的計画的に作り出された時代であった。それは言うまでもなく、世界戦争というそれまでにない形態の戦争における、敗戦国に固有の現象であった。

加藤典洋は、第二次世界大戦とそれ以前の戦争の違いを的確に次のように指摘している。

「近代戦争が国家主権を至上価値として戦われる戦争だという意味は、そこでの敗戦国が、つねに、『正しい』にもかかわらず戦争には負けている、ということである。（中略）しかし世界戦争において生じたことは、ドイツ、日本が『正しい』にもかかわらず、戦争には負けた、ということではない。ドイツ、日本はまず、戦争に負ける。しかし、その敗北が次の敗北を用意する。つまり、そこでは、戦争に負けることは、その戦争を導いた理念そのものが、敵対する理念に、理念としての罪を問われることを意味している」。(2)

かくして、戦争を挟んで、「モラル上の切断」が挿入され、一〇〇パーセントの悪と一〇〇パーセントの善が歴史を分ける。一〇〇パーセントの悪がまさに「悪夢」という言葉に示されるように、リアリティを欠いたとらえどころのなさのうちに、責任を無限にあいまいにする機能をも持ちうるのに対して、一〇〇パーセントの善として導入された「民主主義」もまた、どこか白日夢に似たリアリティの希薄な観念にならざるを得ない。それが、吉屋信子のこの奇妙に軽やかな文体の背景にあるものなのだ。完膚なきまでに「ノックアウト」された完璧な敗北、精神の深みから根こそぎ否定され切断されたモラル上の敗北。それが、かくも軽やかな「白さ」への賛美と結びついたこと。本論が戦後の少女文化に光を当てながら考えようとしているのは、この「白さ」の意味についてである。『ひまわり』に見られる純白の未来とそれを担う「をとめ」への期待を、丸山眞男の有名な「超国家主義の論理と心理」の、次のくだりにみる「自由な主体」と重ね合わせてみるとき、敗戦直後の日本において、丸山のような進歩派知識人から吉屋信子のような少女小説作家にまでひろく共有されていた一つの心性を読みとることができる。

「日本帝国主義に終止符が打たれた八・一五の日はまた同時に、超国家主義の全大系の基盤たる国体がその絶対性を喪失し今や初めて自由なる主体となった日本国民にその運命を委ねた日でもあったのである」。(3)

この論文は、当時多くの知識人たちに大きな衝撃をもって受け止められた。ある者は、この論文をもって「私たちの精神にとっての『戦後』が始まった」とさえ述懐している。[4] それがかくも衝撃的であったのは、このたびの戦争に巻き込まれていった日本人すべての心性が、そこでは見事に説明しつくされているように思われたからであった。丸山の論文は、戦争を、軍部の一部の人間によって引き起こされた突発的現象とみなそうとする津田左右吉らの議論に対して、日本の超国家主義は、自己責任を負う「本来の」独裁者によって担われたのではなく、軍の上層部から末端の民衆にいたるまで、どこにも責任をとりうる「自由なる主体」は存在しないというきわめて「日本的な構造」そのものによって担われていた、と説く。この明晰な分析を前にした時に考えられる反応は、どのようなものであろうか。一つは、戦時中の事態が、自らもその一部であるところの構造そのものに由来していたこと、そしてその構造は「日本的」なるものとしての長い歴史の中に深く根ざしており、容易に変容することの困難なものであることを認識して、深い挫折感と絶望感に陥る、というものであろう。戦争の原因が一部軍部の暴走に帰されるのなら、それを押しとどめることができなかった勇気の欠如、あるいは、国際情勢の正確な読みと国の進路の的確な選択における、政治的判断の誤りが問われることになるだろう。しかし、丸山の指摘は、日本人が共有する民族性ともいうべきものを問題にしているのであり、そうした民族性は、長い時間軸によってしか変化し得ないものであり、ある種の宿命的なものとしてわれわれが引き受けざるを得ないものなのだから。しかし、丸山の論文を読んだ人々がそこから受け取った印象はそうした宿命論的なものではなかった。むしろ、彼らはそこに救いと未来への希望を読みとったのである。それは、言うまでもなく、丸山自身のスタンスが日本的な構造を語りながら、けっして宿命論的なものではなかったからである。事態としてはきわめて深刻なことを語りながら、それが、軽やかで希望に満ちた論調であったこと、それがこの論文の大きな特徴であったと私は考える。

　この軽やかさと希望をもたらしたものは、ひとえに、「敗戦」＝天恵のごとく訪れた八・一五という一回性の出来事であった。先に引用した、この論文の結びの文章がそのことを余すことなく物語っている。重い歴史を引きずった日本的な構造は、八・一五の訪れとともに終焉し、歴史上けっして「自由なる主体」であったことのない日本国民は、「自由なる主体となった」のである。長期の時間軸の歴史が、敗戦という一回性の事件によって一八〇度転換する、という、この認識を可能にしたのは、言うまでもなく、このテクストの書き手がこの「構造」の外部に立っているからであり、そこに丸山を代表とする戦後啓蒙派と呼ばれる人々が共有する特徴があることは、すでに指摘されてきた。三〇歳そこそこで終戦を迎えた彼らの世代は、戦前に知識人としての自己形成を終え、しかも一兵卒として前線に動員され、戦場の不条理を身をもって体験した世代であった。戦時中も一貫して日本軍部の行動を冷ややかに見つめ、敗戦の詔勅を解放感とともに聞いた丸山は、戦前、戦時、戦後を通して、一貫してこの「構造」の外部にいる批判者であった。高澤秀次は、丸山がかつて、思想のあり方として、作為＝するの思想と、自然＝なるの思想、を対比させた上で、日本的なるものとして後者を断罪しておきながら、この論文では、みごとに「なる」の思想を自ら体現している、と皮肉を述べているが、(5)「する」と「なる」とが、構造の外在的批判者である知識人と構造の内部にいる民衆との関係によって結びつくところにこそ、戦後啓蒙派の特徴があったと言えよう。

ここで、再び冒頭で引用した吉屋信子の文章に戻ろう。戦後の啓蒙の対象としてとらえられたとき、「少女」という存在は、そのタブラ・ラサの、無垢なる白さゆえに特別の意味を帯びていたように思われる。例えば、終戦直後の多くの映画において、少女に課せられていたある共通のイメージのうちにそれを読みとることも可能であろう。一九四六年に作られた「大曽根家の朝」や一九四七年の「安城家の舞踏会」(6)は、いずれも没落上流階級の家族ドラマを通して、古い日本の崩壊と新しい日本の誕生の物語を描いたものであるが、そこでは、父や母、兄や姉たちの葛藤を、一歩離れた無垢なる地点で見守りながら心を痛める少女の視点が導入され、そこに希望が託されている。この、無垢なる少女の系譜は、その後も五〇年代の終わりまで、「青い山脈」、「姉妹」、「お姉さんといっしょ」、「六人姉妹」(7)と脈々と続く。彼女たちはそれぞれに、戦後的な価値の担い手として登場する。「青い山脈」と「姉妹」は、いずれも地方都市に住む女学生の視点から戦後民主主義の理想と戦前、戦時を引きずる日常との葛藤、齟齬を描いているが、五〇年代後半の「お姉さんといっしょ」と「六人姉妹」になると、少女はもはやそうした外在的な批判者としてではなく、社会の中心的な位置を占める存在として登場するようになる。「お姉さんといっしょ」の家庭では、父は外国を航海中、母は入院中であり、一八歳の少女はこの両親不在の家庭の要である。映画はこの少女の弟である幼児の視点から描かれている。少女はこの幼児にとってお姉さんであると同時に、たった一人の保護者であり母親でもある。しかしヒロインはけっして古典的なしっかり者の母性的な女性ではない。彼女はほっそりとした清楚可憐な「少女」そのものであり、ラジオの音楽に合わせて一人ダンスを踊り、おしゃれに余念のない、当時「アプレ」と呼ばれた新しいティーン・エイジャーの一人でもある。両親不在のがらんとした家の中で、戦後のアメリカの音楽に合わせて一人軽やかに舞う、その軽やかさのままに、彼女は主婦であり、母であるのだ。それは、母の世代がけっして持ち得なかった戦後的な女性性である。戦前世代の父と母の不在と、その不在を埋める戦後育ちの少女。そしてその少女の庇護のもとに育つ無垢な幼児。これが戦後一〇年を経て成立した新しい女性性をめぐる構図であった。六〇年代に入る直前に作られた「六人姉妹」のそれは、さらに一歩進んで、学問や職業の世界に男性と対等の地位を求めて進出していく少女たちの、もう一つの「少女性」を表している。映画は、長女が父親の反対を乗り越えて東京の大学の英文科に入学するために上京するところで終わる。両親とともに見送る五人の妹たちもそれぞれに、美容師や幼稚園の先生など将来の仕事を夢見ている。女に学問はいらない、と言う旧世代の父親の考えは、少女のひたむきさと、これからは女もちゃんと自分にあった仕事を身につけなければ、というまわりの人々の説得によって変えられていく。旅立っていく長女とその妹たちは、戦後の男女共学の申し子たちに他ならない。しかしヒロインは家庭的な価値や女性性と対立する存在として描かれているのではない。彼女は、体の弱い母を助け、小さな母のように妹たちの世話をし、父に対しても優しい娘としての思いやりを忘れることはない。

叔母の勧める見合い結婚を拒否して進学した長女は、大学で英文学を学んだ後、いつか恋をし結婚をするだろう。そしておそらくは、教養ある、愛情にあふれた母となるだろう。自由な意志と教養を備えた女性、男女の対等な関係に基づく恋愛結婚。これは、戦後の男女共学教育がくりかえし強調してきた価値であった。彼女が卒業する頃（一九六二年）、共学大学の文学部は彼女のような優秀で志ある女子学生が五〇パーセントから八〇パーセントも占めるようになり、その状況を憂う教授が「女子学生亡国論」を唱えることになる。(8) この教授は、このままでは共学大学の文学部は、花嫁修業の女子学生に占領されてしまい、大学の本来の社会的機能を喪失してしまう、と警告し、女子学生締め出しを提案したのである。英文学やフランス文学を学ぶ優秀な女子学生たちの求めたものが、男性と対等の職業的キャリアではなく、あくまでも女性性を高める教養としての学問であることをこの教授は嘆き断罪しているわけだが、この女子学生たちこそ、吉屋信子が語りかけたあの「をとめ」たちの末裔であった。彼女たちは戦後社会が彼女らに期待した役割をひたむきに演じ続けてきたのであり、女子学生批判の台頭は、戦後の「少女」の歴史がある大きな転換点に到達したことを象徴している。

一九四七年に創刊された『ひまわり』は、五二年に廃刊となる。五三年には『ジュニアそれいゆ』という新しい雑誌として再スタートを切り、一九六〇年代の訪れとともに完全に姿を消した。まさしく、戦後の「少女性」とともに存在し、その変質とともに消えていったのである。とりわけほぼ占領期に重なる時代を生きた『ひまわり』とそこに見られる少女像は、戦争を悪夢ととらえ純白のページに新たな歴史をしるそうとした戦後啓蒙の、最も無垢なる姿を象徴している。そしてそこには、無垢さゆえの危うさと同時に、他の戦後啓蒙派が持ち得なかった可能性もまた秘められていたように思われる。『ひまわり』の世界を検証することは、日本の歴史において、すべてが新しく、すべてが宙吊りであった、あの占領の時代がはらんでいた多様な可能性を掘り起こす作業となるかもしれない。

2　戦後啓蒙派の諸潮流と『ひまわり』

日本の戦後は、敗戦を白紙からの出発ととらえる啓蒙派の活動とともに始まった。戦前的価値を白紙に戻し、戦後的価値を喧伝する動きは、正規の学校教育の場でよりも、在野のジャーナリズムでの方がはるかにすみやかであった。当時の学校教育現場は、戦前と戦後に引き裂かれた教師たちの精神から流れ出す血の色でどす黒く濁っていたはずである。そこを支配する色は、「白」ではなく、昨日までの自分を消し去ろうとして消しきれない無惨な墨塗り教科書の色だったのだ。この墨の色の記憶が教育現場から消えるまでに、どのくらいの時間が必要だったのか、それはどのようにしてだったのか。これは、本稿では取り上げることのできない、もう一つの戦後教育史の局面である。

他方、ジャーナリズムの世界はこれとはまったく趣が異なっていた。敗戦直後から、乏しい紙の配給事情にもかかわらず、次々と新しい雑誌の創刊、復刊が相次いだが、その担い手たちの多くは戦争から何らかの意味で距離をとって戦時期を送ってきた者たちであった。今こそ自分たちの時代が来た、という思いが彼らの間に共通する気分であった。戦後啓蒙派の牙城ともいうべき雑誌『世界』は、一九四五年、敗戦からわずか四カ月後の一二月に創刊されている。その巻末に版元岩波書店店主の岩波茂雄は、次のように書いた。

「大義名分なき満州事変にも、もとより絶対反対であつた。太平洋戦争勃発に際しても、心中憂憤を禁じ得なかつた。その為に自由主義者と呼ばれ、否戦論者とされ、時には国賊とまで誹謗され、自己の職域をも奪はれんとした。（中略）無条件降伏は、驕慢を粉砕する為に我国人に与へられた昭和の神風となし、謙虚敬虔國家の理想に精進せん」(9)。

あけて一九四六年一月には『展望』が創刊される。編集にあたった臼井吉見は、当時を振り返ってこう書いている。

「人は知らず。僕にとつては、こんなまぶしいほど明るい時代が来ようとは、かつて考えたこともなかった」。(10)

そのほか、『文藝春秋』の復刊、『中央公論』の創刊などが相次いだが、いずれも、戦時中沈黙を強いられたり、不自由な思いに耐えてきた知識人たちを総動員しての新しい出発であり、そこにみなぎる気分は、「明るさ」の一語につきた。彼らにとって敗戦は正に幸運な「神風」であり、日本人を「自由なる主体」にしてくれる好機であった。この「主体」に求められたものがどのようなものであったかは、たとえば、創刊の四六年から五五年頃までの『世界』の目次を一瞥してみただけで明らかである。そこには、政治学、歴史学、経済学、自然科学、法学、文学、哲学などあらゆる学問分野にわたる著名な学者達の論考がならんでおり、テーマは一貫して「日本」という国が取るべき道はいかなるものであるべきか、という問いをめぐるものである。創刊から八年近くたった一九五三年八月号の編集後記は、自らのスタンスをはっきりと次のように語っている。「読者の心理に焦点をあわせてそれに投じるよりも、日本の社会の否応なしに解決を迫られる客観的な問題や、国際的な日本の地位から生じる日本の方向決定の問題に焦点をあわせ、まじめにその問題に関心をもつ人々、個人としての「どう生きてゆくか」の問題と今日の歴史的情況との対決を誠実にやってゆく人々を読者として予想し、そういう方々に役に立つ知識や報道や意見を御紹介してゆく方針をとったのであった」。(11)

『世界』の実際の読者層は、一九五二年四月のアンケート結果の報告によれば、(12)会社員（工員を含む）、教員、官公吏、学生がそれぞれ二〇パーセント前後を占めていたようであるが、職業や社会的階層の問題は別におくとしても、こうした、政治的大状況の問題を自らの個人としての生き方と直結させて「誠実に」引き受ける、という意味で、彼らはまぎれもなく「知識人」の一翼を担う人々であったと言える。

こうした「総合雑誌」とははっきりと異なるスタンスに立つものとして、戦後を大きく特徴づけたもう一つの啓蒙の形があった。それは、戦後ジャーナリズムの舞台に華々しく登場しその大半が数年のうちに消えていった無数の大衆雑誌のそれであった。その内容はここで一概に論ずることが不可能なくらいに多岐にわたり、その数も膨大なものであったが、(13)本論では、大衆を啓蒙するという点についてとりわけ自覚的なスタンスを取っていたものとして、『平凡』と『暮しの手帖』を例としてあげておこう。この二つの雑誌は、岩堀喜之助と花森安治という強烈な個性によって創刊されている。彼らはともに戦時中、大政翼賛会の宣伝部に籍を置き大衆啓蒙の実務家として才能を発揮していた。戦後の新しい雑誌の刊行は、ある意味では戦時中の啓蒙家としてのこうした活動と、ある種のねじれを帯びつつ連続した性格を持っていた。彼らはいずれも、このたびの戦争を引き起こし国民を破滅へと導いたものは、大東亜共栄圏や国体と言った、大衆の生活や実感から遊離した「大言壮語」、すなわち、抽象的な理念であったと考え、自らの戦後をスタートさせるにあたって、こうした価値に対置させられるものとしての「大衆」のスタンスを自覚的に採用しようとしたのである。彼らのこうしたスタンスは、雑誌タイトルを選んだときのエピソードとして、彼ら自身の口からしばしば表明されている。すなわち、岩堀が雑誌出版の相談に乗ってもらった当時の平凡社の社長が、『啓明』というタイトルを提案したのに対して、かれは、そうした啓蒙的な響きを持つ言葉を嫌ってあえて市井の人々と共にある『平凡』という名前を選んだといういきさつ、(14)さらに、花森が生活といういささか文化的な響きのある言葉を斥けて、あえて卑近な響きの「暮らし」という言葉をタイトルに選んだといういきさつは、(15)その後のインタビューのおりに二人が好んで口にしたエピソードだったのである。大衆の実感や日常性とともにあろうとするこうした態度は、たしかに戦時中の彼らの姿勢からは一八〇度転換したものと見ることもできる。しかし、大衆の実感に寄り添いながら彼らを導いていく、というスタンスはじつは大政翼賛会時代にも同様に貫かれていたのであり、逆に大衆の側にたった戦後の活動においても、大衆を導こうとする彼らの姿勢は強固なものであった。とりわけ花森の場合、その信念は徹底していた。啓蒙すべき内容は、かつての国策ではなく、日々の「おみおつけの作り方」に変わったとはいえ、正しいおみおつけの作り方がいかなるものであるか、そのことがいかに日本の社会を変える力を持っているか、そしてそこでこの雑誌の果たす啓蒙的役割がいかに大きなものであるか、こうした点についての花森の信念と使命感は、大政翼賛会の時代にも増して強烈、かつ切実なものであった。

『平凡』の岩堀の場合もまた、一九四九年に発足した読者の会「平凡友の会」のパンフレットに次のように書いている。

「日本では昔から遊びより、働くことのみが尊ばれてきました。『平凡友の会』では遊びに対するこのようなまちがった考え方を正し、若い人達が手をにぎり合って『元気で働き、愉快に遊ぶ』のスローガンをもとに、生活を明るく楽しくする運動をおし進めていこうとしています」(16)

本論文の冒頭に掲げた、『ひまわり』創刊の言葉は、花森や岩堀らのこうした強烈な啓蒙の意識と一直線に連なるものである。そこにはいずれも、過去の「間違い」を正し、価値観を転換し、新しい価値を提示し、それを実現する運動をおし進めようとする啓蒙の精神が満ちあふれているのである。しかしまた同時にそこには、『ひまわり』固有の「啓蒙」の形が存在した。それはもとより、創刊者中原の持つ独特のキャラクターに由来すると同時に、その啓蒙の対象が他ならぬ「少女」であった、という点に由来するのである。

3　中原淳一における戦前と戦後

中原淳一は、一九一三年（大正二年）の生まれであり、丸山と一年違いのほぼ同世代に属している。父は商家の出で、小学校教師をしていたが、淳一が二歳の時に親戚の薦めで醤油問屋の徳島支店長となった人物であり、淳一四歳の時にキリスト教の洗礼を自ら受け、家族にも受けさせている。[17] こうした父のもと、比較的裕福で、当時としては自由な、ハイカラな雰囲気の家庭で末っ子として育った淳一は、おそらくは、当時「大正っ子」と呼ばれた子どもの特徴を備えた子どもだったのではないだろうか。[18] 一二歳で小学校を卒業後、建築家となっていた兄を頼って母と二人で上京したのが、大正一四年。つまり、大正っ子は、そのまま昭和モダニズムの流行まっただ中の東京で、モダン・ボーイとして十代を送ることになる。[19] 兄の経済的保護のもとで私立の美術学校に通い、文学書を読みふけり、挿し絵や洋服のデザイン、人形作りなどに自由に取り組むその生活ぶりは、おかっぱ頭に白いスーツと白い靴といったそのファッションとともに、正にモダン・ボーイの典型とも言えるものだったであろう。昭和七年、一九歳の時銀座松屋で人形展を開いたのを機に雑誌『少女の友』の専属挿し絵画家として契約を結び、以後少女たちの間に絶大な人気を博するようになる。中原は一般に、高畠華宵、竹久夢二、蕗谷虹児らに連なる、抒情画の系譜の最後に位置づくと言われている。しかし、中原の出発点が人形作家であった、という点は、他の抒情画家たちと彼を比較する場合に大きな意味を持っている。中井の指摘するように、彼の少女像は当初から他の抒情画に比べて肉感性の希薄な、「モダンだがあっけらかんと」した印象を与えるものであった。[20] 抒情画が、女性の身体そのものの描写を通して直接に情緒的なメッセージを伝達するメディアであるとしたら、人形製作とは、徹底的に虚構的な身体を、一定の素材が課す物質的限界のもとに造形する、きわめて意識的かつ即物的な作業である。こうした人形作家としての特性が、戦時下に軍部の要求するメッセージを自らの少女像に託すことを最後まで彼に許さなかったのかもしれない。彼は、戦時色の強まる昭和一五年に軍部の圧力のもとで『少女の友』の表紙画を降りることになるが、その後も、軍部の意向とはお構いなしに、日本で初めてのスタイルブックとも言える『きものノ絵本』を次々と発行するとともに、麹町に自分のデザインした洋服や小物を扱う店「ヒマワリ」を開き、店頭売りだけでなく通信販売を通してひろく日本中の少女たちのあいだに淳一グッズを普及させた。戦時期の暗い世相の中で、淳一の少女の絵だけが明るい希望の灯をともしていた、と回想する女性は多い。(21)

以上のように概観してみただけで、中原淳一においては、大正と昭和のモダニズムが戦時期においてもほとんど変質することなく一貫していたことが知られる。これは、たとえば花森の歩みと簡単に比較してみればいっそうくっきりするであろう。中原よりもわずか二歳ほど年長の花森もまた、幼少期を神戸のモダンな雰囲気の中で育ち、平塚雷鳥の本や女性の解放に関する本を読み、文芸部で詩や小説を書き、校友会誌の編集や装丁に才能を発揮しながら十代を送っている。大学の卒論で衣装の美学的考察を取り上げるなど、早くからファッションに関心があったこと、おしゃれだったこと、絵やレタリングの才が際だっていたことなど、二人の間には奇妙な類似点が多い。しかし、こうしたいわば天性の美的センスや感受性が、どのような文脈で発揮されていったか、という点でこの二者は分かれるのである。花森の美的センスはつねに時代の先端をいく、いわばつねに時代をリードする場所で発揮されていた。大政翼賛会では、イラストとレタリングの才をフルに発揮して、宣伝くさくないモダンな戦意昂揚のポスターを作製する。(22)彼の類まれな大衆感覚と美的センスはモダニズムの時代に培われ、そのまま戦時期に発揮されたのである。こうした点で、花森においてもまた戦前と戦時は一貫していた。大政翼賛会宣伝部の花森は決してそれまでの花森の歴史からの逸脱ではなかったのだ。大政翼賛会宣伝部自体が、花森のような人物達を多く抱えた組織でもあった。(23)

このように、花森もまた中原と同様、しかし中原とは別の場所で戦前・戦時の連続した時間を生きたように思われる。この二人が、世の人々の目に同じ場所にいる存在として映るようになったのは、戦後のことである。二人は共に、女性読者をターゲットとする大衆的雑誌の主宰者としてしばしば並べて紹介されるようになる。そのとき、両者の間の差異にこだわったのは、花森の方であった。たとえば、昭和二五年の『婦人公論』は、彼ら二人に互いを語らせるという企画を掲載しているが、花森は中原を当代随一の抒情画家と評したうえで、彼がそうなれたのは、彼の絵の美しさがアクやにおいの無い、無個性な「痴呆美」であり、そのことが、宝塚歌劇のような他愛のないものを好む少女に受けたためであると述べている。そして、最近の中原がアクやにおいの方が世間受けがいいと知ってか、インテリのまねをし始めているのは愚劣である、彼はインテリになる必要はないし、第一なれない、と断じている。(24)

花森の文章ではっきりと浮かび上がるのは、大人―インテリ（知性的）―個性―アクやにおい（リアリティ？）と、少女―非インテリ（非知性）―無個性―無アク無におい（絵空事？）という二項図式である。ここには、大人対少女の対比とともに、インテリ対大衆の図式も見え隠れし、さらには、少女文化の絵空事が商業主義と結びついたものであることも示唆されている。こうした中原淳一評価は、それこそインテリの間では当時一般的なもので、珍しいものではない。(25)むしろ注目すべきことは、自ら、東大美学科を出た「インテリ」であり、同時にすぐれた大衆感覚に恵まれ、それゆえにこそ戦時中戦意昂揚の宣伝活動に有能振りを発揮しえた花森（彼は戦時下で、戦意昂揚を謳った宝塚歌劇の脚本も書いているのだ）が、自らの抱え込んだそうした屈折をここでは、完全に無視していることである。(26)

他方、中原には無視すべき、あるいは隠すべき屈折はほとんど欠如しているように見える。前述のように、『少女の友』の表紙絵をおろされたあとも中原グッズの製作販売に励んでいたが、終戦直前の五カ月間、ついに召集されて横須賀海兵団に入っている。八月、復員するとすぐに「ヒマワリ」の店舗の再建と出版の準備を始め、一年も経たないうちに、戦前からの『きものノ絵本』の第四号を出している。しかし、かつて軍から受けた干渉をもって、自らを戦争の批判者や被害者として語ることもほとんどなかったようである。(27)こうした動きを見ていると、彼にとってあたかも戦争という出来事は傍らを通り過ぎていった季節のようなもので、彼自身はその季節の中で少しもその影響を受けることなく永遠に変わることのない時間を送ってきた、というようにさえ思われるのである。そしてこの「変わらなさ」こそ、正に花森の言う少女性の本質、「アクやにおいのない無個性」によって保証されたものだったのだ。たしかに、彼の描く少女の姿は、『少女の友』の時代も戦後の『ひまわり』の時代も少しも変わるところはない。この変わりのなさを花森は、少女という存在が持つ変わることのない他愛なさと、それに付け込む中原の商人性としてとらえている。しかし、花森自身、当時の人々の目には、中原同様、「女で稼ぐ」商売人と映っていたのであり、[28]大衆ジャーナリストとしての自負を持つ花森としては、そうした評価をむしろ甘んじて受け入れる用意があったはずであった。したがって、花森に辛らつな中原評を語らせた原因は、当時彼の目に中原が柄にもなく少女文化の枠を超えて「インテリ」の真似事をしようとしている、と映ったからである。大人やインテリの特徴を政治的国家的大状況への積極的な関わりとみなすならば、たしかに、『ひまわり』には先に引用した創刊の辞に見られるように、戦後民主主義国家の政治主体としての少女への呼びかけが随所に見られる。これは、中原の生涯にわたる仕事のなかで、きわめて異例のものであった。自らの戦時期について口をつぐみつつ、ひたすら政治色のない「暮らし」というタームにこだわり続けていた花森から見れば、この時期の中原は戦後民主主義の時流に便乗しているように映ったのかも知れない。しかし『ひまわり』の政治世界は戦前から中原が創造してきた少女文化とけっして断絶したものではなかった。変わったのは中原のほうではなくむしろ時代のほうだったのだ。敗戦と占領を含むつかの間の数年間、花森から見て「他愛のない」、「アクもにおいもない」、「無個性」の少女なる存在が、他ならぬその少女性ゆえに政治的存在となるような、そうした時代が存在したのである。

4　『ひまわり』の政治世界

昭和二二年（一九四五年）一月の創刊号から、昭和二七年（一九五二年）一二月最終号まで、六年間にわたる『ひまわり』の誌面を五〇年代以降の、『ひまわり』の後身である『ジュニアそれいゆ』と比較してみたときに、最も大きな特徴は、当時の政治的時局が正面から取り上げられ、論じられているということである。主なものを挙げてみても、パレスチナ問題、世界人権宣言、メーデー、北大西洋条約、経済九原則、三鷹事件、太平洋同盟、衆議院選挙、緑風会、ドッジ声明、為替レート、中国問題、コミンフォルム、コミンテルン、警察予備隊、朝鮮戦争、講和問題、民法改正、犯罪問題など、当時の重要な問題はすべて誌面に登場している。

こうした記事を見ると、『ひまわり』の世界が一般に言われているような「星とスミレへのあこがれ」に終始する世界ではなかったことがわかる。というよりはむしろ、「星とスミレへのあこがれ」と政治的関心とが有機的に結びついた独特の世界こそが、『ひまわり』の世界だったと言えよう。従来少女たちの間に一般的に見られた政治的無関心について、一九四八年の『ひまわり』は次の二つの側面を指摘している。第一の側面は、古い教育制度と因習のもとで、女性が「社会的公民的訓練」を受ける機会を奪われていたために生じたという、消極的側面である。これは戦後の新しい教育制度によって改善されつつある側面である。第二は、女性性そのものに内在する積極的側面である。女性性とは、「自己の魂の内的な領域を発見する」ことに専念する傾向であり、こうした内面への志向性は、とりわけ女性への形成途上にある少女において顕著である。しかし、従来水と油の関係に置かれていたこの女性性と政治は、実は互いに相手を必要とし合う関係にあるのである。女性性が活かされなければ、「社会もまた損をする」のであり、他方、少女にとっても時事問題は、正義感や愛や勇気、あるいは社会に対する批判を養うことによって、少女の夢をより「健やかに」する糧を与えてくれる。(29) 時事問題のこうした位置づけは、『ひまわり』の政治世界の特徴を最も端的に表現したものとして注目に値する。「国家とはその國に生まれ育った各個人の集まり創るもの」であり、いまやこの「個人」の中には女性も含まれるようになった。『ひまわり』にとって、このことは、単に政治的権利の拡大や平等化を意味したのではなく、国家を構成する「個人」という存在そのものの質的変化を意味した。この国を民主国とするためには、その各個人が「善き個人」にならなければならない、と『ひまわり』創刊の辞は少女たちに向かって呼びかけていた。「善き個人」とはすなわち、単に国を構成する一単位＝公民としての自覚を持つだけでなく、「魂の内面」に深く降り入る精神的内面性を備えた存在でなければならない。

ところで、このような公民観は、『ひまわり』創刊と同じ年にスタートした「社会科」という新しい教科をめぐる当時の議論とどのような関係にあったのであろうか。社会科は戦前の修身に代わる公民・道徳教育の機能と、国史、地理に代わる客観的な社会認識教育を合わせ持ち、かつ、教育方法においては、当時のアメリカ教育学の主流となっていた経験主義的な問題解決学習の方法を取り入れた新しい教科として、CIEのイニシアティブのもとに一九四七年の二学期からスタートした。社会科の開設は占領政策のもとでの、戦前型の教育から戦後教育への転換を象徴する出来事であったが、それだけにこの教科をめぐって交わされた議論には、当時の思想状況の縮図が表れていた。開設の翌年四八年に、「二十世紀研究所」の主宰で四回にわたって開かれた研究会の報告をまとめた『社会科教育』には、清水幾太郎、高島善哉、宮城音弥、丸山眞男、宗像誠也、宮原誠一、堀秀彦、中村哲といった知識人、教育学者たちと、先進的な小学校や高校の教師たち、そして、文部省側からは当時文部省教科書局事務官であった勝田守一が参加しており、戦後啓蒙を代表する進歩派知識人の戦後教育観が集約されている観がある。そこで、ここでの議論と『ひまわり』における議論とを以下の三つの点から比較することによって、戦後教育の中で、『ひまわり』がどのような位置にあったのかを考察してみよう。

まず第一に、当時の混乱した生々しい社会現実と子どもたちとの関わりについて、両者がそれぞれどのように考えているのかを比較してみたい。この点は第三回目の研究会でのヤミの問題の扱い方に端的に表れている。勝田によれば、当時子どもたちに関心のある問題を自由に取りあげさせると、必ず当時最も切実な問題であったヤミの問題が登場した。座談会は、この問題を扱う二つの方向を示唆する。一つは、それを社会学的データや歴史的、経済学的事実として客観的に扱う方向であり、もう一つは、子どもたち自身の経験の一部を成す、切実で生々しい現実として扱う方向である。勝田はこれを「一種のアフェクションを感じさせるような問題の取りあげ方」と呼んでいる。ここでは、社会科が「放送局の仕組み」の見学や、「郵便局ごっこ」といったレベルの「社会認識」を超えて子どもたちの生々しい現実生活に迫ろうとするときに、それを、社会経済的な構造的矛盾の問題として教えるのか、個人の実践的な問題として扱うのかという点をめぐって錯綜した議論が展開されている。(30)

他方、ヤミ問題は『ひまわり』においても正面から取りあげられていた。座談会からさらに二年後の一九五〇年一月号では、母親のヤミ商売に悩む少女の手紙を取りあげている。この家庭は、母一人娘一人の家庭で、母親は針仕事の他にヤミ商売をして娘を女学校に送ったのである。記事は、中原と村岡花子がこの少女の悩みに耳を傾け、具体的なアドヴァイスをするという形になっている。そこには、母の不正に怒り、そうした金で女学校へ行った自分を恥じ、中原の描く少女のような清く美しい少女像とのギャップに悩む、といった、正に少女の「アフェクション」がそのままに取りあげられている。この「アフェクション」に対する中原らの応答はおよそ次の三点に要約することが出来る。第一は、こうしたアフェクション自体が少女らしい正義感と潔癖感からくる「貴い悩み」であり、こうした正義感こそ今日の日本社会において最も失われつつある貴重なものである。第二に、少女の母親のヤミ商売は今日のヤミ経済の中ではささやかなものであり、いまやヤミは個人的な問題を超えた政治の貧困の問題である。そして第三に、たとえわれわれがこのような政治の貧困の中で生きざるを得ないとしても、ヤミは「悪いこと」であるという認識を失ってはならず、それゆえ、「どんなに苦しくても足りなくても」何とかしてヤミから抜け出すための工夫をしなければならない。(31)

『ひまわり』におけるヤミ問題の以上のような扱い方を、上記の座談会の議論と対比させてみたとき、はっきりとした特徴が浮かび上がって来るであろう。すなわち、『ひまわり』においては、社会認識をはっきりと「アフェクション」の方向へと位置づけようとしている、ということであり、ヤミを、一方で政治の貧困の問題として考える道を示唆しつつも、基本的に個人の生き方、倫理の問題としてはっきりと引き受けなければならないという姿勢が貫かれているということである。

他方、座談会の方にはヤミを『ひまわり』のように「悪いこと」として教え、個人の倫理問題として扱うある種の潔さが見られないのは、そこではヤミ問題が、自由主義経済を守るのか社会主義革命を起こすのか、といった政治経済的な路線選択にそのまま繋がる問題として位置づけられているからである。

「悪いけれども現在はこれをやらなければならないというのは、これはどこかに欠陥があるのじゃないかというような客観的なことはですね…。それを解決する方法如何という問題になりますと、ある先生は革命をやらなくちゃならんというかもしれませんし、自由主義経済を徹底しなければならんという先生も出てくるでしょうが、そういう先生の意見を子供たちに最後の締めくくりでいっていいかということはまた別の問題でしょう…。（笑声）」（勝田）(32)

ここには、のちに表面化することになるイデオロギーの対立が暗示的に語られている。『ひまわり』と『社会科』を分かつ第二の点はこのイデオロギー問題へのスタンスのちがいである。この座談会では、『ひまわり』とは対照的に、国際的な時局問題にはほとんど触れられてはおらず、代わって、「客観的科学的社会認識」という言葉が何度か登場する。「ほんとうの意味の客観性は歴史的客観性でなければならない」（高島善哉）、すなわち、「資本主義社会というものが封建的社会から出来てきてそれがやがてまた潰れる。そうしてその中からもう一つ新しい社会主義共産主義社会が出てくる、こういった大きな枠というものを前提として、その枠との関係において一つ一つの現象の意味が出てくるということになる」（清水幾太郎）。こうした「枠」こそが客観的な社会認識の枠組みでなければばならない、というのが座談会の大筋の見解である。(33) こうした資本主義対社会主義・共産主義という対立軸は、やがて一九五〇年代の冷戦の激化と共に前景化し、清水らの「客観的社会認識」は、はっきりとソ連を中心とする社会主義諸国との連帯と、アメリカ帝国主義（およびそれに従属するものとしての日本の反動勢力）との闘いに結びつけられるようになる。しかし当面は、国際政治の問題が教育の場で前景化することは極力避けられているのである。

他方『ひまわり』の場合、イデオロギー対立の問題は世界を二分する二大勢力の問題として早い時期からはっきりと言及されている。たとえば、一九四八年六月号には、「世界は二つか」と題して次のような文章が見られる。「いま、世界は二つの陣営にわかれているようです。そして、これこそ、『戦争はすんでも本当の平和が来ていない』ことの理由であります」。二つの世界とは、精神を認める組と、精神を認めず物質のみを求める組との二つである。人間が動物と異なる特徴は、「ものを考える理性とものをえらぶ力ともいえる意志と、美しい情感と、それから良心」、すなわち、「精神価値」を持っていることであり、現代の世界の対立とは、こうした精神価値を大事にするグループと、そうした価値を重んぜず、ただ肉体的物質的労働や生産だけを重視するグループの対立を意味する。「大きなかなしみや、苦い涙が心の中にうがっていった空虚のあとは生産だけではみたされません。人格のみがきが光をはなたない社会は、もはや人間以下の社会ではないでしょうか」。(34)

このようなはっきりとしたイデオロギー的選択の姿勢を背景にして、『ひまわり』においては、『社会科教育』において慎重に避けられていた米ソ対立、二つの平和論などの問題が、国際的な軍事同盟などの具体的な政治的局面と結びつけて当初からはっきりと取りあげられているのである。

イデオロギー問題に関するこうしたスタンスの違いは、「個人」というものの位置づけや価値づけについての微妙な違いとも結びついている。これが比較の第三の点である。

個人と社会の関係については、丸山が第一回目の研究会で真正面から提起している。そのきっかけとなっているのは、文部省の社会科が、歴史性を持たないアメリカ的な静的な社会観に支えられたものであるという史的唯物論からの批判が、清水、高島、宮原、石橋といった参加者から相次いで出されたことだった。こうした批判に対して丸山は、これは文部省などという一役所の手に負えない問題だ、として、当面の日本の課題としては自己の権利を主張できる主体的個人を形成することを第一にすべきだ、と述べている。とりわけ、当時しばしば言われた「権利も大事だが、義務もきちんと教えなければならない」といった言説に関して言及し、「その場合の義務というのは、きまって古い社会関係への義務なんです」として、一刀両断に否定している。他方、清水は、国家を構成するのは自由な個人であるという丸山の近代主義に最後まで抵抗している。彼は、個人の権利を強調することは、義務の強調と同様に、「反動的な役割を果たす」ことがある、と警告を発する。[35] ブルジョワ的価値観を痛烈に批判し、社会主義イデオローグとして華々しく活躍した清水の立場が、丸山の社会契約説的な近代主義と相容れるものではなかったことは当然であろう。しかし、ここで問題にしたいことは、両者の間の対立ではなく、むしろその融合の形についてである。研究会にはしばしば、「最大公約数」という言葉が登場する。敗戦、アメリカの占領政策、イデオロギー対立、こうした複雑で困難な状況にあって、当面の社会科が子どもたちに求める「最大公約数」的な価値を設定することは可能だろうか。こうした問いが様々な場面で繰り返された後、最後の第四回研究会では、「一応ポツダム宣言にフォーマルな基準を置いてもいいのではないか」という結論に達している。フォーマルな基準としてのポツダム宣言というのは、日本を戦前の体制と封建遺制から解放する、という、アメリカ、ソ連が双方とも納得し得た基準のことを指していた。[36] このように、『社会科教育』における「個人」とは、米ソの均衡＝ポツダム体制によって支えられた、きわめて政治的で相対的な概念であった。ここには、占領期の教育をめぐる進歩派の議論が多義性に富んでいたことが象徴されているだけではなく、占領終了後の時代に、丸山的な近代主義と清水的な社会主義思想が互いに相補いあいながら、一つの進歩的教育言説を形作っていく様が読みとられる。そしてその背景にあったものは、すでに見たように、歴史の客観的法則性を自明視するマルクス主義の史的唯物論であった。

他方、このような曖昧さや暫定的性格は、『ひまわり』における個人には無縁であった。それは、戦前日本のファシズム国家もソヴィエトロシアの社会主義国家もともに相対化し批判すると同時に、戦後民主主義の申し子として出現した感性的利己主義的な個人主義をも批判する絶対的原理としての個人であった。そしてこうした個人のとらえ方の背景にあったものが、『ひまわり』の世界全体を色濃く染めていたキリスト教色であった。

5　戦後キリスト教と『ひまわり』

『ひまわり』の精神主義的個人主義を支えていたものは、キリスト教倫理である。中原自身がクリスチャンの家庭に育ったことはすでに言及した。彼自身は、宗教的な言説を直接自分の書くものの中で強調することはほとんどなかったが、『ひまわり』の重要な執筆者の中にはクリスチャンが多く、記事にも聖書の紹介やキリスト教関係の記事がしばしば登場する。中でも最も重要と思われる二人の執筆者を取りあげてみたい。

ひとりは、時事問題を中心に執筆していた犬養道子である。彼女は、犬養毅を祖父とし、オールドリベラリストの作家であり戦後民主党総裁も務めた犬養健を父として一九二一年に生まれており、戦時中に洗礼を受けている。『ひまわり』執筆時はちょうど二〇代半ば、読者達にとっては姉の世代に当たる。すでに見たように、彼女の時事問題の扱い方はきわめて精神主義的であるという特徴を持っていたが、その精神主義の底流にあったのが、キリスト教であった。たとえば、平和条約について述べた「平和と平安」（一九四八／三）では、キリストを「平和の王子」と呼ぶルカ福音書が引用され、同じく戦後世界の平和と民主主義について述べた「真に自由な人」（一九四八／

七）では、「神から刻み込まれた自然法と人間の作った法」の区別や、「汝等かく祈れ」というイエズス・キリストの呼びかけのことが言及されている。その他にも、キリスト教への言及は彼女の書く記事のほとんどすべてに見られる。しかし、キリスト教倫理と国家社会との関係を最も直接的に語っているのは、同年一二月号の「クリスマスにちなんで」である。彼女はまず、「社会は人間達がよりあつまって初めて作られ、社会の動きは――政治も経済も――人間から始まるものである」と述べて、『ひまわり』創刊時の善き国家を作るのは善き個人である、という宣言をあらためて読者に想起させている。さらによい人間とは何よりも「心」あるいは「魂」の清い人間でなければならない、と述べ、心・魂を清く保つための、心のための食べ物すなわち、「神の口より出る言葉、いいかえれば正しい信仰」の必要を説くのである。さらに彼女は、こうした、社会と個人と神の構図こそが、西洋文明を支え成長させてきた原動力であったことを指摘するとともに、日本の明治以来の歴史が物質的な欧化に留まって、その背後にあるキリスト教を見逃してきてしまったことを反省しなければならない、と呼びかけているのである。(37)

犬養が主としてこうした歴史や国際政治といった大状況との関わりでキリスト教的ヒューマニズムを語ったのに対して、北畠八穂（一九四六）のほうは、ミクロの日常生活におけるキリスト教的な「愛」の実践について語っているのが特徴的である。北畠は、青森出身でこの当時は三〇代半ばだった。彼女もまた熱心なクリスチャンの家庭に育っており、戦前から作家として活躍していた。後に坪田譲治賞を受けている。犬養がもっぱら時事問題を中心に執筆しているのに対して、北畠はエッセイや小説、挿し絵、座談会や対談まで幅広く活躍しているが、とりわけ注目すべき記事は、一九五〇年から五一年に二年にわたって連載された「美しき少女への巡礼：愛をさます社会科の勉強」であろう。この記事では毎号、様々な境遇の中でささやかな愛の実践をしている少女の話が、実話ふうに語られている。戦場から戻った男たちが無為と失意のうちにあり、ヤミ市場に人が群がり、浮浪児たちは盗みで日々をしのぐ、こうした苛酷な戦後社会の中で、戦争で父を亡くしたり没落した中産階級の少女たちが、かつて受けたキリスト教の教えに支えられて、その無垢と善意と勇気を失うことなく、純白の愛の花を咲かせまわりを光で照らすのである。ここには、犬養の記事に見られるような国家やイデオロギーなど大状況の問題はまったく登場しない。しかし彼女はこの記事を、「新しく作られた社会科という科目が、心の中に愛をさます勉強となってほしい」という明確な目的を持って書いているのである。連載された五〇年から五一年の時期は、社会科が実施されて数年がたっていた。そもそも社会科は、従来の修身科のような特定の教科による道徳教育ではなく、社会における個人のあり方を具体的な社会関係の認識を通して教えるという、アメリカ型の新しい道徳教育を内包するものとしてスタートした。しかし、こうした発想は、家庭や地域におけるキリスト教道徳のしつけが一般化している社会においてのみ可能なのではないか、とする疑問はすでに当初からみられた[38]。社会科に対する疑念は、戦後育ちのティーンエイジャーたちの、現実主義的でドライな言動が取りざたされるようになる五〇年代以降、道徳教育のあり方をめぐって繰り返し表明されるようになる。北畠の社会科のとらえかたは、そうした動向を先取りしつつ、キリスト教的な愛の実践を新しい社会科の勉強として位置づけ直そうとしたものであった。

このような、神との絶対的な関係に置かれた「心」や「魂」を、政治社会の基礎としての個人の中核に位置づける発想は、当時「オールドリベラリスト」と呼ばれた知識人たちのそれと通底するものを持っていた。『ひまわり』の時代はちょうど、前田多聞、阿倍能成、田中耕太郎、高橋誠一郎、天野貞祐といったオールドリベラリストたちが、歴代の文部大臣を務めていた時期であり、田中耕太郎がカトリックの学生たちの支援を受けて参議院に大量得点をもって当選する時代であった[39]。文教政策においては、国家社会を道徳的退廃から救うためには、宗教的情操教育を中核とする人格完成の教育が不可欠である、という論議が真剣に交わされていた時代でもあった[40]。加藤典洋の言う「世界戦争」の敗戦による「モラル上の切断」のもとで生じた混乱と空白の中で、戦時中抑圧されていたキリスト教が同じ境遇に置かれていた社会主義とともに復興し、ある種のリアリティを得ていた時代であった[41]。そこには社会主義が実体的な政治勢力として脅威となりつつあることへの危機感もまた見られた。『世界』創刊に関わり、後にそこを離れて『心』を中心に活動することになる「同心会」の人々はそうした例である。犬養道子の父親である犬養健もその会に出入りしていたことが同心会のメンバーであった長與善郎の日記からも知られる。長與善郎は、敗戦翌年の元日の日記に次のように書いている。「自分と神との関係（生命の根本）を第一義とし、人類との関係（ヒュウマニティー）を第二義とすると、国家との関係は第三義となる。第三義がなくとも人間が立派に生きられることはユダヤ人を見れば分かる」[42]。長與によればこのような宗教的個人主義は、利己主義が全体主義と結びつくのに対して、健全で強力な国家と結びつく。「全体主義を口に提唱し、天下にも真理として命令しながら、その実、利己主義者の集まりである『全体』ほど世にも脆弱なものはなく、いい意味の個人主義者、真の自由人の集まりでありながら、いざとなると全体の生命と、正義と、自由とのために応じて自ずから一致団結する社会集団ほど強固なものはない」[43]。

このように、『ひまわり』の政治世界は、犬養道子のケースに見られるような家族的背景によっても、その宗教的個人主義の道徳観によっても、オールドリベラリストのそれと親近性を持っていた。このことは、『ひまわり』の戦後史における位置を考える上で無視できない。戦後思想史における大きな対立軸の一つは、丸山らの戦後啓蒙派とオールドリベラリストとの対立であった。ちょうど息子と父の世代に当たるこの二つのグループの対立は、前者の内部におけるマルクス主義と近代主義の対立以上に本質的なものであった。大正教養主義に深く浸されたエリートであり、戦時期にはすでに知識人としての地位を確立し、戦場への動員も免れた世代であるオールドリベラリストたちに対して、丸山や加藤周一ら若手知識人たちは、「新しき星菫派」という呼名を献上した。それは、彼らの人道主義や理想主義が社会的歴史的問題に対してはまったく力を持たない、「星」と「菫」と「少女」の美への賛歌に過ぎないと痛烈に批判するものであった[44]。上記の長與のような作家から、和辻哲郎、阿倍能成、田中耕太郎、田辺元、天野貞祐等々それぞれにきわめて強烈な個性と多様な思想性を持つ人々を、一括して断罪し去るこうした「オールドリベラリスト」観こそが、戦後思想の硬直した進歩史観を象徴する発想として批判され、改められなければならないことは、すでに指摘されている。(45) しかし、本稿では、『ひまわり』が宗教性と普遍的な道徳を強調するという点でオールドリベラリストたちと共通する特徴を持ちながら、過去の国家体制との関係で決定的に異なる面を持っていたことだけを指摘しておきたい。それは、天皇制をめぐる問題である。長與にせよ、田中にせよ、あるいは天野にせよ、オールドリベラリストの多くは、戦後の新しい国家体制の要として天皇制を擁護していた。そこには、戦前世代の天皇に対する親愛感情や、戦後日本の民衆が天皇制という支えなしに国民たり得るか、ということについての疑念など様々な要因が存在した。他方、『ひまわり』には、伝統の価値や古くさいと言われる孝行のような道徳の普遍的な価値を擁護する発言は数多く見られるが、天皇制を擁護する発言は見られない。過去の政治体制からのこうした断絶という点では、『ひまわり』はオールドリベラリストよりも、丸山ら、戦後知識人たちの側にいるのである。

このように『ひまわり』の政治世界は、オールドリベラリストのそれとも、戦後啓蒙派のそれとも繋がりながら、そのいずれにも同化されない独自のものであった。この独自性を支えていた「少女性」について、次節では検討してみなければならない。

6　少女の系譜と「美しい心」

私たちはすでに、『ひまわり』の「善き個人」が人間の普遍的な徳である愛の義務を実践する、倫理的主体として位置づけられていることを見た。『ひまわり』はこうした愛の実践の主体を「美しい心」と呼んで、女性性、さらにはとりわけ少女性の中核に位置づけた。実際、「美しい心」という言葉は『ひまわり』誌上最も頻繁に登場する言葉のひとつであった。「私の好きな少女」（一九四七年連載）や、「ひまわり少女」（一九五〇／五）、「私の知っている美しい少女」（一九四八／一二）など、あるいは、「今月の言葉」「ひまわりの言葉」という巻頭言など、直接読者に理想の少女像を語りかける記事でのキーワードはつねに「愛」であり、「美しい心」であった。「美しい心」とは、「男の人ではとても持てない、女の人だけに持つことの出来る」ものであるとされ（中原「今月の言葉」一九五〇／三）、男性性からの明確な差異化が計られている。「美しい心」をより具体的に表現したのはやはり犬養で、彼女は、美しい心とは、「優しさ、慎み、献身的な愛、雅など、女性に特有の善さや徳」であると述べている(46)。そしてこの美しい心はさらに、とりわけ「少女期」と特権的な関係のうちに置かれる。それでは『ひまわり』における少女期とは具体的にはどのようなものを意味していたのだろうか。中原は、自分にとって「少女というのは」、「もう小さな女の子ではなく、大人ではない」「子供でもない、大人でもないいかにも小さな娘だけの」特別の感受性や行動を持つ存在である、と述べている(47)。二つの否定にはさまれた十代半ばから後半にかけての、こうしたいわば「なにものでもない」年齢こそ、「あなたの一生を通じて、最も美しい時代であると云う事を、もう一度、考えてみてください。少女時代は、あなたの長い一生の内の、ほんの短い時代でしかありません。少女時代、それは何んという素晴らしい時代でしょう。美しさを飽食出来る、それはあなたに恵まれた、ただ一度の機会なのです(48)」と中原は繰り返し強調している。優しさや献身的愛といった女性性がとりわけ少女という年齢において最も純粋にその美しさを発揮するとされたのは、少女が、幼子の無垢からはすでに遠く、自ら考える力を持っていること、しかし、大人の女性が抱える性愛や生殖性、さらには家庭生活の諸々の物質的しがらみからはいまだ遠く、それゆえ純粋な精神性を享受し得ているからに他ならない。こうしたモラトリアムゆえの純粋性を持つ少女という存在は、すでに本田和子らが明らかにしたように、中産階級の娘たちを結婚までの猶予期間世間から隔離し保護した女学校という制度が作りだした歴史的存在であった。(49) そして実際、中原が自らの少女像に重ねたものは、自分が小学生の頃女学生だった二人の姉たちの姿であった。『ひまわり』の世界は、こうした戦前の女学校文化からの連続性を色濃く感じさせるものであった。何よりもそれは、本の体裁や表紙、グラビアや挿し絵、そして連載小説を一見するだけで明らかである。挿し絵に登場するのは、中原以外に、蕗谷虹児、松本かつぢといった戦前の女学生に人気のあった抒情画家たちである。連載小説は、外国文学の翻案ものの他に、菊田一夫、森三千代、川端康成らによる少女小説が並んでいる。宝塚スターの登場する記事も多く見られる。紙の供給事情が良くなって一気に厚みを増した一九五〇年頃から巻末に「ひまわりのお便り」「ひまわりさろん」という読者欄が設けられているが、そこには、本田が「女学生ことば」と呼んだ「の」「のよ」「わ」「わね」といった独特の語尾使いも見られる。さらに、横山百合子、街夕起(記)子、広瀬良子といった、戦前に女学校教育を受けた若い女性の執筆者たちが、女学校時代の思い出を語る対談や座談会の記事も目に付く。「女学生探訪記」「女学生のアルバイト」「女学生今昔」など女学生生活の取材記事も多い。それらの記事に描かれている女学生は、都市の比較的裕福な中産階級家庭の娘である。こうした家庭では、代々住み込みの「女中」(50)がいて、応接間と呼ばれた小さな洋間があり、そこには西洋音楽をかける蓄音機と時にはピアノが置かれていた。娘たちは女学校で西洋のクラシック音楽や美術に親しみ、翻訳物の詩や小説が愛読書に含まれていた。両親は総じて仲が良く、父親は物わかりがよく、母親は家庭的な専業主婦であるが、貞女の鏡というよりは明るく活動的な近代女性であり、子どもたちはのびのびとしているが、時間になるとおとなしくお休みなさいと言って子ども部屋に引っ込む。夫婦の間の人格的な平等と役割分担、相互の理解と愛情に結ばれた関係、子どもを中心とした一家団欒。これは、儒教道徳を軸とした明治以来の古典的な中・上流家庭に代わって、大正末から昭和初期のモダニズムの時代に広がった新しいタイプの家庭像であり、戦前の女学校の普及を支えた階層の家庭像でもあった。(51)

このように『ひまわり』の少女像は、戦前の女学生像の延長線上に位置づくものであった。制度としての女学校は戦後の学制改革によって姿を消すが、新制高校となった後も女学校という呼び名が一般に残っていたように、占領期はいまだ戦前の文化との連続の中にあったのである。しかし、言うまでもなく両者の間にはこうした連続性とともに、大きな断絶もまた存在する。『ひまわり』が掲げた「夢」や「あこがれ」は女学生的な感傷性とはむしろ対立するものであった。感傷性は中原自身が好むところのものではなかった。彼は『少女の友』時代のあるエピソードをあげてそのことを語っている。[52]『ひまわり』誌上にもあえて少女の感傷について取りあげて批判する記事が掲載されている。[53]『ひまわり』が強調する少女の内面性や精神性と、女学生風の感傷や抒情との違いを最も端的に示す三つの文章をあげておこう。前者二つは一九一六年年一〇月号の『女学世界』の投稿欄からのものであり、後者は『ひまわり』一九四九年八月号からのものである。

「桐の葉が思い出したようにほろほろと…秋雨ってやっぱり淋しう御座いますのね。うら若い乙女の血潮をそそるように。この詩的な秋の情緒を詩人は、どんなに美しくお染め遊ばすことでしょう」「永久に乙女でいとう御座んすけども、そういつまでも少女でお正月を迎えることも出来ませんわね。今の詩のような日が華やかな私の姿と共に変わらないでいてほしい!!」[54]

「みなさんの生活に近づき、みなさんの生活に愛情を持って接近して来たことばを、しっかりと捕らえて、それをかみくだき、そしてそれを抱きしめて、みなさんの力にすることです。その聡明な愛情こそ、みなさんの日の特権です。観ましょう！新しく！そして声のかぎり、胸をはって元気によみましょう！

思いはるかに　人生の理念にはせよ　その純白の　つばさもて地上におりむ

地上におりよ　人生の理念よ　少女たちの心にのみおりて来れ」[55]

いずれも、少女と詩の結びつきを語ったものであるが、前者を染め上げているものは、強烈な喪失感とノスタルジーである。少女たちは「乙女」の時間の今を生きながら、それがあっという間に過ぎ去るはかないものであることを知っている。彼女たちが少女の時間を見つめるまなざしは、すでに失われた時間を懐かしみ哀しむ末期の眼であり、「詩」というのは、この悲しみを託す形に他ならない。『ひまわり』の少女期もまた、人生の中のわずか数年の、短く、あっという間に過ぎ去る時間とみなされていた。しかし、詩人竹内てるよが語りかける少女には、かなしみや喪失感の代わりに、「力」や「聡明な愛情」や「元気」があふれている。それは、少女という時間が特権的な時間でありながら、決して孤立したはかない時間ではなく、「人生の理念」としっかりと結びついた時間として描かれているからである。この違いは、少女の特権的な時間の先にあるものが家事と育児に追われる家庭の主婦の日常的時間以外の何物でもなかった時代と、女性が最高学府で男性と共に学ぶことが珍しくなくなり(56)、むしろ「少女よ大志を抱け」と励まされた(57)時代との違いであるばかりではない。それは両者が住む世界の違いが生み出したものでもあった。

一九一六年の女学生が住んでいた世界は、維新以降困難な歴史を経て、一定の政治的経済的な安定を迎えた大日本帝国という揺るぎない秩序の中に、一点穿たれた空白地帯のような世界であった。帝国は少女に対してこうした別世界を一時的に提供することによって、帝国の基礎をなす家族という秩序を保証しようとしたのであり、少女の方は、この世界を出た後の自分を待っている秩序がどんなものであるかについて、いささかのあいまいさもなく認識していたはずである。少女性がこの世界を越えてなんらかの機能を果たすことは一切期待されていなかった。少女性とはあくまでも帝国という秩序にとって異質の他者であった。だからこそ、少女たちはこの自足した世界の抒情になんの留保もなく浸りきることが出来たのであり、同時に、それが完全に自足した世界であればあるほど、数年後に確実に訪れるこの世界との別れがあれほどまでに悲痛に感じられたのである。「星菫派」のオールドリベラリストが星や菫とともに賛美したのもまた、こうした他者としての少女性であった。彼らは、戦後の男女共学が、こうした男女の間の「他者性」を喪失させたこと、それによって、「憧れがつもって大きなイデアへのエネルギーにまで成長せず、自分の内的な世界というものが深く形成される機会が」失われたことを嘆いているのである。(58)

他方、『ひまわり』の少女が生きた戦後という時代は、すべてが崩壊し、すべてがいまだ宙づりのままであるような時代であった。過去はもはや存在せず、未来はいまだやってこない。それは二つの否定に挟まれた「少女期」そのものといくぶん似た特徴を持つ世界であったと言えるかも知れない。そこでは、少女を保護する主体である国家も、つかの間の少女期が過ぎ去ったとき彼女を待ち受け、受け入れる秩序というものも、いずれもがいまだ不透明なままであった。そうした時代にあっては、少女が「他者」として存在する余地はない。少女は否応なしに、主体として生きなければならない。中原が『ひまわり』において果たそうとしたことは、少女が近代の遺産としての少女性を手放すことなく、そうしたことが可能であること、それが少女にとってのみならず戦後の社会にとっても新しい可能性を開くものであることを示すことであった。

むすびにかえて――『ひまわり』の廃刊と「美しい心」の行方

『ひまわり』は一九五二年一二月号をもって廃刊を迎えた。それはこうしたつかの間の時代が終わったことを自ら十分に自覚した上での決定であったと思われる。一二月号には次のような社告が掲載された。

「知恵と美と情緒の泉ともなる少女雑誌を念願して、昭和二二年一月に創刊しました『ひまわり』は、…創刊以来六年、ようやく社会情勢も移り変わり少女雑誌の性格や使命にも、一つの転換期が来ているように思います。…私どもは『ひまわり』を更に、新しい今日の時潮に合わせながら、画期的な「新しい型の少女雑誌」に成長させることにいたしました」。

今日からこの時代を振り返ってみると、「社会情勢の移り変わり」と「少女雑誌の性格や使命」に訪れた「転換期」は、きわめてはっきりと見て取れる。単独講和か全面講和かで大きく世論が揺れ動いた後、サンフランシスコ条約が締結され占領の時代は終わった。水面下にあった米ソ対立は朝鮮戦争とともに一気に表面化し、アメリカの極東における軍事基地としての日本の位置づけが明確になった。すでに見たように講和問題や朝鮮戦争などについてはそれまでの『ひまわり』誌上でもくり返し取りあげられていたが、軍事基地の問題が正面から取りあげられることはなかった。朝鮮戦争勃発の数カ月後には、ソ連の脅威を強調する記事が掲載されているが、アメリカの軍事基地化を容認する表現は見られない[59]。むしろ、日本の絶対的中立を守るために女性は立ち上がって闘わなければならない、という表現が目につく[60]。しかし時代が進むにつれて、次第に軍事基地の問題を避けて通ることはできなくなる。この時期の「ひまわり」の逡巡をよく表す記事が、一九五二年の四月号に掲載されている。執筆者は清水幾太郎の妻、清水慶子[61]である。「若さの力を」と題されたこの記事は、高校の児童文化研究会の訪問記事という形を取って、最近の日本の再軍備化を批判したものである。幼い子どもの幸福も、少女の美しい生活も、すべては「先ず日本人の上に本当の自由と独立と平和がなければだめです」という高校生のことばを紹介し、アメリカの軍事基地からの解放という政治課題への取り組みこそ、あらゆる実践の上位にあるものとして位置づけている。同じ時期に、同様の米軍基地反対と日本の独立を訴えるルポルタージュがあいついで出版された。米軍兵士に犯された女性たちの手記を集めた『日本の貞操』がその典型的なもので、映画化されたほど大きな反響を呼んでいる[62]。「若さの力を」という記事は、こうした世論の盛り上がりを背景にしていることは明らかである。これらのルポルタージュで報告されている基地の悲惨な状況、とりわけ、米軍兵士に犯されて転落の道をたどった女性たちの壮絶な手記を背景にして、なおかつ、『ひまわり』が政治的主体としての少女やその「美しい心」を前面に押し出すことはきわめて困難であっただろう。

総じて、「心」や精神性、あるいは宗教性が政治世界で一定の力を発揮し得た時代は終わりつつあった。この推移は、一九五〇年から一九五二年の間文部大臣の座にあった、天野貞祐に対する世論の変化のうちにも端的に表現されている。カント研究の学究である天野が文相に就任した当初は、「人間主義の立場から愛国と教育立国を力説する天野氏が文相となったことは国民の幸いであるとともに教育界としても大いに期待されてよい」と評価されていた。しかし、一九五一年の道徳教育復活と国民実践綱領の提案を機に、天野は戦前の修身と天皇制教育の復活をもくろむ反動勢力として世論の大反撃を受けるに至り、朝鮮戦争後の再軍備化の動きと連動する「逆コース」のイデオローグとしてその後の教育史に名を残すことになる。(63) 天野のようなオールドリベラリストの文教思想が有効に機能する契機は、五〇年代の保革対立の構図の中にはもはや存在しえなかった。こうした状況と符合するように、『ひまわり』のバックボーンでもあったキリスト教もまた、戦後の一時的な高揚の時代を終えつつあった。

かくして、キリスト教的理想主義に支えられた『ひまわり』の政治世界はその終焉の時を迎えつつあった。清水慶子の記事において、呼びかけの対象が「少女」から「若者」へと変わっていることもまた、注意しなければならない。そこに登場するのは、「女学生」ではなく戦後育ちの共学高校生たちである。少女という存在が、オールドリベラリストの世界と一部重なりあう存在であったとしたら、若者という存在は、戦後民主主義の戦闘的旗手たる進歩派と一体化された存在であった。このように、清水慶子のこの記事は、あらゆる面でそれまでの『ひまわり』とは異質のものであった。それは、時代が『ひまわり』に迫っていた転換を象徴する記事であったと言えよう。しかし、『ひまわり』はこの転換を受け入れることよりも、政治世界からの撤退の方を選択した。清水の記事を最後にして、『ひまわり』からは政治的な記事はほぼ完全に姿を消していく。そしてこの年の終わりに廃刊を迎えるのである。これは、『ひまわり』の政治世界の挫折を意味している。しかし、少女の「美しい心」にかける中原の期待はそこで終わりはしなかった。社告で予告された「画期的な新しい少女雑誌」はその後、『ジュニアそれいゆ』

として登場する。『ひまわり』における少女の「美しい心」が政治世界と結びつけられていたとしたら、新しい時代の新しい雑誌におけるそれは、暮らしとの回路の中に位置づけられていた。それは、心がすべてに優先する世界から、「心」と「暮らし」が独特の循環を描く新しい世界への転換であった。政治も宗教も支えを与えることが出来なくなった世界で、「美しい暮らし」の創造主体としての少女が新たに要請される。少女の歴史はまだ当分続くのである。しかし、この少女の新しい物語については、また稿を改めて語らなければならない。(64)

〔注〕

旧字体は新字体に改めた。

（1）アンドレ・ジイド『白い手記』とは、ジイドが一八歳の時匿名で出した処女作『アンドレ・ワルテルの手記』をさす。作品は前半部分「白い手記」と後半部分「黒い手記」に分かれている。肉の営みを避けひたすら魂の完成を求める若いジイドの精神主義的理想主義が表現されており、『ひまわり』の創刊の辞に引用されるにふさわしいものと言える。

（2）加藤典洋『戦後的思考』講談社、一九九九、八五‐八六頁

（3）丸山眞男「超国家主義の論理と心理」『世界』一九四六年五月号

（4）萩原延壽『中央公論』一九六四年一〇月号　特集　戦後日本を創った代表論文。その他丸山論文をめぐる当時の衝撃については、毎日新聞社編『岩波書店と文藝春秋：「世界」「文藝春秋」に見る戦後思想』毎日新聞社、一九九六、三〇‐三五頁

（5）高澤秀次『戦後知識人の系譜』秀明出版会、一九九八、三〇頁

（6）「大曽根家の朝」一九四六年松竹　木下恵介監督。「安城家の舞踏会」一九四七年松竹　吉村公三郎監督

（7）「青い山脈」一九四九年東宝　今井正監督。「姉妹」一九五五年独立映画　家城己代治監督（なお、この映画の脚本は畔柳二美。畔柳は『ひまわり』の後身『ジュニアそれいゆ』に同じ時期、しばしば姉妹を主人公とした小説を書いている）。「お姉さんと一緒」一九五六年桜映画社　青山通春監督（この作品は筒井恵介原作のＮＨＫ放送ドラマ。ウィーン国際映画祭でグランプリを受賞している）。「六人姉妹」一九五九年東映　堀内用監督（これは、読売新聞つづり方コンクール文部大臣賞受賞作品葛西睦子　を原作としたもの）

(8) 暉峻康隆「女子学生世にはばかる」『婦人公論』一九六二年三月号、池田弥三郎「大学女禍論：女子学生世にはだかる」『婦人公論』一九六二年四月号

(9) 岩波茂雄「『世界』創刊に際して」『世界』岩波書店、一九四五年創刊号

(10) 臼井吉見『蛙のうた：ある編集者の回想』筑摩書房、一九六五、八六頁

(11) 『世界』岩波書店、一九五三年八月号

(12) 『世界』岩波書店、一九五二年四月号

(13) 「戦後に対抗した出版人たち」『続：昭和文化一九四五–一九八五』南博編、勁草書房、一九九〇、一九八頁、山本明『カストリ雑誌研究：シンボルにみる風俗史』中公文庫、一九九八等

(14) 『創造の四〇年：マガジンハウスの歩み』マガジンハウス、一九八五、二〇–二一頁。岩堀については、新井恵美子『腹いっぱい食うために』近代文芸社、一九九六

(15) 酒井寛『花森安治の仕事』朝日新聞社、一九八八、一二三頁

(16) 『創造の四〇年：マガジンハウスの歩み』一四二頁、創刊号（一九四五年一二月号）の『平凡』はモダンな雰囲気のイラスト画を表紙とした、作家や画家などのエッセイを集めた読み物雑誌であった。一九四八年二月号から判型を大型のB５版に変え、流行歌手の写真を表紙とした、歌謡曲と映画の大衆娯楽雑誌に転換する。

(17) 中原の伝記的な記述は、『別冊太陽：美しく生きる・中原淳一　その美学と仕事』平凡社、一九九九、『中原淳一の世界』サンリオ、一九八四、の年譜を参考にした。

(18) 中原自身自分の子ども時代のことを、クリスチャンの母の影響で、式の時などは周りがみな着物だった時代にひとりだけ洋服を着せられたと回想している（『キング』一九五六年一月号二八八頁「私のおしゃれ歴史」）。また、当時大正っ子と呼ばれた子どものタイプについて東京のある小学校の訓導はこう書いている。「以前の子どもより明るい感じがしますね、固定教育と教師から解放され、すべてが自由意志、個性尊重で均一に発達してきたから融通のきく子供、応用力に富み、こざかしく立ち回る依頼心の薄らいだ子供にはなりましたが、明治生まれと異なって智能とも鶴群の一鶴なんて子供はない一面からは堅実性、特性を失って薄っぺらなとも、文化式になったとでもいいますか」（宮田登「大正のヴァイタリティー」『大正感情史』日本書籍、一九七九、一八七頁）。

(19) 中原の十代と重なる昭和初期の風俗としてのモダニズムについては、南博編『日本モダニズムの研究』ブレーン出版、一九

(20) 中井幸一『残照の画家：昭和初期のポピュラーアーチストたち』パッケージング社、一九八四、二五二頁

(21) 中原の絵で飾られた手帖や日記などの小物に自分の戦時中の少女時代を重ねる人々には、田辺聖子（「ふしぎな巨大な存在」『別冊太陽：美しく生きる』二四頁）や、須賀敦子（『遠い朝の本たち』筑摩書房）など数多い。

(22) 酒井寛『花森安治の仕事』前掲書

(23) 戦時下の大政翼賛会宣伝部については、櫻本富雄『文化人たちの大東亜戦争』青木書店、一九九九、第9章「戦時下の広告業界」も参照

(24)『婦人公論』一九五〇年四月号

(25) たとえば、『座談』一九四九年九月号「人物立看板」は、内閣官房長官増田甲子七、俳優森雅之などと並べて中原淳一を取りあげているが、その紹介の仕方は次のようなものである。「中原淳一先生。どうして先生は、あんなに口惜しい程に美しい繪をお書きになるのですか…それで、この間お兄さんに一寸話しましたら、お兄さんはにやにや笑いながら、それはね、中原淳一がお前達少女連中を小馬鹿にし、軽蔑しているからこそ、ああした仕事が出来るんだし、また、それだから却って少女たちの心理をつかむことが出来るんだよ…」

(26) 大政翼賛会時代については、花森はある時期が来るまで意識的に口をつぐんでいたようである。後に『暮しの手帖』一九六八年八月号で「戦争中の暮らしの記録」、一九四五年一〇月号の「見よぼくら一銭五厘の旗」などで戦時中を振り返るようになるまでに、二〇年の年月がかかっている。少なくとも『暮しの手帖』創刊から一九五〇年代までの花森は、特異なファッションを自ら実践する衣装哲学によって世のジャーナリズムの関心を集めていたようである。たとえば、『サンデー毎日』一九五四年七月二五日号には、「ズボンをめぐる男女の闘い」という記事が載っているが、そこでは花森のファッション論を大々的に取りあげ、さらに、彼のことを「とにかく利口なやつ」と呼ぶ翼賛会当時の同僚や、「スイッチのきりかえ一つで、まるで人造人間のように、目的意識的に行動する。時代の焦点を精確にあわせるそのネライは実に正確なものだ。まるでライカのレンジ・ファインダーだ」という大宅壮一の発言など、戦時と戦後の切り替えの見事さを批判する声も収録されている。

(27) もちろん、中原を評価するものの中には戦争への抵抗者として彼を評する者もいる。例えば、「こういう時代に、中原さんの絵は、登場した。許されない夢を、少女の瞳に託した。その精神は、明らかに、時代に対する作者の反抗精神である。言論の自由が全然ない時代に作者は、美しい『瞳』を描き出すことによって、戦争に気付かれないような、巧みな反抗をし、人間

のあるべき姿を、人々の心によみがえらせた」内村直也「夢みる瞳」『中原淳一の世界』前出、一三二頁

(28) 時期としては少し後になるが、『サンデー毎日』一九五八年六月二二日号に「女でかせぐ文化人」として、花森安治と中原淳一が筆頭でとりあげられている。他には、村上信彦、堀秀彦、古谷綱武らがとりあげられている。古谷綱武は『ひまわり』にもしばしば登場している。

(29) 犬養道子「時事問題はつまらないか」『ひまわり』一九四八年一月号。なお、時事問題の主な執筆者は犬養以外に、横山百合子、浦松佐美太郎、松田ふみ子といった人々である。横山は、『ひまわり』一九四九年一二月号「淳一先生を囲んで」によれば、小説家横山美智子（童話雑誌『金の船』の創刊（一九一九）や小説『緑の地平線』（一九三四）等で知られる）の娘、早稲田大学が初めて男女共学を認めたとき文学部英文学科に入学、卒業時の成績は一番で世の人達をあっと言わせた、とある。アメリカの大学に留学し、留学先からの便りをしばしば『ひまわり』に寄せている。浦松は、『食後の教養』（四季社、一九五一）や、『暮らしの中で考える』（暮しの手帖社、一九五九）などがある。松田は九州帝国大学卒業のジャーナリストで『私の名は女記者』『婦人記者の眼』等の著書がある。

(30) 『社会科教育・第二巻』二十世紀研究所編　思索社、一九四八、三八-四三頁

(31) 『ひまわり』一九五〇年一月号「ある少女の手紙をめぐって：正しく生きるための少女の悩み」

(32) 『社会科教育・第二巻』四三頁

(33) 同上書・第一巻、四八-四九頁

(34) 『ひまわり』一九四八年六月号「今月のノート：世界は二つか」犬養道子

(35) 『社会科教育・第一巻』六二-六九頁

(36) 同上書第二巻　一一七-一二七頁

(37) 戦後日本の精神史をキリスト教との関係で総決算しようとした重要な仕事として、久山康他『戦後日本精神史』基督教学徒兄弟団発行、創文社、一九六一がある。これは一九五六年に出た『近代日本とキリスト教』の続編として編まれたものであり、西谷啓治、高坂正顕、久山康などの京都学派の人々と、住谷三喜男、武田清子などのプロテスタントの学者達、さらに椎名麟三や遠藤周作といったクリスチャンの作家など、総勢一一名による座談会から構成されている。そこでは、明治期の知識人の中には、「ヨーロッパ文明を取り入れるにはその基礎となるキリスト教を入れねばならぬとつよく主張した」人々もいたこと、しかしそれが一般大衆のモラルとして入るには様々な障害があったことが指摘されている。三二八頁など。

(38)『戦後教育改革通史』明星大学出版部、二〇六頁。また、占領期の社会科と道徳教育をめぐる議論については、貝塚茂樹『戦後教育改革と道徳教育問題』日本図書センター、二〇〇一に詳しい。
(39) 田中耕太郎「私の履歴書」日本経済新聞社編『私の履歴書　文化人15』三七六頁。田中が中心となった参議院会派「緑風会」については、『ひまわり』一九五〇年八月号でも取りあげている。
(40) 貝塚茂樹「占領期における『宗教的情操』教育論議についての検討：教育刷新委員会の論議とCIEの認識を軸として」『戦後教育史研究』第14号　明星大学戦後教育史研究センター、二〇〇〇
(41) 敗戦直後から五〇年くらいまでの間、キリスト教の普及率が高まったことが、受洗者や礼拝への参加者の数などから確かめられているという。『戦後日本精神史』二〇-二一頁
(42) 長與善郎『遅すぎた日記　下巻』朝日新聞社、一九五四、八五頁
(43) 長與善郎「一夢想家の告白」朝日新聞社、一九四六、二八一-二八二頁
(44) 小熊英二『〈民主〉と〈愛国〉：戦後日本のナショナリズムと公共性』新曜社、二〇〇二、二〇六-二〇七頁
(45) たとえば、和辻哲郎の再評価を試みるものとして、ウィリアム・R.・ラフルーア「廃墟に立つ理性：戦後合理性論争における和辻哲郎の位相」テツオ・ナジタ他編『戦後日本の精神史：その再検討』岩波書店、一九八八など
(46)「星を仰ぎつつ」犬養道子『ひまわり』一九四八年一〇月号
(47)『中原淳一の世界』八頁より
(48) 中原淳一「ひまわりみだしなみせくしょん」『ひまわり』一九四七年四月号
(49) 本田和子は、近代日本が生み出した少女の特徴を、一般社会から保護された繭への閉じこもりと、ひらひら揺れるフリルやリボンに象徴されるはかなくしかし変幻自在な感性のうちに見いだしている（『少女浮遊』青土社、一九八六、『女学生の系譜』青土社、一九九〇）。他方、大塚明子らは明治以来の少女像が、「清く正しく美しく」というもう一つの側面を持っていたことを指摘している。それは、秩序からひらひらと逃れ出るどころか、理想の追求と受容を通して、秩序と一体化する「秩序内存在」としての少女である。筆者等はその例として戦時中の「軍国乙女」をあげている。宮台真司・石原英樹・大塚明子『サブカルチャー神話解体：少女・音楽・マンガ・性の30年とコミュニケーションの現在』パルコ出版、一九九三、二八-三二頁。しかし、秩序外存在か秩序内存在かという少女のとらえ方は、少なくとも占領期においてはあまり意味がない。秩序そのものの意味が問い直されなければならないからである。

(50)『ひまわり』一九五一年一月号から連載された街夕起(記)記子の連載小説「ちいさいねえやさん」は、そうした典型的な中産階級家庭の「女中」を主人公にして、日常生活を描いたユーモア小説になっている。「女中」が差別語ではなく、階級文化の一端をなしていた時代の小説である。「女中」をめぐる歴史については、奥田睦子「女中の歴史」奥田睦子編『女と男の時空Ⅴ　鬩ぎ合う女と男―近代』藤原書店、一九九五、濱名篤「階層としての女中」『近代日本文化論5　都市文化』岩波書店、一九九九など。

(51)岩渕潤子『東京山の手大研究』都市出版、一九九八、植田康夫「女性雑誌がみたモダニズム」、坂田稔「生活文化にみるモダニズム」南博編、前掲書

(52)『少女の友』時代に、シャボン玉を吹く少女の絵を「シャボン玉」として提出したのに、編集者が「シャボン玉の夢」としたことに、彼は、不満を感じたと述べている。少女の感傷におもねているようでいやだった、というのである。

(53)古谷綱武「感傷について」『ひまわり』一九四八年九月号

(54)川村邦光『オトメの祈り』紀伊国屋書店、一九九三、四七頁、一〇九頁より重引

(55)竹内てるよ「新しく正しくみましょう・あこがれと悲哀を」『ひまわり』一九四九年八月号。竹内てるよは、一九〇四年生まれ、日本高等女学校を中退。高村光太郎に師事し、代表作として詩集『叛く』がある。『ひまわり』では読者文芸欄の詩の選評や、詩の鑑賞ページを担当していた。

(56)『ひまわり』一九四七年三月号のグラビアを飾ったのは、新進ピアニストとして期待されると同時に、東大法学部の学生でもあった藤田晴子であった。総じて、ひまわりに登場する模範的少女は、学問、芸術の世界のエリートが多かった。

(57)北畠八穂「一九五〇年の白い門」『ひまわり』一九五〇年一月号

(58)『戦後日本精神史』二五一―二五三頁

(59)松田ふみ子「今月の話題」『ひまわり』一九五〇年一一月号　これは読者の質問欄での解答である。質問は「朝鮮問題に対して、我々はどんな心がまえでいたらいいのでしょうか。」「また、南鮮が負けた場合、日本国民にどんな影響がありますか」というものであった。

(60)松田ふみ子「私たちの話題」『ひまわり』一九五一年三月号

(61)清水慶子　児童問題の研究家。周郷博との責任編集で『児童問題講座第2巻：家庭篇』(新評論社、一九五五)、訳書　ジャン・シャザル『子どもの権利』(白水社、一九七〇)などがある。

(62) 水野浩編『日本の貞操：外国兵士に犯された女性たちの手記』正・続二巻　蒼樹社、一九五三。帯には「新映プロ映画化原作」（水木洋子シナリオ、家城巳代治監督）とあり、「嵐の如き反響・全国の新聞雑誌絶賛」との宣伝文句の下に、毎日新聞、サンデー毎日、家庭朝日、読売新聞からアサヒ芸能、といった名前まで四三の新聞、雑誌の名前があげられている。ただし、映画そのものを見ることは、今のところ出来ていない。同じ頃に出た基地関連のものとしては、猪俣浩三・木村禧八郎・清水幾太郎編『基地日本：うしなわれいく祖国の姿』和光社、一九五三（第二回日教組全国教育研究大会での報告をもとにしたもの）、清水幾太郎・宮原誠一・上田庄三郎編『基地の子：この事実をどう考えたらよいか』光文社、一九五三がある。

(63) 戦後教育と天野貞祐の関係については、貝塚茂樹「文相天野貞祐における道徳教育問題」『戦後教育史研究』第15号　二〇〇一、同「天野貞祐における教育基本法と『戦後』認識：教育勅語と『公』と『私』をめぐる問題を軸として」『戦後教育史研究』第16号　二〇〇二

(64) 『ジュニアそれいゆ』は『ひまわり』よりも早く創刊された、女性誌『それいゆ』のジュニア号として一九五三年三月にスタートし、同年八月号をもって『ジュニアそれいゆ』という正式タイトルを持つ雑誌となった。一九五五年から季刊となり、四月号から、タイトルの横に「十代のひとの美しい心と暮しを育てる」というサブタイトルがつけられた。もちろん、「暮し」という契機は、ファッションとインテリアを中心として『ひまわり』の時代から少しも変わるところはなく、中原淳一の本領とこの雑誌の魅力が最もよく発揮されたページを構成している。本論ではこの点はまったくふれることができなかった。『ジュニアそれいゆ』との関連で改めて論じたいと思っている。
なお、占領期における政治的主体としての子どもと、五〇年代における子どもの脱政治化については以下の拙稿を参照。森田伸子「戦後の終りとティーン・エイジャーの創出」『教育学年報8　子ども問題』世織書房、二〇〇一

第3章　戦後教育における教師の権力性批判の系譜

小玉重夫

はじめに

本章では、戦後教育史において教師の権力性を批判的に議論した系譜に注目し、その戦後教育思想史における意味を検討する。[1] 教師の権力性批判とは、教師が政治的権力存在であることを認識し、かつ、それを批判的に相対化しようとする理論や実践の系譜をさす。冷戦構造が定着する一九五〇年代後半以降、教師を政治的関係から独立、あるいは中立の存在としてとらえる傾向が官民双方における戦後教育言説の主流を形成していくなかで、このような教師の権力性批判の系譜は、一貫して主流から排除され、周辺的な位置におかれてきた。

とはいえ、教師や教育を政治的存在としてとらえる議論が当初から周辺化されていたわけでは必ずしもない。一九五〇年代半ばまで、教育学者の言説や教育運動内部の言説には、コア・カリキュラム論争や教育科学論争、「社会の持続」論争など、政治と教育の関係把握をめぐるきわめて多様な論争の文脈があり、そこから、後述する旭ヶ丘中学事件に象徴されるような教師の政治的役割を積極的に位置づける議論も生まれていた。その背景には、大衆社会論争や構造改革論争などにみられるような、日本社会の改革をめぐる政治戦略の選択とも絡んだ社会科学上の論争の存在があり、その政治的な決着が未だはっきりしていないという事情があった（中内・竹内・中野・藤岡 1987，海老原1988, 小玉1990)。

しかしながら、一九五〇年代末以降、子どもを進歩と発達の担い手としてとらえ、それに応答する教育的価値の独自性とその政治的価値からの自律性を強調する議論、および、そうした教育的価値の担い手として教師をとらえる議論が急速にヘゲモニーを獲得していくなかで、教師や教育の政治性を強調する議論は主流の位置から排除され、周辺化されていく(小玉1998)。その意味で、教育の非政治性を強調する言説はそれ自体が、一九五〇年代の論争に対するある意味での政治的決着の結果としてもたらされたものであったということができる。

そしてそれ以降、教師の政治性や権力性に注目する議論は戦後教育の周辺に位置する異端的な存在であり続けてきた。その一端は、教育実践の世界では、教科外教育や生活指導などにおいて見いだすことができるが、そのような視点からこの領域に注目、アプローチした研究は決して多くはない(2)。

本章では、戦後教育における教師の権力性批判の系譜の一環をなすものとして、一九七〇年代以降のプロ教師の会(埼玉教育塾)の言説を、特にその中心メンバーの一人である諏訪哲二の思想と実践に焦点をあてて検討する。その際特に、政治を公共性と不可分のものとして議論したハンナ・アレントらによる「社会的なるもの」と「政治的なるもの」のカテゴリーにもとづきながら、戦後教育の脱政治化と冷戦構造崩壊以降の再政治化の文脈をふまえる。そしてそうした脱政治化から再政治化へという文脈の変容との関係において、教師の権力性批判の系譜がいかなる意味をもっていたかを検討し、あわせて、一九九〇年代以降における教育の再政治化の可能性と条件を考えることを、本章の課題としたい。

1　社会的なものの勃興と教育の脱政治化

（1）社会的なものの勃興と近代公教育

近代の市場経済は、そこで活動する人間を再生産することができない。したがって市場経済はその外部に、人間を再生産する場所を必要とする。それが近代の家族であり、学校である。ハンナ・アレントはこのような再生産の場所を「社会的なるもの」と呼ぶ。アレントによれば、社会とは、生命の維持という私的な営みが公共的な関心事となっていく事態にほかならない。それは、ミシェル・フーコーが「統治性」(governmentality) ということばで、ドンズロが「社会的なるもの」ということばで引き取った近代認識と重なっている。つまり、社会とは、私的なものの価値が上昇して公的な関心事となり、私的なものと公的なものの境界がなくなることによって成立する (Burchell, Gordon, Miller 1991)。アレントにおいて、公共性が「複数性」(plurality) が実現する場であり、政治的なるものと不可分であるのに対し、社会は近代の市場経済にもとづくもので、貨幣に媒介された人間存在の画一性が支配する。

近代の家族と学校が「子どもを大人の世界からひきあげさせた」と論じたのはアリエスであった (Aries 1960)。子どもを大人の世界から保護し生命の維持と再生産を行うことは、社会的なるものの重要な特徴である。その意味で、保護空間の中心をなす近代学校は近代家族とともに、社会的なるもののエイジェントにほかならない。

近代学校が公教育の機関として制度化されてきたことは事実である。しかし、アレントやドンズロがいうように、そこでの公共性は、「社会」とほぼ同義のものにほかならなかった (Arendt 1958, Donzelot 1988)。広い意味での方法論的「社会」主義の興隆が、公共性の忘却と政治的なるものの縮減を促進したのが、近代の公教育の現実であった。

このような社会的なるものの勃興と政治的なるものの縮減という近代の構図は、戦後日本における教育の脱政治化の事態を説明するうえで、とりわけ有効な視点を提供するものである。以下では、その点を素描しておくことにしたい。

（２）戦後日本における社会的なるものの勃興と教育の脱政治化

戦後の日本において教育の脱政治化が進行したのは、一九五〇年代後半以降のことであった。その一つのきっかけとなったのが、一九五四年の京都の旭ヶ丘中学校事件である。これは、生徒の一部がメーデーや市民団体主催の平和運動に参加したことなどをめぐり、教師の指導を「偏向教育」であると批判する父母および教育委員会と、教師の指導を支持する父母や生徒会、教職員組合との間の対立が激化し、両派が九日間に及ぶ分裂授業に至った事件である。

旭ヶ丘中学事件以後、教育の脱政治化を促した要因は、二つある。一つは、教育の中立性の論理を掲げ教育運動を抑圧しようとした当時の官僚統制の動向であった。一九五八年には学習指導要領に法的拘束力が付与され、教育への官僚統制は決定的となる。もう一つは、一九五〇年代後半以降の人々の教育要求と、それに連動した教育学の理論転換にあった。そこでは、特定の職能や階層性への特化を先送りする「能力＝平等主義」（苅谷 1995）が普及し、教育学でも、それに適合した子どもの保護と全面的な発達保障という考え方が支配的となっていった（小玉 1998）。

こうして、戦後の学校教育は、上からの官僚統制と下からの教育要求の双方によって、脱政治化し、子どもを保護する空間となっていく。それが、企業社会、および、それを支える近代家族と接合し、欧米と比較して相対的に脆弱な政治的意味空間を伴う社会的なるものの形成を促進していった。欧米においてもこの時期、学校教育を通じての社会的平等を達成するための政策が実行されるが、階級的コンフリクトが政治的に顕在化し福祉国家の形成を促した欧米とは異なり、日本の場合、脱政治化した家族、学校、企業社会のトライアングルが、福祉国家を代替し

たのである。(3)

(3) 一九七〇年代―再政治化の挫折

一九七〇年代になると、欧米では、一九六〇年代の学校教育を通じての平等化政策の正統性が揺らぎはじめた。理論的には、学校がその「隠れたカリキュラム」を通じ、社会的分業への選抜とその正統化装置として機能していく事態が、アルチュセール、ブルデュー、ボウルズ＝ギンタスらの再生産理論によって明らかにされた。また、実践的にも、学校教育の中立性が疑われ、その再政治化が、一九七〇年前後の学生運動、その後の学校教育における参加民主主義の実現や官僚統制の見直し等によって促されていく（小玉 1999）。

これに対して日本の場合、全国の大学、高等学校で展開された一九七〇年前後の運動は、思想的にはたしかに大きな影響を及ぼしたものの、運動が展開された当の舞台である学校教育の革新、あるいは、教育学の理論転回に結びつくことは少なかった。たとえば、精神医学の領域等において一九七〇年前後に展開された学会革新や理論革新と同様の動きは、教育学の世界では必ずしも大きな動きにはならなかった。上述の再生産理論が、ほかならぬ学校教育を対象として展開されたにもかかわらず、である。また、教育の実践においても、欧米に比べ、七〇年前後の運動が影響力を持つことは少なかった。日本でも、一九七〇年前後に学生運動が全国の大学、高等学校で展開されたが、それらは欧米と比較すれば、一部の高等学校での着装の自由化、生徒自治の進展等はあったものの、その後の学校改革に直接結びつくことは少なく、むしろ逆に、この時期以降、偏差値が、学力を測る物差しとして、また、進路決定の手段として、強力に機能していった。これは、欧米と比較して相対的に脆弱な政治的意味空間のもと、家族、学校、企業社会のトライアングルが強化され、そのことによって、学校教育の再政治化が阻止されたことによる（小玉 2002）。

2　埼玉教育塾における教師の権力性批判

(1) 伝習館闘争と生活指導運動

とはいえ、少数派ながら、学校教育の内部で政治的実践を試みようとする動きがなかったわけではなかった。一九七〇年に福岡県立伝習館高校の三人の教師が、階級闘争やベトナム戦争等について学習指導要領を逸脱した教育を行ったとして、「偏向教育」を理由に懲戒免職処分を受けた。いわゆる伝習館事件である。処分を受けた三教師を支援する市民や教師たちのネットワークから、さまざまな教育運動が展開されていくが、その一つに、埼玉県の教師たちの集団である「埼玉教育塾」（プロ教師の会）がある。

埼玉教育塾は、工業高校定時制の助手に対する処分に反対する教師たちの運動を母体として、一九七〇年代から八〇年代にかけて形成された埼玉県を中心とする教師たちのグループで、一九七〇年代から今日にいたるまで、会員通信『異議あり！』を発行し、活動を継続している。

伝習館事件や埼玉教育塾の教師たちは、教師の政治的実践を行おうとした点で、旭ヶ丘中学事件の教師たちと共通している。しかし、旭ヶ丘中学事件が、学校外の政治的実践への生徒の動員という形をとったのに対し、伝習館や埼玉教育塾の教師たちは、学校内部での権力関係の組みかえという視点をもっていた。この点について上述の『異議あり！』では以下のように述べている。

「伝習館闘争はその教育内容を問わてれ《ママ》三教師が首を切られたことから始まった。しかし三教師は、自己が首を切られたことによって、教師という存在の犯罪性とエリート校の教師であるという加算された犯罪性を決して免罪はしなかった。差別構造の中に深く下降し、権力によって免職の理由とされた教育実践そのものの限界性をすら露呈する血みどろの闘いは『旭ヶ丘中学事件』という偏向教育処分などアッサリ超えてしまったし、他のモロモロの反弾圧闘争の被害者意識ズブズブの受身的対応とは一線を画している。」（異議あり！編集部 1973：153）

埼玉教育塾の中心メンバーの一人で、その思想と実践形成に大きな役割を果たしている諏訪哲二は後に、伝習館闘争への参加を振り返り、この闘争を通じ、「教師であることの負性や意味を問い返す方向」へ進み、『現場』への下降」によって自らの教師性の「脱構築」を試みる契機となったと述べている（諏訪 1998：141-145）。

そして、この伝習館闘争から得た教師の権力性の組みかえ、教師性の脱構築という視点に具体的な実践イメージを付与したのが、生活指導運動であった。[4] 一九六四年四月に埼玉県の県立高校教師となった諏訪哲二は、一九七〇年に二校目の「Y高校」に転勤する。この「Y高校」の時代は諏訪の思想と実践形成において大きな節目となる時期であった。その一つが前述の伝習館闘争との出会いであり、もう一つが、生活指導運動の実践家、「C氏」との出会いである。[5]

「C氏の実践を見て、はっきりわかったことは、私が言葉を多用して言葉だけでコミュニケートできると思っていたのにたいし、氏は、言葉は当然使用しながらも、実は、それは補助的手段でしかなかったのである。教師と生徒という権力関係を利用しながら、教師と生徒間・生徒と生徒間の『関係性』を通じての意思疎通を行ない、生徒自身がなんらかの『自己表現』ないしは『自己投企』をせざるをえないように追いこんでいくのが氏の方法であった。氏の『具体アクション』のなかには、教師の権力性を利用しながら、同時に権力の解体に向かわせる、すなわち生徒の『人間的自立』をうながす契機があきらかに存在するように、私には思われた。」（諏訪 1989：46）

このような、「教師と生徒という権力関係」に依拠して生徒の側の自立と自治を促し、それによって「権力の解体」とその組みかえ、再編成を行おうというのが、諏訪における「教師性の脱構築」の実践的戦略であり、その内容であった。

（２）教師性の脱構築

埼玉教育塾の教師たちは、一九八〇年代以降、「プロ教師の会」として、さらには諏訪哲二、河上亮一、藤田敏明らのメンバーが個人名で多くの著作を発表し、教育ジャーナリズムや教師たちの実践活動に一定の影響を及ぼしていく。(6) 彼らの議論は、戦後日本の文脈において、二つの、相反する両義的意味を持っていたということができる。

第一に、彼らは戦後市民社会批判を強力に展開し、市民社会と対抗する教師の政治的権威の独自性を強調した。これは、戦後日本の文脈では、脆弱な政治性をともなう「社会的なるもの」に対し、政治的なるものの自律性を対置する視点を内に含み、したがって、前述の諏訪のことばでいえば、近代学校とその教師性を内部から「脱構築」する視点を含んでいた。たとえば、彼らは教師と親が合意を形成しうるという戦後教育の前提を批判し、むしろ親との対決を強調する議論を展開したが、そこには、親の自然的権威に対し、教師の政治的権威を対置するモチーフがあった。また、一九八〇年代の著作で諏訪は、戦後市民社会の「上昇志向イデオロギー」を批判して以下のように述べる。

「私たちにいわせれば、走るのが速い生徒もいれば、おそい生徒もいる、勉強の好きな生徒もいれば、嫌いな生徒もいる、学力の身につく生徒もいれば、つかない生徒もいるのである。これらは、各人の個性の相違の基本的な一部なのであって、みんなが同じ『力』や同じ『可能性』をもっているわけではないのだ。

このような厳然たる事実を無視して、近代市民社会が歴史的に生み出したインディヴィデュアルの法的レベルにおける『平等性』を、あらゆる局面に適応しようとするから『差別』が発生するのである。私たちが、いまつくりださなければならないのは、このような人間相互のさまざまな局面における差異性を、差別性に決して転化させることのない強靭な『人間観』なのである。」（諏訪 1989：195-196）

ここには、高度成長期以降の市民社会イデオロギーとしての「能力＝平等主義」への批判と対決の姿勢が鮮明に示されている。このような彼らの視点にはあきらかに、家族、学校、企業社会のトライアングルを通じ形成されてきた戦後日本の社会的なるものを批判的に組みかえていく視点を読みとることができる。彼らが伝習館闘争や生活指導運動との関わりを通じて得た「『現場』への下降」と教師であること（教師性）の脱構築の視点は、このような意味において、プロ教師の会としての活動のなかにもたしかに継承されていたということができる。

しかしながら第二に、福祉国家を代替してきた家族、学校、企業社会のトライアングルの解体（小玉 2002）に伴い、一九九〇年代以降、後述するように彼らが対抗しようとしてきた戦後日本における社会的なるものそれ自体の解体が進みつつある。そうした中で、彼らの議論は、近代学校とその教師性を内部から脱構築するというよりはむしろ、それらを社会の変化に抗して擁護する性格を有していく。たとえば近年の彼らの議論の一部には、親の自然的権威との対抗というスタンスは後景に退き、「父性の復権」論の延長線上で教師の権威を擁護しようとする傾向が伺える（河上 1999）。また、諏訪の議論に即していえば、彼は九〇年代の著作で、「近代公教育にできることは、子どもたちを市民（国民）として育成することであり、人間として発達させることではない」としたうえで、その市民像について、以下のように述べる。

「子どもたちが学校や教育や教師に対しておしなべて持つある種の忌避感や敵愾心は、自己の本体が犯される（自己が自己から離脱して、互換可能なものになる）ことへの拒絶と恐怖に由来するように思う。実際、近代以降の天才と称されるほどの芸術家や科学者たちの多くは普通教育にはあまり馴染まなかった。日本の名だたる作家や芸術家たちのほとんども、日常的な生活感覚、市民性などはあまり所有していなかった（いない）

のではないか。」（諏訪 1999：156-159）

ここで諏訪は、学校が育成する市民像として、互換可能性を保証する共通項としての国民性という点を強調するが、それは、「人間相互のさまざまな局面における差異性を、差別性に決して転化させることのない強靭な『人間観』」という八〇年代の主張とは異なるニュアンスのものとなっている。したがってここでの諏訪の主張全体のトーンとしては、教師としての立場から九〇年代以降の日本社会の変化に対して「『国民形成』型」の「旧い学校システム」を擁護するという主張の色合いが強くなってきていることは否めない(7)。

このように、一九九〇年代以降の「社会的なるもの」の解体に伴い、彼らの議論の力点は前者（第一の意味）から後者（第二の意味）へとシフトしてきている。このことによって彼らは、教師を学校改革と新しい公共性の担い手としてとらえることを困難にするアポリアへと、自らを追い込んでしまっているように見える。むしろ、彼らの問題提起を、特に上述の第一の意味において内在的にふまえ、それを教育における公共性の再構築と教師性の組みかえ、脱構築のための視点として徹底させるならば、第二の意味とは異なる筋の議論がつくり出される可能性もあったのではないだろうか。次節では、そうしたいわば彼らの思想と実践における未発の契機について、さらに検討を加え、そこから、九〇年代以降の思想的文脈の変容による教育の再政治化の条件を探ってみたい(8)。

3　政治的コーディネーターとしての教師

(1)　教育的シニシズムを超えて

諏訪が自らの思想と実践を語る際に、敢えて「脱構築」という用語を用いたことの意味に注目してみたい。これは、一九六〇年代までの戦後教育言説にはみられなかった、一九七〇年代以降の新しい展開を示唆するものである。

大澤真幸によれば、脱構築とは、近代的な啓蒙の戦略が失効した一九七〇年代以降の段階での批判の可能性を「最もポジティヴな部分で代表」するものにほかならない。すなわち、近代科学のようなあらかじめ想定された真理の立場からイデオロギーを批判する「啓蒙の戦略にのっとった批判」がもはや有効ではないという前提のもとで提起される新しい批判の様式、それが脱構築である。

だが、この脱構築は、一方では絶えずシニシズムという形の虚偽意識に転化する可能性をはらんでもいる。このシニシズムとは、「自己自身の虚偽性を自覚した虚偽意識」、あるいは「啓蒙された虚偽意識」のことをいう（大澤 1998：205-211）。たとえば一九八〇年代以降、プロ教師の会の言説が、たとえそれが彼らの本意でなかったとしても、結果として教師が権力者であるということを知りつつあえてその権力性に居直るという偽悪的な教師の身振りに正当性を与える効果を持っていたとすれば、彼らの脱構築論もまた、消費社会が生み出した教育的シニシズムとして消費されたということもあながち否定できない。

また、理論的文脈は異なるが、社会哲学者ジジェクもまた、脱構築の思想がはらむシニシズムの危険性を指摘する。ジジェクは、権力関係の絶えざる組みかえにラディカルな民主主義の可能性を見いだす脱構築思想の影響を受けたラクラウやバトラーらの立場を批判し、「『失敗するのはわかっている、でも求め続けなくちゃいけないんだ』という諦念／シニシズムの態度が、ここにはないだろうか」という疑問を提起する（Žižek 2000：93）。

しかしながら、アルチュセールやデリダを経由して一九八〇年代に喧伝されたポスト構造主義の思想が一方で消費社会的シニシズムをもたらしつつも、他方ではフェミニズムや政治思想の領域で確実にポジティヴな成果を生みつつあるということもまた、事実なのではないだろうか。このことをふまえるならば、仮にシニシズムが批判されるべきであるとしても、そこに含まれている脱構築の可能性までも批判されていいということにはならない。たとえば浅田彰は先のジジェクのような議論に対して、「問題は、ジジェクのシニシズム批判そのもの、したがってまたドグマティズムを選び取るというジェスチュアそのものが、きわめてシニカルであるということだ」という批判を加え、そこに六〇年代末のラカン＝アルチュセール主義の一部にみられた過激派の主張に通じかねない危険性を見いだしている（浅田　2001）[9]。

同様のことは、教育的シニシズムについても妥当するのではないか。たしかに教師の権力性を肯定する議論には、ジジェクの表現を用いれば、「どうせ教師の生徒への働きかけが失敗するのはわかっている、でも権力からのがれられない以上、働きかけ続けなくちゃいけないんだ」というシニシズムをもたらす危うさがある。しかしこのようなシニシズム批判は逆に、かえって脱構築以前のドグマや啓蒙主義に陥る危険性を内包させている。それを避けるためには、プロ教師の会のシニシズム的側面に対して啓蒙主義的な批判を加えることではなく、むしろそのシニシズムを内側から超えていくような戦略をこそ、探ることが求められる。

前述の大澤はその鍵を「批判的同伴者としての未来への責任」に求める（大澤 2000：198）。

同様に、教育哲学者のレヴィンソンは過去と未来の裂け目に位置する教師の課題を次のように提起する。

「過去と未来の裂け目のなかで教えるということは、一方で、過去についての教えに関与するということであり、それは過去についての理解と指導、およびそうしたことの基礎となる記憶の保全をめざす。他方で、この裂け目のなかで教えるということはまた、学生が世界の修復にのりだすよう動機づけることでもある。その際同時に、学生の未来を決定し統制しようという誘惑に抵抗しなければならない。」（Levinson 1997：450）

ここで提起されている戦略は、いわば、過去と未来の裂け目のただなかで、そのいずれをも特権化することなく、その両方を重視しようという戦略である。そうした戦略のかなめに位置づくものこそ、教える存在としての教師にほかならない。同じことを、諏訪哲二は、以下のように述べる。

「教師は生徒という『未来』と対面している。その『事実』に責任を感じる感性は、教育や学校や生徒に尽すのではなく、自らの教師的『個』を誠実に生きる限定的な『主体』として、自己を位置づけることができる。教師は旧い文化に内属しつつ、つねに『未来』と向き合っている。旧い文化に規定されつつ、『未来』に未来を語ることを職業的に強いられている。教師は文化を押しつけつつ、文化を超える『明日の主体』と対面している。そのような職業的実践に教師たちの個々の教師的『個』が、どのように感動し、自己限定し、さらに自己投企できるかが大切であろう。」（諏訪 1998：124）

このようなレヴィンソンや諏訪の指摘をふまえれば、教育実践とは、不確定な未来の体現者である子どもが既存の公共的世界に責任を負う大人と出会う場所（トポス）にほかならない。そこでは、無限の未来と無限の過去が衝突することによって、既存の解釈体系によっては了解不可能な出来事が不断に生起する。ここに、教育的シニシズムをその内側から超える、一つのヒントが隠されているとはいえないだろうか。

（2）再政治化の条件

今日の日本の学校が直面しているのは、子どもを保護する「社会的なるもの」が解体しつつある事態にほかならない。たとえば教育社会学者の広田照幸によれば、「旧来の、子どもを丸ごとかかえ込む装置を拡大させて事態に対処しようとする福祉国家的／行政万能論的枠組みに異議を申し立てる」動きが、従来の「進歩派・左派」と「保守派・右派」の対立軸を横断して、双方を巻き込む形で進行しつつあるという（広田 2001：365）。このような状況が、「社会」の呪縛から脱却し、かつてアレントが批判した社会的なるものを、政治的公共性へと組みかえていくこと、すなわち、政治的なるものの復興と自律的な「公共」空間を構築することの現実的可能性を浮上させている。その際、教育の再政治化と公共性の構築のための具体的な条件としては、以下の三点を挙げることができる。

第一は、保護的な枠組みから脱却し、子どもを自己決定の主体としてとらえなおし、その養成プログラムを確立することである。そのためには、子どもや青年の自己決定権を、それ自体固有の意味を持つものとして復権させる必要がある。同世代の影響力にもとづく自治能力養成プログラムは、この観点から位置づけられる必要がある。

第二は、子どもを保護する空間として肥大化してきた学校の機能を再編することである。そのためにまず、教育の機能を公共的な市民を形成する課題と、職業などの社会的なアイデンティティを形成する課題とに分節化し、公教育としての学校の機能を前者の市民形成に限定する一方で、後者のアイデンティティ形成に関わる教育の多様化を推進するという方向性が模索される必要性がある。

第三は、ほかならぬ公共性という概念そのものを、ハンナ・アレントがいう複数性の関係として、すなわち、アイデンティティを共有しない異質な他者間の関係をさす概念としてとらえることである。この点と関わって、諏訪哲二は次のようにいう。

「『他者』や『異者』、自分以外の者に対して『同じ』から接近するのか、『違う』から接近するのかは、教師の生き方とも密接に関連しているが、大きな思想的・文化的問題でもある。『同じ』からはじめる者は、つまり相手を理解する努力を内包していない。」（諏訪 1998：209）

公共性にもとづく教育関係の組みかえは、ここで諏訪がいう「違う」ことを前提にして生徒に向かい合う教師のありようを志向するものである。それは、教師が自己を相対化し、自身の教師性を脱構築しつつ、不確実な未来の体現者である子ども・青年と出会う場所（トポス）として、教育関係を構成し直すことを意味する（Levinson 1997）。このような、いわば生徒を自分とは異なる異質な他者としてとらえる視点が、教師が社会的なるもののエイジェントとしての自らの存在性を脱構築し、新しい公共性と市民教育の担い手、政治的ネットワークのコーディネーターとして自らを再構築していくためにもとめられているのではないだろうか。それは、前節で検討した、過去と未来のいずれをも特権化することなく、その間に立つ教師のありようとも重なるものである。

これら三つの条件はいずれも、一九九〇年代以降の規制緩和による教育改革の文脈のなかで、肯定的、ないしは積極的に語られてきた内容とも部分的に重なるものである。前述のように、埼玉教育塾の教師たちは一九九〇年代以降のこうした改革状況を否定的にとらえる傾向が強い。しかし、九〇年代以降の規制緩和の思想文脈のうちには、彼らが危惧する教育の市場化というベクトルに還元され得ない、教育の再政治化の方向性をも読みとることができ（小玉 2002）、むしろそこにこそ、彼らのもともとのモチーフを発展させる契機が含まれているのではないだろうか。

一九九〇年代以降グローバルに課題として浮上しているのは、「社会」主義への対案としての、政治的なるものの復興と結びついた公共性を構築することにほかならない。そうした視野に立つことなしに、教育の公共性を展望することはできない。すなわち、社会的なるもののエイジェントとして制度化されてきた近代の学校制度を改革し、それに代わる新しい公共性をつくる場として、公教育を構築していく展望が求められている。そのために、近代学校の担い手である教師自身が、自らの存在性（教師性）を脱構築していくことが必要とされている。戦後教育史における教師の権力性批判の系譜は、まさにこの観点から、今日的に継承される可能性をうちに含んでいる。

戦後の啓蒙主義的教師像が、真理のエイジェントとしての教師から、子どもの発達への応答的存在としての教師へと発展してきたとすれば、これに対して、教師の権力性批判の系譜から今日的に継承されうる教師像は、先に挙げた三つの条件をふまえれば、政治的コーディネーターとしての教師であるということができるのではないだろうか。すなわち、一九九〇年代以降の社会的なるものの解体、教育の再政治化という事態は、啓蒙主義的教師像から政治的コーディネーターとしての教師像へという、教師像転換の思想史的文脈を準備しつつあるということができる。

自らの権力存在性に自覚的であり、その脱構築へのセンスをもった政治的コーディネーターとしての教師と、学校に関わる市民、生徒たちとの、異質性を前提とし、論争をうちに含んだ連携こそが、新しい公教育の創出において不可欠である。

〔注〕

（1）本章は、二〇〇〇年九月一七日に行われた教育思想史学会第一〇回大会コロキウム4「戦後日本の教育空間――均質空間のグローバル化・ニヒリズム・戦後日本教育」で当日資料として配布した拙稿「社会的なるものと公共的なるものの間――教師性の脱構築へ向けて」に、大幅な加筆と修正を加えたものである。なお、この配付資料のもととなったのは、二〇〇〇年三月「早稲田国際シンポジウム：二一世紀と教育改革」プログラム掲載の拙稿「社会的なるものと公共的なるものの間――教師性の脱構築へ向けて」、および拙稿「教育の公共性を考える――教師性の脱構築の視点から」（『QEST』6号、オルタ・フォーラムQ、二〇〇〇年三月）である。教育思想史学会コロキウムおよび早稲田国際シンポジウムにおける共同発表者の田中智志、今井康雄、松浦良充の各氏、および、『QEST』誌への執筆の機会をいただいた池田祥子氏に謝意を表する次第である。

（2）この視点から、一九五〇年代におけるコア・カリキュラム連盟批判とそれ以後の教育実践や教育運動の教科を中心とする再編成、教科外教育の周辺化といった事態について、再検討する必要がある。この論点と関わって、たとえば尾崎ムゲンは、教育科学研究会（教科研）が、歴史教育者協議会（歴教協）、数学教育協議会（数教協）などと並んで、「戦後の新教育批判を前面に押し出し、コア・カリキュラム連盟などの運動と激しく対抗した」と述べる（尾崎 1999：180-181）。また、竹内常一は、「数教協・歴教協・教科研に属する人々」が「教育内容の現代化の観点から戦後民間教育運動の再編を情熱的に追求した」のは「マルクス主義の立場に立つと思われた教育研究者がかれらの科学主義的な批判を直接支持はしなかったとしても、それを許容していたからではなかったか」という疑問を呈し、「そうだとすると、マルクス主義に立つ教育研究者が六〇年代論争にたいしてどのようなスタンスをとったのかが明らかにされないかぎり、その全貌と構造が解明されないのではないか」という問題を提起している（竹内 1995：xix-xx）。これらの問題は本章の主題と密接に関連するものであるが、個々の詳細については、あらためて論じる機会を持ちたい。

（3）戦後日本で企業社会が福祉国家を代替し、政治的意味空間が脆弱なものにとどまった点については、（渡辺 1991）、（佐々木 1991）を参照。

（4）埼玉教育塾と生活指導運動との間に組織的な連携や交流があったわけでは必ずしもなく、その直接的影響は、あくまでも以下に述べるような生活指導運動の一実践家「C氏」による諏訪の思想と実践に対するそれとして現れる。だが、諏訪の思想と実践が埼玉教育塾の思想と実践の性格を大きく規定するものである以上、生活指導運動が埼玉教育塾の思想と実践に与えた影響を過小評価することはできない。諏訪によれば、「全共闘運動にシンパシーを持ってきたC氏や私（たち）にとって、戦後民主主義的な『ことば』を発することがすでにひとつの欺瞞でしかないことが共通に了解されていた。『ことば』を発するのではなく、戦後民主主義的に『生き、行動する』ことこそ新しい課題だと考えた。そういう認識からクラス作りや行事にのめり込んでいく。これは戦後教育のなかの『生活指導運動』の成果に学んだものであるが、こうして想い返してみると、『生活指導運動』が戦後の『かなた』崇拝的風潮から脱し、日本ローカルなものに教育を変えようとした土着的な運動であることがよくわかる。」という（諏訪 1998：70）。

（5）諏訪は最初の単著の「あとがき」で、「思想的恩人ともいうべき三人の先輩」として教育学者の五十嵐良雄、高校教師の千葉律夫、九州・柳川市民の武田桂二郎の名を挙げている（諏訪 1989：293）。千葉律夫は高生研（全国高校生活指導研究協議会）の常任委員を務めた中心的実践家の一人である。「C氏」とは、この千葉のことであると考えられる。千葉は後の論文で、「いわゆる個体存在とでもいうべき自分は、関係存在とでもいうべき〝自分〟を媒介にして他者（外界）と交流する。そして、こうした事情は、もちろん生徒にあっても同様であり、したがって実践上の課題は、教師の側の〝自分〟をたてつつ、生徒それぞれの〝自分〟をどうたてさせていくかにあるものであって、生徒の心理の解釈や操作にあるのではない」と述べるが、この千葉の認識は『関係性』を通じての意思疎通」という諏訪の認識と符合している（千葉 2001：69–70）。千葉は一九六〇年代後半に、教育行政学者の持田栄一が組織していた「教育計画会議」という研究会に参加していた（池田 1992）。千葉律夫の思想と実践については、あらためて論じる機会を持ちたい。

（6）一九八〇年代までの彼らの理論とその意味を検討したものとしては、（長谷川 1990）、（長谷川・小玉 1991）を参照。

（7）諏訪自身は、客観的な認識として、「旧い形の学校システム」が「いまや限界に直面している」ことを否定してはいない。問題は、学校の役割としての市民形成の内実をなす市民像の変容、すなわちシティズンシップの変容をいかにとらえるかという点にあると思われる。この点についてはさしあたり、（小玉 2003）を参照されたい。

（8）この点と関わって関曠野は、プロ教師の会を「戦後もっとも明確に教師自身の手で教師論を展開した」グループとして高く評価しつつ、「かれらが新しい『公』という議論を構築できなかったこと」を批判している（関 1998）。

（９）　バトラーやラクラウの脱構築論とジジェクの反脱構築論の対立は、アルチュセールの再生産理論をいかに継承するかをめぐる対立として読むことができる。この論点については（斉藤 2001）も参照。筆者は、脱構築論の立場から再生産理論を内在的に継承することが可能であると考えているが、この点についてはさらに検討する機会を持ちたい。さしあたりは（小玉 1999）を参照されたい。

〔文献〕

Arendt, H., *Human Condition*, The University of Chicago Press, 1958.（志水速雄訳『人間の条件』ちくま学芸文庫、一九九四）
Ariès, Ph., *L'enfant et la vie familiale sous l'ancien régime*, Paris, 1960（杉山光信・杉山恵美子訳『〈子供〉の誕生』、みすず書房、一九八〇）
浅田彰「パウロ＝レーニン的ドグマティズムの復活?――ジジェクの『信仰について』」『批評空間 Web CRITIQUE 2001』、http://www.criticalspace.org/special/asada/010701.html, 2001.7. 二〇〇二年一一月一八日アクセス。
千葉律夫「高校生の共感的関係をどう育てるか」『高校生活指導』一五〇号、二〇〇一（初出は『高校生活指導』八一号、一九八五）
Graham Burchell, Colin Gordon, Peter Miller (ed.), *The Foucault Effect: Studies in governmentality*, Harvester Wheatsheaf, 1991.
Donzelot, J., "The promotion of the social", *Economy and Society*, Vol.17., No.3., 1988.
異議あり!編集部編『下級教員宣言』現代書館、一九七三
海老原治善『戦後日本教育理論小史』国土社、一九八八
長谷川裕「教育における権力の問題―『埼玉教育塾』の教育論を手がかりに―」『一橋論叢』一〇三巻第二号、一九九〇
長谷川裕・小玉重夫「書評・諏訪哲二著『反動的!学校、この民主主義パラダイス』」『高校生活指導』一〇八号、一九九一
広田照幸『教育言説の歴史社会学』名古屋大学出版会、二〇〇一
池田祥子「短大研究室から(1)」埼玉高生研西部通信編集部『西部ブロック通信』四号、一九九二
苅谷剛彦『大衆教育社会のゆくえ』中央公論社、一九九五
河上亮一『学校崩壊』草思社、一九九九

小玉重夫「戦後教育理論における教育と社会の関係認識をめぐる相克の地平──『教育の社会性』認識における国家論的位相への第一次的接近として──」『東京大学教育学部紀要』第二九巻、一九九〇
小玉重夫「戦後教育学における子ども・青年把握を問い直す──保護と進歩のユートピアを超えて──」日本生活指導学会『生活指導研究15』、一九九八
小玉重夫『教育改革と公共性──ボウルズ＝ギンタスからハンナ・アレントへ』東京大学出版会、一九九九
小玉重夫「公教育の構造変容──自由化のパラドクスと『政治』の復権──」『教育社会学研究』第七〇集、二〇〇二
小玉重夫『シティズンシップの教育思想』白澤社、二〇〇三（近刊）
Levinson, N., "Teaching in the Midst of Belatedness: The Paradox of Natality in Hannah Arendt's Educational Thought" *Educational Theory*, Vol.47., No.4., 1997.
中内敏夫・竹内常一・中野光・藤岡貞彦『日本教育の戦後史』三省堂、一九八七
大澤真幸『戦後の思想空間』筑摩書房、一九九八
大澤真幸「責任論──自由な社会の倫理的根拠として」『論座』二〇〇〇年一月号
尾崎ムゲン『日本の教育改革』中央公論新社、一九九九
斉藤寛「公教育批判を生き継ぐ」『教育の可能性を読む』情況出版、二〇〇一
佐々木毅「構造的再編成の政治過程」東京大学社会科学研究所編『現代日本社会5　構造』東京大学出版会、一九九一
関曠野「教師固有の権利をどう実現するか」『ひとネットワーク』第2号、太郎次郎社、一九九八
諏訪哲二『イロニーとしての戦後教育』白順社、一九八九
諏訪哲二『ただの教師に何ができるか』洋泉社、一九九八
諏訪哲二『教師と生徒は〈敵〉である』洋泉社、一九九九
竹内常一『教育のしごと第1巻　生活指導論』青木書店、一九九五
渡辺治「現代日本社会と社会民主主義」東京大学社会科学研究所編『現代日本社会5　構造』東京大学出版会、一九九一
Žižek, S., "Class Struggle or Postmodernism? Yes, please!" in Butler, J., Laclau, E., Žižek, S., *Contingency, Hegemony, Universality*, Verso, 2000.（竹村和子・村山敏勝訳『偶発性・ヘゲモニー・普遍性』青土社、二〇〇二）

第Ⅱ部　「よき教育」の政治学

第4章　戦後保育・幼児教育政策の歩みを見なおす

——幼保二元行政システムのもたらしたもの——

鳥光美緒子

はじめに

戦後教育・福祉改革から五〇年をすぎ、「制度疲労」の声が政策サイドではかまびすしい。また他方では、そのような政策サイドの動向をにらんで、現今の「改革」は改革ではなく改悪であり、戦後改革の民主主義的達成を掘り崩すものであるとの批判も強い。

保育領域において戦後改革がもたらしたものとは何だったのか。

本稿が、戦後改革の産みだした枠組みとして、着目するのは、幼保の二元的行政システムである。その枠組みのもとで、保育行政、幼児教育行政はどのように機能したのか。二元行政のもたらす問題とはどのような形で、察知され、またそれに対する是正が試みられたのか。

今日、規制緩和や地方分権、行政改革など、保育に携わる当該者をこえた、国家的政策のレベルでの動向によって保育システムの再編成が進展し、その延長線上に幼保の二元行政システムの解消もまた日程に組みこまれつつある。

これらの諸動向が、システムの未来に対して及ぼすことの意味を判断する手がかりは、あるのか。

戦後の保育政策・幼児教育政策の歩みを振り返りながら、考えてみたい。

1　戦後改革と幼保の二元行政システム

一九二六年のこと、「幼稚園令」が公布された。

東京朝日新聞は、「幼い児を護る文部省令出る。―幼稚園と保育所を一緒にして向上策―」との、見出しをつけて、この法令を伝えたという（津守ほか 1976：248）。幼稚園の時間数の延長などの措置によって、働く母親の子どもたちをも園児として視野にいれようとした処置を念頭においての報道だった。

当時、幼稚園は文部省によって所管されていたのに対して、託児所は内務省の管轄下に置かれていた。これに対して文部省は、幼稚園令が制定された一九二六年の末に開かれた第一回全国児童保護会議で、内務省に対して、託児所をも幼稚園令の下におき文部省管轄に統一したい、と提案した。だが、内務省は、託児については費用のかかる幼稚園では行いがたいとして、文部省の提案には消極的だった（岡田 1970：41ff.）。

幼稚園数一〇六六カ所、託児所三一二カ所のころである（鷲谷 1968：162）。託児所についての法的な規定はまだなかった。その後、一九三八年、社会事業法を制定するさい、託児施設は、社会事業施設として位置づけられたが、職員、施設・設備などについての規定は、戦前の段階では設けられなかった（岡田 1970：54）。

戦後改革期、幼保の二元行政システムは、再び、本格的な議論の俎上に載せられた。戦後の教育改革の枠組みを決定する教育刷新委員会には、幼稚園教育界の代表的なイデオローグ、倉橋惣三が参加していた。倉橋は、六三制度の整備を扱う第二特別委員会において、四歳未満を厚生省所轄、四歳以上を文部省所轄とする、年齢を縦割りに区切った幼保一元化構想を提案した。そしてさらにそのような一元体制を前提にした上で、就学前の二年、最低でも五歳からの一年を義務化するよう、提案した。

だが、幼稚園、保育所ともに就学年齢の児童を母数として、あわせてもその就園率が二割にみたない頃であり、時期尚早を理由に幼保一元化は見送られた。幼稚園を学校体系の一部として位置づけることは、総会で決議されたが、義務化については、近い将来に「希望する」という表現で建議にもりこまれるにとどまった（岡田 1970：107ff.）。

この教育刷新委員会の建議を受けて、一九四七年、幼稚園は、学校教育法によって「学校」体系の一部として規定された。

他方保育所については、同じく一九四七年、児童福祉法によって「児童福祉施設」として位置づけられた。とりわけ重要なのは、その二四条において、「市町村長」は、「保育に欠ける」乳幼児を保育所に対して入所「措置」しなくてはならないと、規定されたことだった。あわせて保育所の設置費や経費の公的負担や最低基準についても定められた。

寺脇は児童福祉法の成立過程を論じて、「このように保育所での保育を保障する公的な責任を明らかにしたことは画期的」だった、と評価した（『戦後保育史』1-218）。

またある保母は、児童福祉法が公布されたときのことを回想して、「それまでの『託児所』的な考え方から、子どもが育てられる権利を保障する『保育所』という構想」で、戦後は保育が始められた、と述べた。児童福祉法は、保育を慈恵的な保護から「権利」へと捉え返す、その準拠枠になるものとして受け止められたのである（丸尾 1954［『保育運動と保育団体』：99］）[1]。

しかしながら今日、五〇年以上をへて振り返ってみるとき、幼保の一元化が見送られたことの意味は大きかったといわざるをえない。戦後改革はたんに、未解決の問題として戦前の幼保の二元体制を残したというにとどまらない、それはほとんど、別の枠組みと新しい問題を、創り出したように思える。

同じ年齢期の子どもを、「保育に欠ける」か「欠けない」かに応じて、保育所と幼稚園という別個の施設が担う、世界的にもまれな制度が誕生した。(2) 保育所についての法的整備が戦前とくらべて格段に進捗したことによって、幼稚園と保育所の、教育内容、施設設備、保育担当者の資格・待遇、そして保護者の経済的負担の不公平、そしてなにより公的扶助の方式の違いもまた、歴然とした。

幼稚園は学校であるが、義務教育ではない。保護者は、自由契約制度にもとづき、直接にそれぞれの幼稚園と契約を交わすのであり、当然ながら、授業料を支払う。保育料の負担は応益負担が原則である。戦前以来、幼稚園の場合、私立幼稚園が教育需要の大部分を引き受けてきたが、その私立優位傾向は戦後も存続した。学校教育法において、学校は学校法人によって設立されることが原則として規定されたものの、幼稚園と養護学校については、実態を認める形で、学校法人立よりも緩い規制条件で運営される個人立、宗教法人立も特例として認められた。(3) 私立幼稚園に対する国家的補助は、その規定もなく、公教育としての幼児教育の性格は、曖昧なままに放置されたといっていい。

他方、保育所は、助産施設、乳児院、児童厚生施設、養護施設、精神薄弱児施設、……などとならんで児童福祉施設の一つとして、措置制度のもとに置かれた。それらの設置、運営にかかる費用は、民間立公立を問わず、公費の補助によってまかなわれることとされた。保育料は、応能負担が原則とされた。運営費については、国家からの補助が一〇分の八、都道府県が一〇分の一、そして市町村が一〇分の一とされ、最低基準にもとづく「認可」制度をとること、また認可を受けた保育所に対する監督規定についても児童福祉法によって定められた。

保護者にとっての負担の違いは明らかだろう。そして、それ以上にその後の幼稚園行政、保育所行政に多大な影響を及ぼしたのは、設置者、および地方自治体、とくに当該の市町村にとっての負担の相違である。保育所の設置に対しては設置、運営ともに公的補助が認められたのに対して、幼稚園にはそれに相当するものはない。そのため設置者の視点からみると、保育所の方が選好されやすい。他方、地方自治体の視点に即していえば、財政力の乏しい市町村にとっては保育所の設置は負担が大きいということにもなる。

国家的な行政レベルへの影響も無視できない。一九五〇年代以降、保育所に対する需要が急速に膨れ上がる中で、公的費用のもとでの保育所運営を定めた措置制度は、厚生省関係予算を圧迫し、保育所の増設に対する積極的な姿勢をとることを困難にした。他方、文部省サイドにとって、幼保の二元行政システムは、幼稚園の義務化ないし就学年齢引き下げ問題という、戦後改革が残した課題と直接に連関していた。二元システムが解消されない限り、「義務化」もまたありえないからである。就学前段階を教育制度の一環として捉え、文部省の管轄のもとにおくという提案が、その後、何度か文部省サイドによって提案されていく。

戦後直後には、保育所業界からも幼稚園業界からも、強く、「一元化」が要望されていた。またその後も、一九六〇年代、さらに一九八〇年代に一元化論は、声高に議論された。だがそれにもかかわらず、その後五〇年、一元化への合意はえられない。厚生・文部両者、各都道府県と市町村、そして幼稚園・保育所業界関係者それぞれが、「二元体制」のもとで産まれた複雑な権益関係の枠内で、急激に変化する幼児の保育と教育に対する需要に対応することをせまられていく。

2　〈保育所の幼稚園化〉と〈幼稚園の保育所化〉

二元的行政システムのもたらす矛盾は、まずは、〈保育所の幼稚園化〉〈幼稚園の保育所化〉として表面化した。保育所と幼稚園の混同の問題である。一方に法的には保育所であるにもかかわらず、〈保育に欠けない〉子どもたちが通ってくる施設があり、そして他方には、法的な根拠としては幼稚園であるにもかかわらず、長時間の預かり保育が行われ、事実上、保育園として機能している園のあることが、問題として指摘されたのである。

そもそも、二元体制というのは、行政的に創り出されたことにすぎない。保育・教育に対する保護者の需要そのものが、二元的に構成されていることなどあり得ない以上、このような事態が出現することは不思議とはいえまい。しかもそれに、設置者、そして当該市町村の、補助金に対する損得勘定がからめば、地域の実態に応じて、需要に対する多様な対応形態が帰結したとしても、それもまた容易に推測できることである。

また、戦後改革直後には厚生省、文部省ともに、混同を許容する発言を続けていた。たとえば、一九四七年、児童福祉法の制定をめぐる国会審議でのこと、二元体制は社会階層による差別につながるのではないか、との質問が山崎道子議員から文部大臣に対して出されたのに対して、当時の森戸辰夫文相は、将来の義務化をにらんで、当面は実態としての幼保の接近を見守る方向でいきたい、と答えている(『戦後保育史』: 1-436)[4]。

他方厚生省サイドも、一九四八年に刊行された児童福祉法の解説書で、厚生省児童局企画課長が、「二枚看板論」といわれる内容を主張した。つまり、保育所でも、幼稚園と同じ保育内容をほどこすことができるなら、その保育所は幼稚園としての認可を受けてもかまわないし、また逆に、幼稚園が婦人の解放という実態をもつなら、保育所としての認可を受けてもかまわない、というのである(『戦後保育史』: 1-437)。

だが、一九五〇年代に入るころから、両省の対応が、変化していく。最初は厚生省だった。

一九五一年に厚生省の高田正巳児童局長が、幼稚園が教育施設であるのに対して、保育所は「教育という高度な要求をみたす以前の」子どもの生活権に直接につながるものであるとして、両者の目的の違いを強調した(高田 1951『保育制度改革構想』: 89f.)[5]。

一九五二年、第一二回国会衆議院文部委員会でのこと、自由党の若林義隆議員から、幼稚園と保育所の機能の限界についての陳情が来ている、との質問が出された。地方には、幼稚園という名目だが、法的には保育所という施設が増えている。これはどうしたわけか、というのである。

文部省初等中等局長の回答によれば、保育施設に対しては所管の厚生省から相当額の補助金がでるのに対して、幼稚園の場合、地方自治体からの支出が些少であり、補助金をもらうため、保育所を表看板にしているというのが実情であるという。そして幼稚園の補助金についても、要求しているところである、という（第12回国会衆議院文部委員会会議録、『保育運動と保育団体』：135）。

厚生、文部両省が、幼稚園と保育所の機能を区別し、その適正配置を強調することによって、結果として「保育所の幼稚園化」「幼稚園の保育所化」が、問題として構成されていった（『戦後保育史』：1-474ff.）。

驚かされるのは、この「保育所の幼稚園化」「幼稚園の保育所化」問題の息の長さである。

一九五二年、厚生省児童局長の吉見静江は、ある座談会で、これらの問題に触れて、「一つの村、一つの町に幼稚園と保育所の両方がそろっていない」といった事態がある、と語った。「東京なら両方あるが、地方に行くとたいてい保育所一つ。そこでその一つの保育所になんでももっていく。保育所の方は、何でもひきうけねばならぬことになる」（『保育運動と保育団体』：135）。

一九六四年の厚生省の調査もまた、そのような、いわば「全村的保育」のための、幼稚園と保育所の両機能化といった実態を問題として指摘した（『戦後保育史』：2-207ff.）。

一九六九年、中央教育審議会が、わが国の学校教育の問題点を列挙するにあたって、その一つとして「幼保の合理的調整」を挙げた。そしてその背景として、五歳児のうち、全国平均では幼稚園に四五・七％、保育所に二二・六％、収容されているのに対して、香川県では八〇・五％が幼稚園、他方、長野県では幼稚園に入っているのが一二・一％、保育所に六二・三％という（一九六五年現在）、地域的偏在の実態があったと指摘した（『戦後保育史』：2-375f.）。

さらに一九七五年、行政管理庁の行政監察報告書は、ほとんどいらだたしげな調子で、いまだ解消されていない「保育所の幼稚園化」について、厚生、文部両省に警告を発した（『保育制度改革構想』261ff.）。その間、文部省、厚生省の回答は、ほとんど変わらない。問題は、保育所と幼稚園の絶対的な量的不足と地域的偏在である、というのである。対応策として提案されるのは、保育所、幼稚園、それぞれの量的拡充である。だが、義務教育の整備に追われる文部省にしろ、また、朝鮮戦争後の不況下、保育予算の抑制をせまられる厚生省にしろ、量的拡充を本格的に行う状況にはなかった。

文部、厚生両省が、対策を講じていなかったわけではない。最初に、二元的行政システム問題に関して積極的な提言へと転じたのは、文部省だった。一九六三年、文部省初等中等教育局長と厚生省児童局長の共同通達「幼稚園と保育所の関係について」が、都道府県知事と教育委員会あてに出された（『戦後保育史』：2-19f.）。文部省側からのはたらきかけによるものだったという（文部省初等中等局長福田繁の回想．『戦後保育史』：2-365f.）。上述の一九七五年の行政監察報告書は、後に、この通達もまた、結局のところ、単に、知事や教育委員会に対して指示を出すことに終わり、なんら実行措置がとられていないと、きびしく批判した。共同通達がうたいあげたはずの文部・厚生の調整は、実際には行われなかったものと見られる。その後文部省と厚生省はそれぞれ独自に振興計画を立案した。文部省は、一九六四年を初年度に、就園率を六〇％引き上げることを目標に、幼稚園振興計画（七カ年計画）を、他方、厚生省側も少し遅れて一九六七年度を初年度に保育所緊急整備五カ年計画を開始した。

この共同通達は、その後引き続く、文部省側からの攻勢の最初だった。その意図するところは、就学前年齢の引き下げをにらんでの、幼保一元化の方向の模索である。

一九六三年には当時の灘尾弘吉文相が、幼稚園と保育所の混同に言及し、そのような混同がおきるというのも要は、幼年期の教育が重視されだしているということだろう、と発言。六三制の再検討、就学前年齢の引き下げを提案した（『戦後保育史』：2-354）。

その後も歴代の文相は同種の発言を繰り返した（『戦後保育史』：2-30f., 2-369f.）。そして戦後改革から二〇年にあたる一九六七年には、剱木亨弘文相が、中教審に「今後における学校教育の総合的な拡充整備のための基本的施策について」諮問。その最終答申として出されたのが、いわゆる四六答申、第三の教育改革を自称する答申である。

3　四六答申と文部省の一元化構想の挫折

四六答申で、幼児教育について言及しているところは、二カ所である。一つは、六三制度見直しにかかわる先導的試行の一つとして、「幼年学校」構想に触れているところである。さらに、この「幼年学校」構想が中長期的な課題にかかわるのに対して、第二に、当面の課題として、「幼稚園教育の積極的な普及充実」について述べているところである。

幼年学校構想は、四・五歳から小学校の低学年までの児童を、同じ教育機関で教育することによって、幼年期の教育効果を高めることができるのではないか、という根拠にもとづいて提案された（資料は『戦後保育史』111ff.）。

他方、当面の課題とされた「幼稚園教育の積極的な普及充実」のために提案されたのは、次の四点である（『戦後保育史』：115ff.）。

（1）　入園を希望するすべての五歳児を就園させることを目的に、幼稚園の拡充を計画すること。

（2）　公立・私立の適正な地域配置と、就学上の経済負担の軽減のための財政上の措置の検討。

（3）幼児教育の研究成果にもとづく教育課程の改善。
（4）個人立の幼稚園の、学校法人立幼稚園への転換。
これらのうち保育関係者の関心がとりわけ集中したのは、次の三点についてだった。

第一には、「幼年学校」構想である。これは保育関係者をこえて広く話題をよんだものだが、関係諸団体からは批判的な見解が圧倒的だった。私立幼稚園関係団体も、また、保育所関係団体も、批判の声をあげた。発達保障を教育の基本に掲げる保育運動団体も、幼年学校構想の背後にある発達観は、能力主義にもとづく序列化をもたらすものであるとして、真っ向から批判した（持田 1971：195ff.，宍戸 1989：226ff.）。

一九六〇年代から七〇年代にかけて教育界を席巻した「教育の現代化」論や「ヘッド・スタート計画」などは、幼児教育界でも広く関心を呼んだが、(6) 結果的には、幼児の知的発達や幼小接続の教育プログラムについての研究は、根づかないままに終わった。

二点目は、私立幼稚園問題である。

答申はこれにかかわって三点、提案している。第一に、幼稚園の七〇%を私立幼稚園が占めている現状を公私のバランスのとれたものに是正すること。第二に、公立と同等の水準の教育水準を私立幼稚園に確保するため、市町村と私立幼稚園に対して「強力な財政援助」を行うこと。そして第三に個人立幼稚園の学校法人立幼稚園への転換。公立幼稚園の比率を増加させる一方、私立幼稚園に対しては、個人立から学校法人立への転換を促すことと引き替えに、助成金を交付しようとする案、とみていい。

これらは私立幼稚園の経営に直接に関係する問題だっただけに、私立幼稚園関係団体を中心に、私立幼稚園つぶしであるとの批判が相次いだ。とくに、個人立から学校法人立の転換の問題提起は、私立幼稚園内部の利害関係の相違をきわだたせ、結果的に私立幼稚園関係団体の分裂を引き起こすことにもつながった（『保育運動と保育団体論』

268ff.参照)。

一九七五年、私立学校法改正と私立学校振興助成法によって、小学校以上の私学と同様、私立幼稚園にも、学校運営に関する費用の一部に対して助成が行われることになったが、個人立幼稚園の問題は、現在なお、未解決のままに残されている(『戦後保育史』:2-156ff.、持田1968［『保育制度改革構想』185ff.］)。

三点目は、幼保一元化の提案についてである。実はこの問題は、答申では、「当面の課題」として挙げられた、上記の四項目の中にも掲げられていない。ただ、「当面の課題」についての説明文の中で、公私の地域的な適正配置の問題について解説したのに続いて、補足的に、次のように述べられていたにすぎない。

「さらに、保育所との関係については、経過的には〝保育に欠ける幼児〟は保育所において幼稚園に準ずる教育が受けられるようにすることを当面の目標とすべきである。しかしながら〝保育に欠ける幼児〟にもその教育は幼稚園として平等に行うのが原則であるから、将来は、幼稚園として必要な条件を具備した保育所に対しては、幼稚園としての地位をあわせて付与する方法を検討すべきである」(『戦後保育史』:2-117)。

つまり、可能であれば、「希望するすべての五歳児の就学」が望ましい、という。だが、現実に幼稚園の整備計画がおいつかないところから、当面の施策として、「経過的に」保育所でも「幼稚園に準ずる」教育を受けられるようにし、保育所が必要な条件を具備したあかつきには、保育所にも幼稚園としての地位を付与する、というのが中教審の提案だった。

中教審答申は、「一元化」という言葉を使っているわけではない。だが、上記の提案を、実質的に文部省主導の一元化構想と捉えた保育所関係者と厚生省は、この提案に対してただちに反応した。

厚生省の諮問機関である中央児童福祉審議会保育対策特別部会は、中教審の最終答申が出される前日の六月一〇日、「保育と教育はどうあるべきか」についての意見を公表し、さらに同年一〇月には「保育所における幼児教育のあり方について」と銘うって、第二回目の意見具申を行った（資料は『保育制度改革構想』224ff.）。

第一回意見具申では、養護と教育を不離一体のものとして行う保育所と、教育のみをその機能とする幼稚園とは、その役割が違うのであるから、その違いを無視して保育所が幼稚園としての役割をもつということは、児童福祉の立場からみて適切とは思われないとして、幼保の機能と役割の相違を強調した。

さらに第二回意見具申では、「制度の一元化論」の可能性を否定はしないものの、現段階では、二元制度のもとでそれぞれの機能をよりよく発揮させるよう努力すべきだ、と提言した。

文部省の仕掛けは、結局のところ宙に浮く。

一九七七年には、総合的大局的見地から、幼稚園・保育所について審議する場が必要であるとの、行政管理庁の勧告（1975）（『保育制度改革構想』261ff.）をうけて、「幼稚園及び保育所に関する懇談会」が設置された。文部省、厚生省双方の審議関係者の合同の会議である。だが、四年後の一九八一年に提出された同懇談会の報告書は、「関連する諸問題が複雑多岐にわたるために、現段階で将来の明確な方向を示すことは困難である」と、現状打開の手だてがないことを告白するにとどまった（『保育制度改革構想』276ff.）。

厚生、文部、双方の自助努力によっては解決の方向が見いだされない中、一九八〇年代以降、保育所・幼稚園問題解決の主導権は、第二次臨時調整審議会、さらには、第三次行政改革推進審議会など、文部・厚生をこえた国家的な政策レベルで進展する行財政の「整理合理化」を追求する圧力にゆだねられていく。

4 高度成長期の保育所政策と革新自治体の貢献

その間、厚生省は、急増する保育ニーズにどのように対応するかという、足下の問題に追われていた。

一九四六年には七八三カ所だった保育所は、一九五〇年には三六八四カ所となり、幼稚園の二一〇〇カ所を上回った。急激な保育所増加にともなう保育所予算の増大と、さらには朝鮮戦争後の不況という財政的な圧力も加わり、一九五〇年代以降、厚生省はほぼ一貫して、保育所増設に対して抑制的な姿勢をとり続ける（鷲谷 1968：165ff.）。「保育に欠ける」以外の幼児もまた保育所で保育されている実態に鑑みて、保育所入所基準を厳正化し、保育予算の削減と連動して保育料を値上げする。一九五六年以降は、行政管理庁の監査も開始され、それを受けて、保育料の徴収方式や入所措置基準など、保育行政の合理化の観点から、制度改革が試みられていく（鷲谷 1968：165ff.）。

だがこのような抑制的な政策措置にもかかわらず、保育需要は増え続けた。高騰する保育料と基準に縛られた認可保育所と、増大し多様化する保育需要との隙間を埋めるようにして、無認可施設が増大していく。

厚生省の調査は、一九五八年に、四一五カ所だった無認可保育所が、一九六三年一二月現在では総数一九六一カ所に増加していること、また、最低基準に満たない、定員六〇名以下の小規模の無認可施設が都市部に急増していることを明らかにした。さらに一九六七年に東京都社会福祉協議会が東京都内の無認可施設に対して行った調査では、無認可施設の多くが、ゼロ歳児保育と長時間保育を行っていることもまた、明らかになった（『戦後保育史』：2-207ff.）。ゼロ歳児保育や長時間保育を行なっている認可保育所はほとんどなかった頃のことである。それらに対する需要をカバーしたのは、公的な監督の外におかれた、無認可施設だったのである。

この時期、厚生省の施策方針は、家庭保育重視の保育所抑制という基本原則と、現実に急増する保育需要とによって、二つの方向へと切り裂かれていたように思われる。

たとえば、一九六三年の『児童福祉白書』は、増大する非行、情緒障害や神経症、自殺、保育努力の喪失、母性愛の喪失、人工妊娠中絶、心身障害児の増加など、高度経済成長政策が児童の福祉に与える阻害現象を「児童の危機」として特徴づけ、それらを引き起こした重要な要因が、家族制度の崩壊にある、と指摘した。そして、ホスピタリズムという概念を提唱したボールビィらを参照しつつ、家庭中心の児童福祉政策を打ち出した（鷲谷 1968：187ff.）。

一九六二年に、中央児童福祉審議会にもうけられた保育制度特別部会もまた、一九六三年に「保育問題をこう考える」と題する答申で、「両親による愛情にみちた家庭保育」を保育の第一原則として提示した（資料は『保育制度改革構想』151ff.）。

さらに、児童福祉法成立二五年を契機に設置された中央児童福祉審議会の中間答申、「当面推進すべき児童福祉対策」（1973）も、現実にゼロ歳児保育への需要が高まっていることを認識しつつも、保育所で乳児保育を行うことに対しては批判的な見解を示した。むしろ、保育休業制度や社会保障給付などを含めて、母親が家庭において乳児を保育できるような体制の整備が必要である、と提言する（『戦後保育史』：2-284ff.）。

だが、その一方では、女子雇用者中に占める既婚者の割合は一九六五年には、半数をこえた（鷲谷 1968）。厚生省も、実態として急増する保育需要に対しては何らかの対処をせざるをえず、一九六七年度を初年度とする保育所緊急整備五カ年計画をスタートさせた。実施された計画は、当初の到達目標の三九万人分収容をこえて、四三万人以上の増加分を確保した。だが、需要は供給を上回るスピードで増加していった。新たな調査にもとづき一九七五年度には要保護児童数一六三万五〇〇〇人とみこんで、一九七一年度を初年度とする第二次保育所緊急整備計画が立案された。一九七五年には、予定を二一万人分をこえて計画達成するが、だがさらに需要はそれを上回るといった事態が繰り返された（『戦後保育史』2-218）。

このような後追い的な国の保育所政策にかわって、高まる要望に応える政策を打ち出したのは、地方自治体、とりわけ、六〇年代後半以降、各地で誕生しつつあった革新政権だった。代表的例として、東京都のケースを見てみよう（以下の記述については『戦後保育史』：2-261ff.を参照）。

一九六七年、東京都知事に当選した社会・共産両党推薦の美濃部亮吉は、最初の記者会見ですでに、最重点施策として保育政策を打ち出した。すでに都議会で議決されていた昭和四二（1967）年度予算を組み替えてでも、保育対策に経費を投入するという、異例の扱いだった。

翌一九六八年度以降、美濃部都政が続いた三期一二年間に保育予算は大幅に増加した。実施された主な保育対策の内容は、以下の四点である。

第一に認可保育所の増設。第二に無認可保育所の助成（認可を促進するための助成、運営費・施設改善費の助成）。第三に、多様な需要に応じるための保育事業の充実として、零歳児保育、保育時間延長、完全給食、障害児保育などの実施。さらに第四として、都からの補助による、職員給与の公私格差是正。

保育所の措置費としては、国庫補助が一〇分の八、都道府県一〇分の一、市町村が一〇分の一であることが、法的に定められていたが、美濃部都政の場合、都が大幅に補助金などを上乗せすることで市区町村の負担を軽くし、それによって保育所の増設を誘発した。また、零歳児保育、保育時間延長などについては、保育労働組合などから労働条件にかかわって反対があったものの、それに対しては保母を増員し、その分の人件費を都が拠出することで、これらの保育対策を強力に推進した。

だが、このような、地方自治体における福祉分野に対する寛容な支出は、結果として超過負担という問題を引き起こした。とりわけ、一九七三年のオイルショック以降は、地方自治体の財政危機が顕在化し、福祉行政の見直しが叫ばれるようになる。なかでも保育所に対する風当たりは強く、保育所の建設は控えられ、保育料の値上げが相次いだ（『戦後保育史』：298ff.）。

保育に対する需要も変化しつつあった。六〇年代、七〇年代には毎年、九万人から一〇万人規模で、増加し続けていた保育所の措置児童数は、一九八一年をピークに減少に転じた（村山 1986）。とりわけ、公立保育所の措置児童数の減少は顕著だった。認可保育所の「定員割れ」問題が深刻化し、統廃合も進展した（須恵・渡辺・浦辺 1982、一氏 1986 ほか）。

そしてその一方では、ベビーホテルなど、営利目的の新しいタイプの無認可施設が一九七五年頃から増加し始めた（『戦後保育史』：311）。乳児保育、延長保育、夜間保育など、認可保育所では担えない保育需要を吸収して、ベビーホテルなどの無認可施設は、一九八〇年代を通じて増殖していく（高木・横田 1978、さらに『保育白書 1981』の「ベビーホテル問題小特集」等を参照）。

5　転換期／「コスト」という圧力の中で

国政レベルでも財政危機は顕在化しつつあった。

一九八一年、第二次臨時行政調査会の第一次答申は、「この数年の政府の財政は、危機というほかない状態に陥っている」と指摘し、「行革は国も地方もまったなし」であるとして、財政危機の打開の活路を行政改革に求めた。そして、厚生省の保育所行政は、その主要なターゲットと目されることになる（関 1982）。

まず第一に、補助金の削減である。

措置費における国庫負担率については、その名目上の支出（国庫負担率八割）と実質的国庫負担の支出の落差とそれにともなう地方自治体の超過負担問題がこれまでにも指摘され、一九七三年には国を訴訟相手とする地方自治体の訴訟問題にも発展していた（摂津訴訟）（『戦後保育史』：2-298ff.）。これに対して、一九八〇年代には、従来のような、国庫負担金の計算方式の操作による負担抑制のみならず、実際に国庫負担率の引き下げが、実施された。

一九八五年には、国庫負担率は、一〇分の八から一〇分の七に、さらにその翌年一九八六年には、一〇分の七から一〇分の五へと引き下げられた。これによって一九八一年、二七九四億円だった保育予算は、一九八六年度には六四％、一〇〇〇億円以上、削減された（垣内 1986）。

さらに注目されるのが、措置制度を支える、公的な費用負担の方式そのものについての見直しが、政府部内で開始されたことである。そして、そのような保育所の公的費用負担の見直しとかかわって、新しいタイプの一元化構想が浮上する。幼保の財政基盤そのものを幼稚園側にそろえる方向で幼保を一元化する案が、臨教審の周辺で浮上し、討議されていくのである。

以下、それにかかわる動きとして三つの動向と提案に着目する。

第一に、公的費用負担の方式の見直しにかかわって、当時、多方面から注目され、議論を呼んだ提案として、一九八五年に提出された大蔵省大臣官房財政金融研究室委嘱チームの報告書、「ソフトノミックス・フォローアップ研究報告書―22」に注目したい（『保育白書』1985, 294f.）。同報告書は、公共経済の非効率性を問題にするにあたって、保育サービスを「卑近な例」としてとりあげて、次のような問題点と対処策を提案した。

問題とされたのは、公共経済においては受益と負担との関係が、利用者にとって明白ではない、という点である。保育サービスの場合、幼児一人あたりの保育所運営費は、月額三万六千円だが、利用者の平均支払い月額は七五〇〇円程度である。自己負担率は約二〇％である。このような仕組みを支えているのは、莫大な公費負担であり、その内訳をいえば国費負担が二七〇〇億円、地方公共団体の支出とあわせると六七〇〇億円弱である。これらも、基本的には利用者も含めた納税者の負担によるものであるにもかかわらず、利用者にはその事実が見えにくい（見えない補助金）。つまり、見えない補助金が間に介在するため、受益と負担の関係が理解しづらい。結果として、コスト意識を利用者側がもつことが難しく、そのため、保育サービスに対して過剰な需要が誘発される傾向があると、同報告書は指摘した。

解決策として提示されたのは、隠れた補助金の解消である。そのための方策として提示されたのは、まず第一に、経済的に恵まれていないとはいえない層への補助金支給を見直すこと、そして第二に、コスト意識が必ずしも十分とはいえない公的部門の直接の保育サービスからの撤退。公的機能は、安全面や衛生面でのチェック機能に限定する。低所得者層に対しては、補助金を残すが、それについては、保育切符の手配で事足りる、とした。

つまり、実際の保育所運営については民間にゆだね、公的責任の範囲はそのチェック機能にとどめる。さらに費用については応益負担を原則とし、その上で、経済的に恵まれない層に対する保障としては、保育切符制を導入すればよい、というのである。

第二に注目したいのは、臨時教育審議会における幼保問題についての議論である（垣内 1985 を参照）。その答申自体は、幼稚園と保育所の機能の相違を確認するもので、一九七五年の行政監察報告書に至るこれまでの諸提言の枠を大きく踏み出すものではなかった。

注目されるのは、臨教審での幼保の議論にかかわる国会審議の中で、森喜朗前文部大臣（当時）が、これまでの二元論を踏みこえて、「新しい考え方で仕組みを少し代えてみたらどうか」と提案していることである。幼稚園も保育所もどちらも、実質的には似たようなことをやっているではないか。幼稚園だろうと保育所だろうと、名前はどちらでもいい。両方一緒に「幼稚園の機能もやる。しかし保育に欠けるというご家庭があるならば午後まである いは夜までお預かりいただく」（垣内 1985 から再引用：18f.）。

さらに、このような森発言に呼応するように、日本私立幼稚園連合会は、行財政制度の変革をも含意した一元化構想（「幼児教育の一層の充実振興に関する基本構想」）を提示した（『保育制度改革構想』324f.）。

この構想は、幼児教育・保育施設を、零歳から二歳までを主とする施設と三歳以上を預かる施設とに大別し、「保育に欠ける」幼児についても、同一施設で、全日保育、延長保育などの方策で対応する、というものである。

年齢別に区切った一元化構想、それ自体は必ずしも目新しい提案とはいえないかもしれない。特徴的なのは、幼児教育と保育に対する公的扶助の方式に関して、立ち入って次のように論じている点である。つまり、「幼児教育に本質的に求められる独自性と行政介入からの独立を堅持」し、「保護者に対する直接助成方式への転換を図るべきである、と（『保育制度改革構想』325）。

施設に対する「行政介入からの独立」を前提とした保護者への「直接助成方式」とは要するに、保育切符制、つまりバウチャー制のことである。

このような日本私立幼稚園連合会の改革構想は、私立幼稚園に対する補助金受託資格の問題をめぐって紛糾し、分裂していた私立幼稚園関係三団体が、一九八四年、日本私立幼稚園連合会として再統一された際、その発足にあたって提示されたものだった。

垣内は私立幼稚園三団体の再統合の立て役者になったのが、自民党の西岡武夫前衆議院議員であると指摘し、あわせてこの直接助成方式を保育界にもちこんだのが、ほかならぬその西岡だったと示唆している（垣内1985：21f.）。

このような私立幼稚園連合会の提案に対しては、保育所関係の三団体（日本保育協会・全社協保育協議会・全国私立保育園連盟）が共同で、「緊迫化する保育所問題」を出してただちに次のように反論した。すなわち、先の一元化構想は、園児減にともなう経営危機をかかえた私立幼稚園業界が、児童福祉施設である保育所に支出されている措置費国庫負担金を、何らかの形で幼稚園・保育所の両方に適用させていこうとするものである、と（『保育制度改革構想』326f.）。

だが、このような反対の声を押しつぶすように、一九九〇年代、措置制度の抜本的な見直しと、それにもとづく、幼保の二元行政システムの解消への動きは、加速化する。

6　規制緩和、地方分権、行政改革の圧力の中で／保育システムの再編成

およそ一九九〇年ころを境に、保育所政策は、保育所抑制策から積極的な保育所活用政策へと転換した。きっかけは少子化に対する危機意識だった。

それまで、家庭保育第一主義を唱え、「三歳児神話」を主張していた厚生省は一転、零歳児からの保育を含め、多様なニーズに応える保育事業を、全面展開するようになる。

さらにこれら、従来からの「保育に欠ける」子どもを対象とする保育提供に加えて、専業主婦とその子どもたちを対象とする、子育て支援サービス（リフレッシュのための一時的保育、相談事業など）をもまた、保育所の重要な機能とされた。保育所は、地域の子育てセンターとして位置づけられていくのである。

このような積極的な保育政策の展開を決定的にしたのが、一九九四年に策定された「今後の子育て支援のための施策の基本的方向について」、通称「エンゼルプラン」である。エンゼルプランは、文部・厚生・労働・建設の四大臣の合意にもとづく計画策定だったが、実際には厚生以外の省は予算化を見送り、一九九五年には、厚生省のみが、それを「緊急保育対策五カ年事業」として予算化した。

多様なニーズに応じる保育にしろ、また地域の子育てセンターとしての保育所の機能にしろ、この時点で初めて事業化されたわけではない。すでに一九八〇年代以来、何度か、それらの事業化は試みられてきた。

だがそれら先行する諸事業に比して特徴的なことは、エンゼルプランにおいては、数値目標が設定されたことである。これは、エンゼルプランに先立つゴールドプランにおいて導入された手法だった。これによって政策の実効性は飛躍的に向上した。さらに、厚生省はその実効性をいっそう確実にするため、地方自治体に地方児童育成計画（地方版エンゼルプラン）の作成を指示した（実方 1996）。

一九九〇年代の保育所積極活用策において特徴的なことは、これら、保育内容の機能にかかわる積極策の推進が、保育制度、つまり行政の仕組みや費用負担にかかわる制度の見直しと、いわばセットで進展したことである。焦点は「措置制度」の見直し、である。

一九九三年厚生省に設置された「保育問題検討会」は、措置制度のもとでの入所方式を、保護者と個々の保育施設との直接契約方式に変えることを審議する。検討会は紛糾し、措置制度の堅持と見直し案との両論併記に終ったが（『保育白書 1994』156ff.）、その後この問題は再度、中央児童福祉審議会の討議にかけられ、直接入所方式と応益負担を提言する同審議会の答申（「少子化社会にふさわしい保育システムについて」）をうけて、一九九七年、それらを実施可能にする方向での児童福祉法の改正が行われた（『保育白書 1997』146ff.、153ff.）。

このような措置制度の見直しと表裏一体に進展したのが、「純粋に市場ベース」の「良質の保育サービス」（無認可施設）の導入である。駅型保育所など、企業の無認可施設を保育分野に誘導するモデル事業がエンゼルプランなどを通して実施されていった。さらに、二〇〇〇年には、認可保育所の設置主体に関する制限が撤廃され、社会福祉法人以外の民間団体による設置が認められた。これによって、株式会社や学校法人、個人、ＮＰＯも認可保育所を設置することができるようになった。

措置制度の見直しと民間の営利保育サービスの積極的な導入。このような保育システムの「弾力化」に対しては、保育運動や保育所関係団体を中心にして、それらは相俟って、保育提供に対する公的責任を放棄し、市場原理にそれをゆだねるものであるとの批判が、根強い。

だがそのような批判の声とは裏腹に、「規制緩和」や「地方分権」「行政改革」を推進する諸会議、諸委員会は、一九九〇年代半ば以降、厚生省の保育行政に対していっそうの規制緩和をせまるとともに、同時に、文部、厚生両省に対して、幼保の二元行政体制の解消に向けた圧力を強めつつある。

一九九五年のこと、地方分権推進委員会の「くらしづくり部会」で幼保問題が審議されたのだが、その省庁ヒアリングでのこと、「昭和六二年の臨時教育審議会第三次答申などをふまえ、厚生省と連携、協力しながら、幼稚園教育の振興充実に努力している」と述べる文部省側説明員に対して、同委員会委員からは、「幼保一元化について、専業主婦が少数になっている中で、従来の考え方をあくまで踏襲するのは時代遅れ。今後、幼保一元化について、厚生省と十分に話し合う準備はあるのか」との厳しい見解がとんだ、という(吉田 2002 : 95f.)。

さらに、地方分権推進委員会はその第一次勧告で、幼稚園と保育所の施設の共用化を提言。それを受けて、空き教室を利用しての幼保の施設の共用化は現在、各地で進展しつつある(吉田 2002 : 97)。最近では、構造特区を利用して、実際に幼稚園児と保育園児の合同保育の試みも行われている。さらに幼稚園教諭と保育士資格の一体化についてもまた、検討が開始されている(『遊育』10-19 : 4ff. 等)。(7)

二〇〇二年には、地方分権推進委員会の課題を引き継いだ地方分権改革会議が、最終答申「事務・事業の在り方に関する意見—自主・自立の地域社会をめざして—」において、とくに「国の当局との意見の隔たりが大きい幼保一元化問題」については頁をさいて、「制度的な一元化」に踏み込んだ検討が必要である、と提言した(『遊育』10-21 : 7)。

「制度的な一元化」。それを実現する方策として地方分権改革会議が示唆するのは、保育所運営負担金、つまり措置費を一般財源化し、保育所に対する国の関与を廃して地方自治体にその権限を委譲することである。

他方、一九九七年の児童福祉法の改正は、保育所への直接入所方式への道を開きつつある。また規制改革委員会は、特定財源としての措置費を一般財源化し、保育施設に対しての補助から保護者への直接補助の方式へと切り換えることを提案している。この提案は、さかのぼって言えば、一九八〇年代に、日本私立幼稚園連合会によってバウチャー制として提起されていた提案と重なる。

保育所運営負担金の一般財源化、措置制度の解体と直接契約方式の導入、そして保育バウチャー制の導入。これら一連の保育所改革が指し示すのは、保育所運営を支えてきた公的扶助の仕組みを私立幼稚園に対するそれと同等程度に引き下げることである。これらの提案にしたがえば、戦後保育・幼児教育政策の基盤と形成してきた二元的行政システムは、公的助成を私立幼稚園に対するそれへとならすことによって、解消されることになる。公開された情報をもとに、個々の保育者が、さまざまな幼稚園や保育所を、それぞれの財政状態に応じて選択するという、市場原理主導の幼保の未来像が、姿を現しつつある。

おわりに

問題のない制度はない。とはいえ、以上のように振り返ってみるとき、戦後改革の産みだした幼保の二元行政システムは、あまりにも多くの問題を孕んだ制度だった、と思われる。

幼児教育の公教育としてのその性格が、制度改革にかかわった関係者においても必ずしも明確に意識されなかったことと相俟って、戦後体制は、現場サイドからそれぞれの代表団体、官僚レベルにいたるまで、幼保公私関係者相互の錯綜する権益関係の温床となった。

教育刷新委員会において、倉橋が幼保の一元化、義務化を提案したことはすでに述べた。そのときに彼の提案が受け入れられていたら、このような事態は免れただろうとする見解もあるかもしれない。だが私見では、その当時の倉橋の見解はそれ自体、幼稚園教育界の代弁者としてのそれであって、厚生と文部、両省の権益争いをこえた視点からというよりも、義務化を優先する文部省よりの提案であったにすぎず、その意味では最初から彼の提案の射程範囲は限定的であったと思われる。

だがそれにしても、現在推し進められているように、保育者、施設、自治体、厚生省など当事者レベルでこれまでなされてきた自助努力を無化して、行政の合理化と市場原理の導入の原則にそって保育行政を再編成し、あわせて幼保の二元行政を打破しようとする展開は、政策決定レベルにおける理性的な対話の可能性そのものに対する疑いを、抱かせる。(8)

市場原理にそくした保育所改革と幼保の一元化が、保育の現場に及ぼすだろう、さまざまなダメージについては、いっそう注意深く調査し検討することが急務だろう。

また、政策言語において当然のごとくのように、保育にかかわる相互作用が「ニーズ」と「サービス」という概念によって捉えられていることとその帰結に対しては、根本的な検討が必要であると思われる。

だが、かといって、公的責任（措置制度）のもとでの福祉か、それとも市場原理の導入かという二分法は、可能な多様な諸見解を引き出し合意を形成していくための基盤としては、あまりにも粗雑であるように思える。

すべてを経済効率に還元することは論外だが、だからといって経済の論理と福祉・教育の論理を排外的に対立させることにも賛同しかねる。営利・非営利を問わず、コスト意識なしにどのような事業も、福祉・教育にかかわる事業も不可能だろう。

保育システムについて語るための基本は、新自由主義か戦後民主主義かといった、一括的な理念的選択にではなく、むしろ、個別的な局面での諸問題をどれだけ、丁寧に把握し調整していくことができるかに、求められているのではないか。

遠回りかもしれないが、結局のところ保育システムの今後を決するにあたってもっとも重要なことは、保育に携わる人々すべてが、実践に影響を及ぼす政治的な仕組みに対して、一市民として、関心をもつという、ごく当たり前の事実ではないかと思われる。

「いい保育」、すぐれた保育実践に、多くの場合保育関係者はもっとも関心を寄せる。だが「いい保育」を支えているのは、保育をとりまく諸勢力のおりなす力関係であり、さらにはそれを有形無形に規定している政治の力関係である。「すべての」保育関係者が、多少なりともこの事実に対して敏感になることこそが、将来的には政策の行方を左右することになるのだと思う。

経済効率最優先の保育所改革の進展は、今日、保育運動関係者のみならず、これまで、保育を作り上げる政治的な仕掛けに関しては発言をしてこなかった、伝統的な自由主義保育の推進者たちをも巻き込んで反対運動を引き起こしつつある。保育を支える政治的な仕掛けに対して、考え直す、一つのきっかけになるのではないか、と考えている。

〔注〕

（1）『保育運動と保育団体論』（友松・佐藤・村山編 1997）に再録されたものからの引用であることを示す。以下、同書からの引用については同様に記す。

（2）保育・幼児教育に関する管轄の問題は、日本のみならず世界的にも問題になっている。たとえばオーバーヒューマー（Oberhuemer et al. 1997）は、ヨーロッパ諸国における養護と教育にかかわる行政システムについて調査しており、制度的統合がそれらのヨーロッパ諸国においても課題になっていることを明らかにしている。だが、それらの諸国においても、日本のように、同じ年齢段階の子どもたちが、異なる所轄の施設に通うという状況は見られない。

（3）これを定めているのが、学校教育法一〇二条であることから、宗教法人立、個人立の幼稚園を総称して一〇二条園と呼ぶ。設置基準の曖昧さに関わってこれが引き起こす諸問題については、本稿3を参照のこと。

（4）『戦後保育史』（岡田・久保・坂元・鈴木・森上編 1980）に所収の資料・論文からの引用であることを示す。なお同書は、二巻からなるもので、引用に記した、一-四三六は、第一巻四三六頁をさす。

（5）『保育制度改革構想』（池田・友松編 1977）に再録されたものからの引用であることを示す。以下、同書から引用については同様に記す。

（6）たとえば、就学年齢問題に関して、私立幼稚園連合会が、平井信義、津守真、水野浩志ら、幼児教育界の研究者を集めて討議検討を行っている（日本私立幼稚園連合会 1968）ほか、大阪府私立幼稚園連盟もまた、森昭、佐藤三郎、持田栄一、吉田昇ら当時の教育界の代表的な研究者に、「現代化」をめぐる検討を依頼している（大阪府私立幼稚園連盟 1971）。

（7）『遊育』は、隔週刊の幼稚園・保育所経営者向け情報誌。編集長は吉田正幸、幼児教育21研究会発行。10-19 は、vol.10 no.9 をさす。

（8）北須磨保育センターを初めとして、民間保育運動主導の自発的な幼保の一元化の試みはいくつか、これまでも報告されている（『戦後保育史』2-387ff.）。また子育て支援の取り組みにしても、また、すでに一九八〇年代に試みられていることが報告されている（芳野 1984 ほか）。

〔引用文献〕

池田祥子・友松諦道編『戦後保育50年史　証言と未来予測4　保育制度改革構想』栄光教育文化研究所、一九九七
一氏昭吉「保育施設は保育要求に応えているか——統一労組懇自治体部会の調査から」『保育白書1986』草土文化、一二一-一二九頁
垣内国光「教育臨調と幼保問題」『保育白書1985』草土文化、一六-二三頁
垣内国光「保育所制度はどう変えられようとしているか——措置費国庫負担削減と児童福祉法改正のもたらすもの」『保育白書1986』草土文化、三六-四四頁
丸尾ふさ「ゆりかご保育園——初めてのゼロ歳児共同保育」（『保育運動と保育団体論』一九五四、九九-一〇一頁）
持田栄一「幼年期教育学制の『現代化』」大阪府私立幼稚園連盟編『幼児教育の現代化』一九七一所収、一六九-二三九頁
持田栄一「私幼問題の課題と現状を探る」『保育ノート』一九六八年八月号、二八-三四頁（『保育制度改革構想』一八五-一九二頁）
実方伸子「地方版エンゼルプランの策定状況と今後の課題」『保育白書1996』草土文化、六-一七頁
村山祐一「保育施設の概況」『保育白書1986』草土文化、八〇-九四頁
日本私立幼稚園連合会編『五歳児の発達と現代の教育』ひかりのくに昭和出版、一九六八

Oberhuemer, P/Ulich, M. *Working with Young Children in Europe. Provision and Staff Training.* Weinheim and Basel. 1997
岡田正章『日本の保育制度』フレーベル館、一九七〇
岡田正章・久保いと・坂元彦太郎・宍戸健夫・鈴木政太郎・森上史朗『戦後保育史』全2巻、フレーベル館、一九八〇
大阪府私立幼稚園連盟『幼児教育の現代化』明治図書出版、一九七一
鷲谷善教「幼児の生活と保育政策」国民教育研究所編『日本の幼児』明治図書、一九六八、一五五-一九二頁
関恒吉「臨調路線で活力ある福祉社会は可能か」『保育白書１９８２』草土文化、八-一五頁
宍戸健夫『日本の幼児教育：昭和保育思想史』下巻、青木書店、一九八九
須恵淳・渡辺吉司・浦辺史「保育施設の運営・経営――定員割れをめぐって」『保育白書１９８１』草土文化、一七〇-一八七頁
高田正巳「保育所と幼稚園の関係」『児童福祉法の解説と運用』時事通信社出版局、一九五一、引用四七八-四七九頁（『保育制度改革構想』八九-九〇頁）
高木晨・横田昌子「無認可保育施設の実態」『保育白書１９７８』草土文化、一四〇-一五五頁
友松諦道・佐藤利清・村山祐一編『戦後保育50年史　証言と未来予測5　保育運動と保育団体論』栄光教育文化研究所、一九九七
津守真・久保いと・本田和子『幼稚園の歴史』恒星社厚生閣、一九七六
吉田正幸『保育所と幼稚園――統合の試みを探る』フレーベル館、二〇〇二
芳野孝「四日市市職労の地域調査のとりくみ――家庭で育つゼロ～三歳児の生活実態と母親の育児意識」『保育白書１９８４』草土文化、二三二-二四二頁

第5章　楽しい授業・学校論の系譜学
――子ども中心主義的教育理念のアイロニー――

松下良平

一　楽しい授業・学校論を問いなおす

学校が混迷の様相をいっそう深めつつある今日、学校改革の方向性を示す指針としてしばしば掲げられるのが、「楽しい授業」や「楽しい学校」というキャッチフレーズである。それらは、それ以前の日本の教育、とりわけ一九六〇年代の教育を乗り越えようとする思いに支えられながら一九七〇年代の初め頃から使われ始めたが、今日では文部省をはじめとして学校関係者・教育学関係者の間で広く支持されるようになっている。一例をあげれば、現行学習指導要領の土台を示した一九九八年七月の教育課程審議会答申では、冒頭の「教育課程の基準の改善の基本的考え方」の中で、「特に重要だと思われるもの」として、まず最初に「学校は子どもたちにとって伸び伸びと過ごせる楽しい場でなければならない」ことがあげられている。このように今日の教育界では、「授業や学校は楽しいものでなければならない」ことがほとんど自明の前提となっており、あとは楽しい授業・学校はどのようにすれば可能になるのかといった方法論的問いのみが幅を利かせ、学校関係者内の諸文書や教育雑誌を中心におびただしい数の言説が取り交わされている。

もっとも、楽しい授業・学校づくりを唱えることに対しては、時としてきびしい疑問や反発も寄せられてきた。

特に昨今、福祉国家論的な保護政策が後退し自己責任と処罰による新自由主義的な秩序維持政策が台頭しつつある中で、「楽しさは学校教育の本来のあり方にそぐわない。欲望充足や権利の強調が子どもの甘えを助長し『学級崩壊』等々を招いたのであるから、むしろきびしいしつけや社会訓練こそが今は必要なのである」といった論調の教育論が一定の支持を集めつつある。あるいはまた、楽しみの肯定は今日の若者たちに見られるような善悪の透明化と地続きである、といわれるときもある（千石 1997：38 以下，152 以下）。近年、現行の学習指導要領をめぐって学力低下の懸念が各方面で叫ばれているが、このような議論も広くいえば「楽しい授業・学校」批判の文脈に位置づけることができよう。

本論文がめざすのは、楽しい授業・学校論をめぐるこのような理論枠組みそのものを、歴史的な視点を考慮しつつ原理的に問い直すことである。①楽しい授業・学校論はどのような社会状況の下で、どのような理論的・実践的関心に支えられて唱えられ始めたのか（2～3節）、②その理論を支える関心の内容は時代や社会状況の推移に伴ってどのように変化してきたのか（4節）、このことを明らかにするのが当面の目的である。そのうえで、③その理論を支えている関心の質やその変化の意味に着目すれば、楽しい授業・学校論は、それへの反対者が考えるのとは異なる意味で今日の学校改革のための指針とはなりえず、それどころか逆にアイロニカルな帰結をもたらすことを指摘したい（5節）。

2　授業や学校になぜ「楽しさ」が必要とされるようになったのか

子ども中心主義的な教育理念の実現（第一の関心）

教育や子どもたちの現状を憂慮する人々によって「楽しい授業」や「楽しい学校」の必要性が叫ばれるようにな

ったのは、一九七〇年代の初め頃から半ばにかけてである。だがそのとき、それらを説いた人々の意識の根底にあったのは、（特に近代化後発国の）学校教育にいわば通歴史的に見られる問題への関心、すなわち学制以来の「詰め込み主義」や「暗記主義」の教育の誤りをただそうとする教育学的関心であった。つまり、これまでの授業がしばしば学習者の能動性や主体性の契機を軽視して知識の「押しつけ」になっていたことを克服するために、授業が「わかる」ものであると同時に「楽しい」ものでなければならないとされたのである。楽しい授業は、学習内容を生活や具体的な事物と関連づけたり、身体や感覚を介した理解をめざすことによって、学習内容の意味や学ぶ意味を「実感」できることをねらったものであり、最終的には学ぶことを「生きる」ことにつなげようとするものであった。要するにそこでは、授業や学校を楽しくすることは、子どもの活動や経験を重視したり、子どもが主体性や能動性を発揮することを「教育の進歩」とみなす伝統的な子ども中心主義の教育理念の枠組みに従って、「旧教育」を乗り越え、あるべき授業や学校へと少しずつ近づきつつある事態として理解されていたのである。それはいうなれば、だれもが「容易に、愉快に、着実に」学べる方法を構想した「近代教育の父」コメニウスの理想を、永く続いた桎梏の後でいよいよ現実のものにすることなのであった。

六〇年代の教育がもたらした負の遺産の克服（第二の関心）

とはいえ、楽しい授業・学校論が唱えられ始めたとき表面に現れていたのは、教育学的というよりもむしろ教育論的と呼ぶべきもう一つ別の関心であった。一九六〇年代の教育改革がもたらした負の遺産を克服しようとする関心であり、その意味で特定の時代の学校教育に特有の問題への対応という関心である。まず、六〇年代の「競争主義」や「能力主義」が子どもたちの「学校嫌い」や「勉強嫌い」や学習意欲の低下をもたらしたという認識に立って、七〇年代の初め頃から、授業が「学力をつける」こと以上に、「学ぶことが好きになる」「学習意欲を高める」ことに主眼を置くべきことが説かれ始めた。また六〇年代の「教育の現代化」「教育と科学の結合」「系統学習」は、教育内容の水準を引き上げその量を増やすことによって、知識の「詰め込み」に拍車をかけ、授業についていけなかったり、「勉強嫌い」になったりする子どもたちを多く生みだした。この「落ちこぼれ」（一九七一年に問題化）の増加に対して、（福祉国家論的な正義観に立って）「一人も落ちこぼれを出さない（すべての子どもがわかるようになる）」ためにはまず子どもたちが喜んで学校に来る必要があるという視点から、授業や学校を楽しくする必要性が説かれることもあった。日教組が一九七五年に「たのしい学校づくり」を初めて教育研究全国集会で訴えたとき、その背景にあったのはこのような事態であったし、同年の文部省による「ゆとり」の提唱（教育課程審議会「教育課程の基準の改善に関する基本方向――中間まとめ」）もまた同様の問題関心に支えられていたといってよい。

第一と第二の関心の融合

この二つの関心はいずれも、学校教育の現状に対する不満や批判と結びつき、学校教育の歴史的課題に対応しようとしていた。六〇年代の半ばから後半にかけて「詰め込み主義」「競争主義」「能力主義」「教育の現代化」「系統学習」等への批判が開始され、従来からの第一の関心に合流する形で第二の関心が次第に明確な形をとるようになっていったが、その具体的な結実が楽しい授業・学校論だったのである。しかもそれらの関心は、七〇年代以降の「人間中心主義のカリキュラム」「教育と生活の結合」の推進という趨勢とも呼応し、さらには国家の教育に対して「国民の教育権」や「子どもの学習権」を確立しようとする教育運動ともしばしば結びついていた。

けれども、この二つの関心が緊密に結びついていた事実から、その二つを融合させてもよいとか、融合させるべきといった価値判断を導き出すことはできない。この二つの関心の間には時として深い亀裂が生じうるからだ。事実、子どもの主体的な活動や能動的な体験を重視しても、必ずしも学習意欲が高まったり学校嫌いが減ったりするとは限らない。たとえば、主体的な活動や体験が学校や教育に次々と導入されてそれらのインフレ状態を招けば、少々の体験や活動では子どもたちは退屈しか感じず、むしろ子どもの学習意欲が衰退したり、学校嫌いが増える可能性がある。むしろ逆に、子どもの主体性や能動性を尊重しなくても、学習意欲を高めたり学校嫌いを減らすことはできる。たとえば、授業や学校がディズニーランドやハリウッド映画のように、スペクタクルに満ちた仕掛けを張りめぐらして時が経つのも忘れるほどの強い興奮（楽しさ）を与え続けられれば、子どもたちは主体性を奪われ受動的な立場に置かれたまま知らず知らずのうちに学習に励み、また学校にも喜んで行くであろう。

ところが、この二つの関心が拮抗したり対立することがあるという事実から目をそらし、両者の予定調和を信じて疑わなかったのが、ほかならぬ「楽しい授業・学校」を唱えた人々であった。彼らは、楽しい授業や学校という理念を媒介として、二つの関心はいわば同語反復《トートロジー》の関係にあるものと理解し、楽しい授業・学校を実現すれば必然的に、子ども中心主義的な教育理念の実現と六〇年代特有の教育問題の克服の両方が達成されると信じたのである。そのような論者の一人である川合章は、七〇年代の半ばに、近年唱えられ始めた「楽しい授業」を、「学校ぎらい、授業ぎらいの子をなくそうという願いに支えられている」ものとして位置づけると同時に、従来の「わかる授業」の「発展した姿を表現しようとしたもの」としても位置づけようとした（川合 1975：114）。つまり、「学校ぎらい、授業ぎらい」という当時の子どもたちの社会現象に対応するだけでなく、「わかる授業」の欠点、すなわち①子どもを知識の受け手として受動的にとらえる傾向があること、②知的操作のレベルだけを重視する傾向があること、③集団の役割を大切にするよりも学習を個別的に捉えがちであること、を克服するのが「楽しい授業」というわけである。しかも「楽しい授業」は、「点数主義、入試競争、学歴社会という一連の、制度的、社会的な条件」、「管理主義的発想」、「教育内容、方法の官僚統制」といったものに対抗するものとしても位置づけられる（同：113－15）。「楽しい授業」はまさに、あらゆる学校問題の解決を可能にしてくれる万能薬なのであった。

3　異質な楽しさの大同団結——ボタンの最初の掛け違い

この第一の関心と第二の関心の無造作な接合は、楽しい授業や学校を説いた当時の論者に共通して見られる現象である。そこで以下では、その中から遠山啓と板倉聖宣という二人の代表的論者の見解を取り上げ、その二つの関心がどのようにして融合されるようになったのか、そのロジックを解明してみたい。

遠山啓の場合

「楽しい授業」や「楽しい学校」を最も早い時期に説いた一人は、数学者の遠山啓である。彼が数学教育協議会（数教協）の全国大会で「楽しい学校をつくろう」と呼びかけたのは一九七二年のことであった。そこで遠山は、それまでの二〇年間に数教協が「教科内容の自主編成」の点で大きな成果を残してきたことを評価しつつも、それだけでは「学校ぎらいの子どもが急速にふえつつある」という現今の「ひじょうに憂うべき情勢」に対応できないと主張する。「子どもたちが学校に行きたくてしようがないという気持ちにならないような学校は、どこかまちがっている」という前提に立って、遠山は「楽しい学校」をつくる必要性を訴えた（遠山 1978：164）。実際にも遠山は、すでにその前年の夏休みに、ある出版社の企画で「算数嫌い」をなくそうとして山寮で開いた塾において、数学の授業にゲームを取り入れていた（遠山 1981：156 以下）。

とはいえ、遠山にとって、トランプ・折り紙・ブラックボックス等を用いて種々のゲームを行う「楽しい授業」は、これまでの「わかる授業」に遊びや娯楽の要素をつけ加えて子どもの関心（歓心？）を呼び起こそうとしたものではない。授業へのゲームの導入はむしろ、「数学という学問そのものが全世界の数学者が参加する大きなゲームであるといえないことはない」（同：160）という観点に立って提唱されたものであった。学問（学び）も一種の遊びであり、要するに「おもしろいから」、つまり一定のルールの下で自分の自由な思考を最大限駆使する中で

「どこまでも深まっていくおもしろさが湧いてくる」から行うのだ、というわけである（同：158–59）。

ところが、「そのこと［註：数学自体がゲームであること］は子どもの数学教育についても言える」（同：160）と続けることによって、遠山は数学教育論に関しては重大な論理の飛躍を犯す。数学の場合、ゲーム（数学すること）そのものが目的であり、ゲームの外側にあえて目的を設ける必要はない（しかも数学の世界には遠山が学校教育から除外しようとするはげしい競争や序列もある）。それに対し、遠山が数学教育の中でゲームに着目するとき、ゲームは一定の数学的知識を理解したり習得（習熟）するための手段でしかないのである。授業の中のゲームとは、あくまでも「遊びのなかで算数の意味をわからせたり、計算に上達させたりするのに役立つ」（同：168）道具にすぎないのだ。このようにして遠山は、〈ゲームとしての数学〉と〈数学の授業で用いられるゲーム〉の、各々のルールの役割の違いや参加者の質の違いを考慮することがない。いうなれば〈活動を統制するが多様な意味づけを許容する（場合によってはルールそのものを変更することも可能な）研究規範《パラダイム》としてのルール〉と〈一定の限定的な意味を効果的に産出すべく人為的に構成された（それゆえそれ自体の変更は認められていない）教育手段としてのルール〉を一緒くたにしているのだ。それゆえまた、〈数学する人＝数学者共同体が共有するルールに従いつつ未知の数学的知識を自らの力で産み出す人〉と〈数学的知識を受容する人＝合理的な計算に基づいて作られたルールに従いつつ既知の数学的知識を自ら改めて産み出す人〉の違いを考慮することもないのである。

それにしても、なぜこのような論理の飛躍（二種類のゲームの混同）が生じたのであろうか。その理由の一つは、遠山にとって最大の懸案であった学校嫌い・算数嫌いの子どもをなくすという関心（第二の関心）が、「授業を厳格な儀式のようなものと考える」授業観、つまり彼のいう「儀式的授業観」を打破しようとする関心（第一の関心）と一体となっていることにあると考えられる。そのような地点から見ると、ゲームとしての数学も、ゲームを用いた算数・数学の授業も、共に「自分の発意や工夫をつくり出す自由」（同：161）を尊重する点で同じであり、「遊戯化と数学それ自身のおもしろさ」は「一つの連続体」（同：176）としていわば大同団結できるからである。要するに、〈数学＝ゲーム〉論の教育への導入は近代の教育（学）を拘束してきた教育目的―手段（教育内容―教育方法）の枠組みを乗り越える契機になりうるにもかかわらず、逆に〈数学＝ゲーム〉論が教育目的―手段の枠組みの中に回収されてしまい、その本質が骨抜きにされてしまったということである。

いずれにせよ、「儀式的授業観」の克服という第一の関心と、学校嫌い・算数嫌いの子どもをなくすという第二の関心を一体のものとして捉えているために、遠山は一つの自己矛盾に陥るようになる。すなわち、第二の関心に応えるためには、先の遠山自身の見解に従うならば「儀式的授業観」（子どもの自由や主体性を尊重しない授業）の克服以上のこと（ゲームとしての数学を授業化すること）を問題にしなければならないにもかかわらず、遠山はそうしないということだ。反対に、「儀式的授業観」の克服につながるのであれば、どのような種類のゲームや遊戯であっても授業への導入を許容するようになる。その結果、遠山は、「生徒たちの満足する楽しい授業」をつくるために、教師が「ただひたすらに観客のごきげんをとり結ぶ役者のごときもの」や「興がのれば、舞台にかけあがる場末の芝居小屋のピエロ」のようなものになることも否定しなくなるのである（同：179）。

板倉聖宣の場合

「仮説実験授業」の提唱者として名高い板倉聖宣が「楽しい授業」を唱え始めたのは、共に雑誌『ひと』や「ひと塾」にかかわっていた遠山啓と同じく七〇年代初めであり（板倉 1979：159 以下）、雑誌『たのしい授業』を創刊したのは一九八三年のことであった。だが、板倉自身がいうように「〈楽しい授業〉と〈仮説実験授業〉とは、もともと一つのものの二つの面のような関係にある」（板倉 1988：37）のだとすれば、板倉はすでに六〇年代前半には楽しい授業を説いていたことになる。そこでまずは、板倉のいう楽しい授業としての仮説実験授業の論理を明らかにしてみよう。

仮説実験授業は一言でいえば、近代科学（近代科学一般というより産業主義と結託する以前のおおよそ一九世紀までの科学）の啓蒙的論理に、子ども中心主義の教育観の伝統（第一の関心）を接合させることによって成立したものである。「いかなる権力も権威も、仮説に基づく実験の前には平等である」という真理観に立っている点で「近代科学というものは押しつけ排除が元になってできている」ことを根拠にして、「こういう近代科学の真理観をそのまま教育に持ち込めば、教育でも押しつけを排除することが出来るだろう」という思いから生まれたのが、仮説実験授業なのである（同：38–39）。それゆえそれは、「差別選別」に寄与してきた「エリート中心教育の伝統」（同：11）を乗り越えるものであると同時に、ルソーやデューイの「進歩的な」教育思想や（同：39）、「教育の主権は子どもにある」（同：45）という考え方を具体化したものとして位置づけられた。

ところが他方で、楽しい授業としての仮説実験授業は、特定の時代状況が生んだ学校問題を打開したいとする関心（第二の関心）にも支えられていた。七〇年代の初めに板倉がことさらに「楽しい授業」を唱えた背景は、基本的には遠山と同じものである。板倉自身はかなりぼかしたいい方しかしていないが、実際には、「すべての子どもが一〇〇パーセントできるようにすることを目標としなければいけない」（板倉ほか 1989：180）と考えていた六〇年代の自分の立場がその後の「教育公害」と共犯関係にあることへの「自己批判」（板倉 1979：160–66）が、「楽しい授業」の提唱へ向かわせたと考えてよい。さらに八〇年代になると、「たのしい授業」は、日本における近代学校の行き詰まりとでもいうべき新たな問題状況に対応するものとしても位置づけられるようになる。すなわちそれは、大衆化した学校教育がもたらす「学習意欲の低下」や「生徒の反抗」「校内暴力」といった事態や、日本が「外国に追いつけ」の時代を終えて外国を「追いこせ」の時代に入った事態に対応するものとしても位置づけられたのである（板倉 1988：15–23／板倉 1995：10–26）。

ここからもうかがえるように、板倉が肯定する授業の楽しさには大きく分けて二種類ある。基本となるのは仮説実験授業に内在する楽しさである。それを板倉が自覚し始めたのは七〇年代初めとはいえ、実際には六〇年代初めから保持していたはずの楽しさである。一方、八〇年代に入ると板倉は、それとは別種の楽しさも肯定するようになる。つまり、「本来的文化は必ずたのしい」という原則に従うことで可能になる「哲学者的・芸術家的な喜び・感動を教える授業」としてのそれまでの「たのしい授業」に加えて、さらに「心にゆとりと豊かさをもたらす授業」や「おもしろおかしい授業」としての「たのしい授業」をも称揚するようになったのだ（板倉 1988：192-94）。

さて、ここで考えなければならないのは、当時板倉がなぜ「哲学者的・芸術家的な喜び・感動を教える授業」だけでなく、「心にゆとりと豊かさをもたらす授業」や「おもしろおかしい授業」としての「たのしい授業」をも肯定するようになったのか、ということである。彼自身は「哲学者的・芸術家的な喜び・感動を教える授業」ができるようになった「自信」がそうした「余裕」をもたらしたなどと述べるだけで（同：194）、明確な答えを用意しているわけではない。だが、その手がかりは、八〇年代の初めに板倉が、雑誌まで創刊してあえて声高に（しかもよりソフトにひらがな表記まで用いて）「たのしい授業」を叫ばなければならなかった事情の中にひそんでいるように思われる。

一つは、すでにふれたように、消費社会（脱工業化社会）を迎え、西洋を「追いこせ」という時代、あるいは学習の効用や目的が容易に見いだせない時代に入った学校は、新たな役割を担うべきと板倉が考えていたことである。実際にも板倉は、教師も「一種のサービス業」であるから、消費社会の象徴ともいうべきディズニーランドのサービス方式から積極的に学ぶべきだと主張し（同：329）、消費社会が積極的に目をつけるようになった娯楽としての楽しさの授業への導入を自覚的に訴えている。もう一つは、推測の部分をいくらか含んでいるが、八〇年代初頭にピークに達する校内暴力など学校での問題行動の噴出と、それを収拾せざるをえない立場に置かれた教師への配慮や連帯が新たに必要になったことである。いいかえれば、仮説実験授業が広範囲の教師を巻き込む「運動」となることによって、当初の純粋な理論的立場を保持するだけでなく、学校秩序の維持という関心もある程度考慮せざるをえなくなったということである。

だが、板倉はなぜ、このような事情を考慮した「たのしさ」と、彼の元来の関心事であった「哲学者的・芸術家的な喜び・感動を教える授業」の「たのしさ」とを互いに矛盾せず両立しうるものとして位置づけることができたのだろうか。つまるところそれは、彼が第一の関心と第二の関心を一体のものとして捉えていたからにほかならない。これらの関心は、板倉の場合、教育的価値のアルキメデスの点とでもいうべき仮説実験授業を支えにして予定調和的に融合していた。そのため彼の理論枠には、第一と第二の関心（それぞれが要求する楽しさ）が齟齬をきたす可能性について考慮する余地がなかったのである。

板倉においても、今述べたようにおそらく彼自身の第二の関心こそが「楽しい授業」を要求した。しかも八〇年代の板倉は、学校問題のいっそうの深刻化と本格的な消費社会の到来の渦中で、七〇年代前半の遠山とは異なって、さまざまな種類の「たのしさ」を実際に必要とした。「『たのしければ善玉』、競争があろうとなかろうと、何があろうとなかろうと、たのしけりゃいい」（同：208）、「教育の主人公であるところの子ども、さらにその副主人公であるところの教師、そういう人たちがたのしくなれるような授業は無条件にいいことだ」（同：211）と、板倉の楽しさを肯定する態度はほとんど無節操といえるほどにまでなっていく。だがそのとき、「教育の主人公は子どもである」「押しつけはよくない」といった子ども中心主義教育のレトリックを用いれば、そのような「たのしさ」も正当化され、「たのしさ」の質の違いも最終的には気にしなくてすんだのである。

共通点

以上の考察からもわかるように、遠山と板倉の立論には明らかな共通点がある。二人とも教育についての元々の関心は、子どもたちが文化（数学や科学）を本来的なやり方で（つまり学問それ自身の論理に即して）学ぶことの意義と筋道を明らかにすることにあり、それが同時に学校で行われていた教科書準拠の学習への批判にもつながっていた。ところが七〇年代に入ると、子どもたちの中に目立ち始めた学習の嫌悪・拒否という現象を克服しようとして、彼らは「わかる」ことよりも学習を楽しくすることの方が大切だと説くようになる。そのようにして提唱されたのが楽しい授業・学校論なのであった。

そのさい、彼らの議論の出発点にあったのは、〈文化を本来的なやり方で学ぶこと自体が楽しい〉というテーゼである。ところが彼らは、楽しい授業・学校論を自覚的に唱え始めることと並行して、文化を本来的なやり方で学ぶことに伴う楽しさとは異質な〝娯楽的な楽しさ〟をも肯定的に評価するようになる。そのとき、そのようなトリックを正当化してくれたのが、子ども中心主義教育のレトリックであった。つまり、子どもたちによる学習（学校）の拒否をくい止めたいという関心からさまざまな楽しさの必要性を説くようになったのだが、そのような関心と教育の理想（＝子ども中心主義の教育理念）を実現しようとする関心とを無批判に接合させたために、異質な楽しさの大同団結が教育学的に正当化されてしまったのである。

その後、このような融合が随所で受け入れられることによって、授業や学校を楽しくすることの意義はほとんどの人が疑わなくなる。せいぜい冒頭で述べたように、「楽しい」だけでいいのか、「わかる」こと（学力をつけること）も大切ではないのかとか、時には「きびしくする」こと（しつけや管理や社会訓練）も必要ではないのか、といった〝修正意見〟が出されるにとどまっているのが現状なのである。

４　楽しさが要求される新たな背景

学校の構造的な危機・矛盾への対応（第三の関心）

楽しい授業・学校論は当初「勉強嫌い」や「学習意欲の低下」の克服をめざしていたが、七〇年代後半から八〇年代半ばにかけて「校内暴力」等のいっそう深刻な「問題行動」が社会問題化してくると、そうした新たな学校問題を克服するための切り札ともみなされるようになる。もちろん当時はいわゆる「管理主義教育」の全盛期であり、楽しい授業・学校論が幅広い支持を集めていたということはできない。けれども、逆にそのような状況下だからこそ、子ども中心主義的教育理念を信奉し、管理主義教育に反対する人々にとって、楽しい授業・学校論は魅力あるものに映ったと考えられる。

これらの人々は、一九八〇年前後から顕著になる問題も七〇年代に顕在化してきた問題の延長上にあると考えた。「学校や授業が〈子どもたちの願いに応える〉という教育の本来のあり方を実現できていないから、あるいは管理主義教育がそのような理想からいっそう遠ざかろうとしているからこそ、子どもたちは学習を嫌がったり荒れたりする。したがって、子どもたちが本当に要求しているものに教師や学校が応え、授業や学校が子どもたちにとって楽しいものになれば問題は解決する」という前提につねに立っていたというわけである。しかしながら、実際のところは、七〇年代と八〇年代のそれぞれの問題現象の背景は必ずしも同じだとはいえない。むしろ、その両者の間には次のような意味で断層があるといった方がいい。

(a)　七〇年代初めの楽しい授業・学校論は、六〇年代の半ば以降に強化される詰め込み主義の教育や競争主義・能力主義の教育を「勉強嫌い」「学校嫌い」の原因とみなし、それらの教育こそを克服しなければならないと考えた。しかしすでにこうした見方そのものが、事態を表面的にしか捉えていない可能性がある。というのも、六〇年代から七〇年代初めにかけては、高度経済成長に伴って産業構造が大きく変化し、それまでの社会とは異なって、学校を経由しなければ職（将来の生活の糧）を手に入れることができない子どもたち（たとえば高校に進学する子どもたち）が飛躍的に増大した時期である。つまり、学校教育への期待が高まるにつれて、子どもたちが近代学校に特有の〈学習〉、すなわち、将来の自己利益のために行われるがそれ自体は苦役にほかならないものとしての〈学習〉（松下 2000）に巻き込まれるようになった時期である。だとすれば、「詰め込み」によって勉強嫌いや学校嫌いが生じたのが事実だとしても、それは一面の真理でしかなく、むしろ〈学習〉――「詰め込み」はその一つの局面にすぎない――をこれまでとは違って適当にやりすごすことができなくなった状況こそがそれらの現象をもたらしたとみなすこともまた十分に可能だからである。「落ちこぼれ」についても同様のことがいえよう。詰め込み主義や能力主義の教育のせいでそれ以前は少なかった「落ちこぼれ」が一気に増えたというよりも、子どもたちが学校教育に巻き込まれるにつれて、「落ちこぼれ」が社会問題として浮上し、もはや座視できなくなったということである。

(b)　ところが、七〇年代の半ば以降、学校教育は人々の期待に応えられないものになっていく。七〇年代半ばに高校進学率が九〇％を超え飽和状態に達することによって、高校という上級学校への進学が「よりよき職業＝将来の生活」の選択にとって従来のような積極的な意味をもたなくなってきたからである。「立身出世」という個人的動機を利用し、学校で勉強することの代償を与えながら物質的に豊かな産業社会＝国家を築くという近代学校教育制度の所期の目的はついにこの時期に基本的に達成され、その結果として学校での勉強の代償が見えにくくなってきたのである。こうしてこの頃から八〇年代にかけて、多くの子どもたちは、「学校で我慢して勉強してもそれほどメリットはないにもかかわらず、（学校に行かなければ将来の生活に見込みが立たないので）行かざるをえない」というジレンマ状況に置かれるようになり、せいぜい「落ちこぼれないために」という後ろ向きの理由で学校に行き、〈学習〉を嫌々ながら引き受けるようになるのだ。加えて、不幸にして「落ちこぼれ」の烙印を押された子どもは、学校に期待すればするほど、希望を失い自己否定の感覚をもつようになる。他方、進学を希望しなかったり学校に期待をしない子どもにとっては、〈（教師を含む）同胞との共同生活の場〉という側面を削ぎ落として〈学習

＝苦役の場〉の側面をますます強めていく学校に居場所はなかなか見いだせない。

このようななか、中学生を中心にした子どもたちの中に、従来の勉強嫌いやそれに伴う「荒れ」に加えて、校内暴力等のもっと過激な「荒れ」や「問題行動」を通じて学校への敵意をむきだしにする者が出てくることは、ある意味で必然的であるといってよい。だが学校や社会の側から見れば、そのような「荒れ」はまず沈静化させなければならない。管理主義教育が最も手っ取り早いが、しかし「力」や「鞭」（＝体罰）による対応は問題の表面的な打開策にすぎずまた人権尊重という点でも問題があるので、楽しい授業・学校による秩序維持の機能に次第に期待が集まっていったのだった。そこでは、楽しい授業としての仮説実験授業が生活指導の代わりにもなることが、自覚的に語られるようにもなっていたのである（小原 1982：171）。

だとすれば、八〇年代の楽しい授業・学校論は、七〇年代半ば頃からあらわになる日本の学校教育制度のもつ構造的な危機や矛盾を打開しようとする関心にも支えられていたとみなすことができる。すでに述べたように、「たのしい授業」を唱えた八〇年代の板倉は、この新しい問題状況への対応という関心をかなりはっきりと自覚していた（とはいえ彼もまた第二と第三の関心は連続的なものとして捉えていたが）。しかしながら、楽しい授業・学校論は、その構造的な矛盾の具体的現れとしての子どもたちの「荒れ」を表面的に取り繕うものでしかなかった。学校にそっぽを向き始めた子どもたちに対するいわば懐柔策が楽しい授業・学校論だったのであり、その意味でそれは、たとえ管理主義教育をきびしく批判する場合であっても、実際は管理主義教育と相互補完的な関係にあったといわなければならない。

その後九〇年代に入っても、先に述べたような意味の学校の構造的矛盾はいっこうに解消する気配がない。それどころか、九〇年代に起こり始めた社会の変化、すなわち雇用の流動化（年功序列・終身雇用制の崩壊）や少子化による受験競争の緩和や教育情報産業の飛躍的成長等々に伴って、学校的〈学習〉のメリット（学力の交換価値や使用価値）はいっそう低下しつつある。子どもたちはもはや、「嫌であっても〈学習〉は引き受けざるをえない」という状態からも遠ざかりつつある。それに伴い、子どもたちの「問題行動」も「いじめ」「不登校」「学級崩壊」や校内暴力の復活等々に移っていくばかりで、これまた収まっていく気配がない。学校は学校秩序の維持にますます腐心せざるをえなくなってきているのが現状である。だが一方、管理主義教育の失敗への反省と消費者主権意識という新しい〝人権感覚〟の台頭により、大多数の子どもや親は従来型の〈力による上からの指導〉をもはや受けつけない。

こうして、九〇年代以降今日に至るまでの間に、楽しい授業・学校論は、「カウンセリング」と並んで（中島 2000：190以下）、押しつけではなく子どもが喜んで受け入れるソフトな管理（学校秩序の維持）の道具としての機能をいっそう剥きだしにしていく。その結果、楽しい授業・学校論のそのような役割は、もはや隠しようもない事実として多くの人がはっきりと自覚するようになったのだった。たとえば、「管理体制からの脱皮」を訴えるある小学校教師は、「楽しい学校づくりがブームになってほしい」理由を率直にこう述べる。「それは、現在学校で見られる、不登校、いじめ、校内暴力といった多くの問題を解決するために、『楽しい学校づくり』が不可欠だからである。／『わかる授業』『楽しい授業』づくりだけでは、問題が解決しないのである」（徳本 1994：31）。そしてついには、文部大臣自身が、「楽しい学校づくり」を「心の教育の充実」の一環として位置づけ、「教育上の大きな課題となっている不登校問題についても、授業がわかりやすく子どもたちが進んで来たいと思えるような楽しい学校づくりをめざす」と宣言するに至る（有馬 1999：7）。心の管理としての「心の教育」と満艦飾の楽しさがわかりやすく結合したもの、それが文部科学省作成の「心のノート」（二〇〇二年）であった。

情報消費社会の登場に伴う子どもたちの変化への対応（第四の関心）

楽しい授業・学校論は最初から消費社会の論理と分かちがたく結びついていたと考えられる。遠山や板倉がそれを説き始めた七〇年代初めは、商品の価値が「モノとしての機能性」から「ファッション・デザイン・サービス」に移り始めた時代（松原 2000：114）でもあったからだ。だがその傾向はその後いっそう強まる。その結果、楽しい授業・学校論は八〇年代以降には、消費社会の成熟や消費者主権意識の台頭や高度の情報化の中で育ち、従来とは異なる欲望・感性・知識観・権利意識等々をもち始めた子どもたちに対応するという関心によっても強く支えられるようになる。

そもそも消費社会や情報社会への移行に伴って、子どもたちの中にどのような変化が起きた（起きつつある）のだろうか。ごく簡潔にいえば、消費社会は道具的な価値よりもコンサマトリー（即時充足的）な価値を重視し、将来の目的の実現よりも現在の満足を優先する。それゆえ、子どもは未来の消費者ではなく、逆に子ども自身が重要な消費者として位置づけられ、すでに大人社会＝経済システムに組み込まれた存在として消費者主権の意識もはっきりもつようになる。いうなれば「消費人」（Homo Konsumens）としての「小さな大人」の誕生である（高橋 2002：27）。このような社会に育つと、子どもは将来の生活のために現在を犠牲にするものとしての〈学習〉を嫌う身体＝精神をもつようになるだけでない。個人的欲望を主張できるというよりも、大人以上に現在の個人的欲望を追求し満たされることを当然の権利とみなすようになる。また情報社会は、人々がやりとりする情報の量を爆発的に増やすだけでなく、情報や知識に対する人々の見方を変えていく。情報は、単にめまぐるしく変化するというよりも、それ自身が重要な商品となることによって絶えず更新することを余儀なくされるようになる。情報処理・活用のためのテクノロジーの高度化に伴って、情報の蓄積を外部の記憶装置に依託する程度は飛躍的に高まり、情報の加工や創造の方に価値が認められるようになる。あわせて、情報の氾濫の中でないがしろにされがちな身体や感情に注目が集まり、「体験」や「表現」が重視されるようになっていく。

さて、このような情報消費社会の論理になじんだ子どもたちの登場に学校や教育が対応するとは、いったいどうすることなのか。そこにはさまざまな可能性があり、たとえば従来の学校的〈学習〉のあり方を根本的に捉え直すことも間違いなくその一つの選択肢となりうる。けれども多くの場合、学校論・教育論は、情報消費社会の既存システムへの（受動的な）適応を促そうとする関心と結びつく。

すなわち、子どもが顧客とみなされ、彼らが外部社会から持ち込んでくる個人的欲望《ニーズ》を満たしてやることが授業や学校の役割とみなされるようになる。個人の欲望が一定の使用価値をもったモノの所有にもはや結びつくとは限らない情報消費社会では、各人の〝今・ここでの心地よさ（楽しさ）〟への欲望こそが満たされるべきなのであり、しかもその楽しさの要求は顧客としての当然の権利になる。加えてそこでは、知識の習得よりも学習の過程が重視され、学習への動機づけとしての〝学ぶ楽しさ〟の重要性が説かれる。さらにいえば、たえず更新される外部社会の情報や知識とは異なり学校の教育内容がしばしば古くさく時代遅れであることを糊塗するためにも、あるいは学校の教育方法を外部社会の「楽しくわかりやすい」情報伝達の技術や方法に慣れ親しんだ子どもたちに合わせるためにも、楽しさはますます必要とされるようになる。かくして授業や学校は、情報消費社会が現に供給しようとしている類の楽しさを積極的に受け容れ、利用するようになっていく。

その結果、九〇年代の「新しい学力観」以降に広まってきた「体験学習」や「参加型学習」にとって、そのような楽しさはしばしば学習の本質的条件と見紛うばかりになっている。こうして今日では、楽しい授業とはもっぱら、子どもたちを退屈させないよう、教師が芸能タレントやテレビ番組の進行役のような語り口をもってワイドショーや教養娯楽番組のようにわかりやすくポイントを押さえながら進める授業や、子どもを自発的に動かせたり能動的に情報を探索させるための仕掛け（ゲーム・遊び・クイズ・体験・表現活動等々）が多様かつ巧妙に仕組まれている授業や、達成感や成功感や充実感を子どもたちが手軽かつ鮮明に得ることができる授業のことを指すようになる。

しかも、この第四の関心はしばしば学校の構造的矛盾を弥縫しようとする第三の関心と融合するので、楽しい授業・学校づくりは、既存の情報消費社会への適応だけでなく、不登校や学級崩壊などの子どもたちの「問題行動」を防ぐという目的にも拘束されるようになる。八〇年代半ばから九〇年代にかけて、楽しい授業・学校論は「教育技術の法則化運動」や「授業づくりネットワーク運動」などに引き継がれていったが、それらを熱狂的に受け入れたのが、自ら情報消費社会の洗礼を受け、さまざまな学校問題・子ども問題を何とか効果的に解決したいと考えていた〝善良な〟若い教師たちであった。そして彼／彼女らの立場を正当化したのが、楽しい授業・学校論を支える第一の関心に織り込まれていた子ども中心主義的な教育理念だったのである。つまりそこでは、子ども中心主義の「子どもは太陽」の言語と消費者主権主義の「子どもは王様」の言語は、学校秩序の回復という〝管理的〟意図に媒介されながら、ほとんど完全に一致するようになったのであった。

こうして、以上述べた四つの関心は出自と来歴が大きく異なるにもかかわらず、予定調和的に円環を閉じることになる。子ども中心主義的教育理念の実現への関心、勉強嫌いや学校嫌いといった問題を解決しようとする関心、校内暴力等の「荒れ」に対応しようとする関心、情報消費社会の申し子である新しい子どもたちに対応しようとする関心はすべて溶け合い、いわば万能のアマルガムを形成するようになったのだ。その結果、「楽しい授業・学校を」というスローガンは「個性尊重」といったスローガンと同様に一見だれも文句のつけようのないものになって、多くの教育・学校関係者に無批判に受容されるようになり、（〝旧制度〟に阻まれてその実現がうまくいかないほど）「授業や学校を楽しく！」の大合唱を呼び起こすようになる。

5　楽しい授業・学校論の限界

アイロニカルな帰結

楽しい授業・学校づくりを行うことの帰結は、しかしながらきわめてアイロニカルである。一言でいえば、それはさまざまな学校問題・子ども問題を解決しようとする関心（第二～第四の関心）に応えようとして提唱されたにもかかわらず、実際にはいずれの関心にも応えることができない。それどころか逆に次のような問題を新たに生みだしてしまう。

(a)　第二の関心に照らしていえば、勉強嫌いや学習意欲の低下はくい止められそうにない。まず目を向ける必要があるのは、授業や学校に求められる楽しさの質がここ三〇年ほどの間に、光のグラデーションのように少しずつ変化していったという事実である。遠山や板倉にとって、文化を本来的なやり方で学ぶことに伴う楽しさと、情報消費社会が供給しようとする娯楽的・享楽的な楽しさは整合するはずのものであったが、実際には、学校の構造的危機の進行と情報消費社会の進展の中では、前者の楽しさは次第にしぼんでいく一方で、後者の楽しさがますます肥大化していったということである。だが、後者の楽しさは、勉強嫌いをなくしたり学習意欲を向上させたりすることにほとんど貢献しそうにない。なるほど一時的にはある程度の効果があるかもしれない。けれどもそこでは、楽しい教材・教具が次々と開発されるあまり昨日の教材・教具が今日にはもう退屈になったり、達成感や成功感も人工的に中身が薄められたままインフレを引き起こしたりすることは避けられない。そうであれば、教師がマーケット・リサーチや新商品開発の担当者よろしく授業の楽しさをたえず更新しつづけない限り、子どもたちの学習からの逃走を防ぎ止めるのはむずかしいであろう。しかも、仮に楽しい授業がうまくいき学習が持続したところで、所詮それは外部の力によって人為的・人工的に操作・統制されているだけであり、その学習意欲はけっして自律的なものではない。つまりその外部的な操作・統制がなくなれば、学習意欲はすぐに減退してしまうのだ。

(b)　第三の関心に照らせば、すでに述べたように授業や学校への楽しさの導入は学校の構造的な矛盾や危機の隠蔽であり問題の弥縫策であるから、それは学校改革の手がかりになるかのように見えて、実際には学校の構造的な改革の先送りに手を貸していることになる。結局のところそれは、問題を抱えた学校システムの延命策にすぎないのだ。だとすれば、問題の取り繕いに腐心している間に学校の矛盾はさらに進行していくから、楽しい授業で何とかしのげる間はいいとしても、その効力がなくなったら、子どもたちの「荒れ」や「問題行動」はいっそう深刻なものにならざるをえない。しかも、授業・学校に導入される楽しさが消費社会が追求する類の楽しさと同質であるとき、その深刻化にはさらに拍車がかけられることになろう。というのも、そのような楽しさが子どもたちの私的所有欲の肥大化に貢献する一方で、目先の新しさや今・ここでの満足のみが肯定されるようになれば、歴史の中で築き上げられ個々の文化や生活の中に根づいている権威や道徳的秩序は次第に無力化していくからである。不登校についても似たようなことがいえる。楽しい授業・学校づくりが（顧客満足度を重視する）消費者主権主義の発想からなされ、授業が個人の私的所有欲《ニーズ》を満たしてくれる商品となるとき、これまでとは異なって学校と塾の間に区別がつかなくなる。すると、通う義務のない（本人が行きたくなければ行かなくてよい）塾と学校が同列に扱われ、逆に不登校が増加するという事態が生じかねない。

（c）　第四の関心から見たアイロニーには(a)や(b)ですでに述べたものが含まれるが、それら以外にもさらに次のような逆説も見いだすことができる。まず学校は、情報消費社会が追求する類の楽しみを提供することに関しては、そもそも最初から限界がある。巨大な資本力と高度な技術を有する教育産業や情報産業と同じ土俵で勝負しようとしても、学校はなかなかそれらには勝てないということだ。さらに、楽しい授業や学校が、楽しさの提供を通じて合理化を推し進める社会としての情報消費社会（リッツァ 1999：7章・3）の問題点に自覚的でないとき、それは容易に楽しさの装いをもった冷酷な社会への適応を促す装置に転じてしまう。しかもその場合、楽しい合理化の原理に貫かれた教育は効率性・計算可能性・予測可能性を高めようとする観点から学習を制御するために、学習に励むほどに子どもたちからは解釈学的な経験の機会が奪われる。つまりそこでは、合理的に計算され演出された楽しさの享受を通じて所定の意味を一方的に受容する体験が豊富に与えられても、対話＝〈自己と対象の間でなされる意味の投げかけ―受け取りの往還作用〉を通じて自ら意味を構成し、世界（他者・自然・事物・事件）を理解していく経験は枯渇する。そうなると、対話の能力が損なわれた子どもたちは、世界から一方的に力を押しつけられるか、世界に対して一方的に力を押しつけるかのいずれかしかできなくなってしまうであろう。当然そこでは、世界に対する関心は衰えていくばかりであり、新学力観のめざす「生きる力」など培われるはずもない。また、近年学校で広がりつつある、楽しい授業と「心の教育」が結びついたカウンセリング的な技法の学習《エクササイズ》も、一歩間違えば「感情マネジメント」（森 2000）の仕方の教育にすぎなくなり、楽しさの享受を通じて子どもたちは自らの感情や主張を抑圧して自我を傷つけるとともに、形式的なコミュニケーション・スキルの習得と引きかえに対話の能力をさらに衰退させてしまうであろう。

子ども中心主義的教育理念の空虚さ

楽しい授業・学校論を最も根底のところで支えていたのは子ども中心主義の教育理念を実現しようとする関心であるが、その関心こそが当の授業・学校論の上記のようなアイロニーやパラドクスを見えなくさせただけでなく、そうした事態をむしろ容認あるいは強化してきたことを最後に確認しておきたい。

(1)　この第一の関心の最大の問題点は、「子どもの能動的活動や要求や関心等々の尊重」「教え込みや押しつけや管理主義の克服」といったテーゼに訴えて、第二～第四の関心が要求する楽しさをそのまま正当化したことにある。つまり、それぞれの楽しさの質から目を逸らさせることによって、授業や学校に要求される楽しさの変質を看過したり、あらゆる種類の楽しさを無批判に受け容れたりしてきたことにある。そしてそのことを通じて、それらの関心の区別に無自覚になることを容認したばかりか、それぞれの関心を実現する方途（他のさまざまな可能性）についての知的な探究を遮断したことにある。その結果、楽しい授業・学校論は、教育的理想の実現に貢献するかのようでありながら、実際には学校の構造的矛盾を隠蔽したり、合理化を徹底的に推し進める社会としての情報消費社会に受動的に適応させたりするための装置として機能したのであった。

(2) 子ども中心主義の理念を実現しようとする関心はまた、第二の関心に芽生えていた重要な課題を排除してしまうという問題も抱えている。六〇年代の後半以降に目立ち始めた勉強嫌いや学校嫌いの基底的な要因が、子どもたちの多くが学校的〈学習〉(将来の自己利益の手段としての学習)に巻き込まれるようになったことにあったのであれば(4節参照)、その〈学習〉の様式を乗り越えることが何よりも必要な課題であったはずである。遠山や板倉が当初もっていた〈文化を本来的なやり方で学ぶこと〉の学校への導入という問題意識も、(成功しているかどうかは別として)この課題と深く関連していたと考えられる。しかしながら子ども中心主義の教育理念は、問題を「教え込みや押しつけの排除」や「詰め込み主義・競争主義等々の克服」に矮小化することによって、学校的〈学習〉の克服という課題を見失ってしまった。その結果としてその理念は、〈学習〉の人間化(〈学習〉を受け容れやすくするための工夫)を企てるばかりで、〈学習〉という他律的な生の様式を強いる近代学校のあり方を正当化し、〈学習〉の論理や様式の拡大再生産——今や大学にも浸透しつつある——に手を貸してしまったのである(松下1997)。

こうしてみると、万能に見えて実は不毛きわまりない楽しい授業・学校論を乗り越えるために今まず必要なのは、第二〜第四の関心を結合させるいわば蝶番の働きをするとともに、空疎かつ融通無碍の超権威として教育のさまざまなイデオロギー的実践を正当化してきた子ども中心主義の教育理念——それは「変幻自在の可塑性」をもつ「美しく力強い空言」としての戦前の「国体」の理念(松浦2000：316−17)を思い起こさせる——を徹底的に懐疑してみることである。その教育理念の深層にある空虚さ(宮澤1998)にも目を向けながら、まずは「子どもの主体性・能動性・自発性を発揮させる」「子どもの体験や活動を活かす」「一人ひとりの興味・関心・意欲を尊重する」といった子ども中心主義的言語がもっている空虚や欺瞞を自覚し、そのような言語によって教育の理念や実践を正当化しようとするのをやめることである。

だがけっして誤解してはならないのだが、そのことは断じて「楽しいことよりも苦しいことや辛いことの方が教育的に意義がある」とか「子どもの自由や権利を制限して国家・社会の論理を強調せよ」などと主張することではない。そのような主張は楽しい授業・学校論に対する短絡的で拙劣な反動にすぎず、同一のコインの表と裏の関係にあって楽しい授業・学校論をむしろ補完するものでしかない。「子ども中心 vs.社会中心」「楽しい vs.辛い」といった不毛な二項対立を乗り越える教育や学びの理論を構築し、それを基礎にして時代にふさわしい新たな学校の理念を構想すること、これは戦後の教育学が見失ってきた、未だほとんど手つかずの課題なのである。

〔引用文献〕

有馬朗人「平成一一年　年頭の所感」『文部時報』一月号、一九九九
板倉聖宣『科学と教育のために』季節社、一九七九
板倉聖宣『たのしい授業の思想』仮説社、一九八八
板倉聖宣『教育の未来に向けて――授業をたのしくすれば学校は変わる』仮説社、一九九五
板倉聖宣ほか『仮説実験授業の誕生――一九六三―六四年論文集』仮説社、一九八九
川合章『子どもの発達と教育』青木書店、一九七五
松原隆一郎『消費資本主義のゆくえ――コンビニから見た日本経済』ちくま新書、二〇〇〇
松下良平「戦後教育の哲学的基底――自己矛盾としての〈子ども尊重〉の思想の〝乱熟〟」『教育哲学研究』第七五号、一九九七
松下良平「自生する学び――動機づけを必要としないカリキュラム」グループ・ディダクティカ編『学びのためのカリキュラム論』勁草書房、二〇〇〇
松浦寿輝「国体論」小林康夫・松浦寿輝編『表象のディスクール　第5巻：メディア――表象のポリティクス』東京大学出版会、

二〇〇〇
宮澤康人「児童中心主義の底流をさぐる――空虚にして魅惑する思想」『季刊 子ども学』福武書店、Vol. 18、一九九八
森真一『自己コントロールの檻』講談社、二〇〇〇
中島浩籌「生涯学習・管理社会におけるカウンセリング」日本社会臨床学会編『カウンセリング・幻想と現実（上）――理論と社会』現代書館、二〇〇〇
根本正雄「『楽しい学校づくり』の条件」『現代教育科学』明治図書、一九九四、八月号
小原茂巳『授業を楽しむ子どもたち――生活指導なんて困っちゃうな』仮説社、一九八二
G・リッツァ（正岡寛司監訳）『マクドナルド化する社会』早稲田大学出版部、一九九九
千石保『「モラル」の復権』サイマル出版会、一九九七
高橋勝『文化変容のなかの子ども――経験・他者・関係性』東信堂、二〇〇二
遠山啓『遠山啓著作集・教育論シリーズ4 教師とは、学校とは』太郎次郎社、一九七八
遠山啓『遠山啓著作集・数学教育論シリーズ10 たのしい数学・たのしい授業』太郎次郎社、一九八一

第6章　戦後大学の「教育」化
――遅れてやってきた近代化――

松浦良充

1　「教育」史として読みなおす戦後大学史

現在、大学が「教育」機関であることは、自明のことのように思われている。しかも最近、より一層、大学の教育機能を強化しようとする傾向が顕著になっている。いま、日本の大学のさまざまな機能や領域について、大規模で根源的な変革が進行している。そして大学における「教育」の問題は、その中心的な課題を占めている。

一九九一年の大学設置基準の改定をもたらした大学審議会答申（一九九一年二月八日）は、文字通り「大学教育の改善について」と題されていた。そして改定された設置基準においては、従来の「授業科目」に替えて「教育課程」という章が設けられ、「大学は、……教育上の目的を達成するために必要な授業科目を開設し、体系的に教育課程を編成するものとする」（第一九条）とされた。(1)ここには、「教育上の目的を達成するために」「体系的な教育課程を編成」する、という〈目的合理的〉な「教育（課程）」観が示されている。さらに同条第二項は、「教育課程の編成に当っては、大学は、学部等の専攻に係る専門の学芸を教授するとともに、幅広く深い教養及び総合的な判断力を培い、豊かな人間性を涵養するよう適切に配慮しなければならない」としている。これは、授業科目による知的教授（teaching or instruction）にとどまらない、幅広い〈全人格的〉な人間形成の要素を、大学の「教育（課程）」に含みこんでゆく可能性を示唆している。

このような設置基準の改定を契機としてまず着手されたのが、大学の一般・教養教育を中心とするカリキュラムや教育研究組織の再編成であった。そしてそれに続く形で、大学の「教育」改革は、具体的で多彩なディヴァイスを採用しながら展開してきた。すなわちシラバスの制度化、学生による授業評価、ＦＤ（Faculty Development）の活発化、ＴＡ（Teaching Assistant）の活用、マルチ・メディアの利用や遠隔教育の技術革新、ＧＰＡ（Grade Point Average）制度や補習授業の導入などである。これらはまさに、教育の〈目的合理的〉な技術でありツールである。一方、新入生対象をはじめとするオリエンテーション、学生のメンタルヘルスに配慮した相談・カウンセリング活動、そして就職・進路に関するガイダンス、また学生募集上の思惑も絡んで学生の福利厚生施設の充実をはかろうとする動きも強まってきている。大学の校舎・キャンパス建築も、学生の居心地のよさに配慮する設計が増えている。父母懇談会を各地で実施することはもはや常態化しており、なかには授業参観日を設ける大学も出てきた。これらはいずれも、授業科目の範囲を超えて学生の〈全人格的〉な形成をもくろみ、大学を「教育」的な環境として整備しようとすることのあらわれにほかならない。

このような学生の〈全人格的〉形成を〈目的合理的〉に達成しようとする動きは、日本の大学が、近代的な「教育」の原理と装置が充満した空間になりつつあることを示している。たとえば宮澤康人は、近代教育思想を次のように要約した。「まず子どもを一個の人格とみなし、その個としての子どもの内面に向かって合理的に作用を及ぼそうとする技術が教育である。そしてその教育の目的は、一人ひとりの子どもを社会の進歩発展の担い手に育てることである。」そして彼は、それが「西洋近代に固有のもの」であるとした。(2) この定義を採用し「子ども」を学生と読みかえるならば、現代日本の大学は、西洋近代的な「教育」思想の特徴を体現する場へと着実に変革されつつある、と言える。すなわち日本の大学は、近代「教育」化の過程にあると見ることができるのである。

ただし、この近代化は遅れてやってきた近代化である。しかも未完の近代化でもある。この近代「教育」の原理が、日本の初等・中等教育機関をあまねく席巻してすでに久しい。これに対して現在、大学における「教育」が重視され、それに関するさまざまな改革が進行しているということ自体が、逆説的に言えば、これまでの大学で「教育」が軽視されていたことを顕著に示している。天野郁夫は、今回こうした「教育」中心の改革が進行していることは、まさに日本の大学にとって「教育革命」である、と言っている。そしてそれが「革命」的であるのは、これまで日本の大学が研究を重視し、教育を従属的な地位においてきたからにほかならない、とする。(3)

こうして考えると、簡単に大学を「教育」機関として自明視してしまうことには、慎重でなければならないと思われる。その一方で、いま大学と「教育」は強力に接合されようとしている。このような動きは、いつから、どのような背景や文脈のもとに進行しているのか。ここから大学と「教育」との微妙な関係を、歴史の文脈のなかで捉え直すことが重要な課題として浮かび上がる。

本章は、「教育」という観点から戦後大学史を読む一つの試みである。ただしそれは、戦後「大学教育」史を描こうとするものではない。戦後大学（史）に関する研究は、占領期改革・新制大学発足前後を中心として、少なからぬ蓄積がある。そしてその多くは、法制史・政策史を中心としたものである。(4)

本章は、大学に「教育」的観点や意識が導入される過程をさぐることで、戦後大学像を捉え直そうとする試みである。そしてそれとともに、「教育」がそれまで「教育」をもたなかった領域を蚕食する過程を見ようとする点で、戦後「教育」史に対する一つの見方を提起するものでもある。その構想のすべてを本章で実現するわけにはゆかないが、ここでは、仮説的にまず、新制大学発足期に先駆的な形で日本の大学における「教育」化の萌芽があったことを示そうと思う。そしてその萌芽は、皮肉なことにそれを芽生えさせた種子そのものに内在する要因によって、その成長が妨げられてしまったことを明らかにする。その種子とは、戦後大学の大きな特徴であり、そこにおいて「教養」形成の機能をになった一般教育のことである。

2 戦前の旧制大学と「教育」

日本の大学において本格的な「教育」化が開始されるのは、いつからであろうか。その手がかりを得るための貴重な論考として、近代日本の大学史を、大学「教育」史の観点から描いた寺﨑昌男の「日本の大学にとって教育とはなんだったか」がある。(5)

寺﨑は、「日本の大学史の実情から言えば、大学はまず教育の場として――言い換えれば人材育成の場として考えられていた」(6)としている。とくに日本の官立高等教育機関の草創期である明治初期においては、大学の教育的側面すなわち学生の学習指導や学術的鍛錬を行なうための制度や方法に対して、大学教師をはじめとする関係者の強い関心をうかがい知ることができる、と言う。ちなみにそうした教育への関心が、本章で問題にしようとしている近代的な「教育」意識にもとづくものであるのかどうかついては、ここでは立ち入らない。それには、実態に即したより綿密な論証を必要とするからである。

いずれにせよその後、帝国大学制度が確立する一八九〇年代を過ぎると、大学の様相に大きな変化が生じる。帝国大学の創設に深く関わった伊藤博文や森有礼たちは、「大学を単なる教育機関だとは考えなかった」からである。帝国大学令には、「大学院ハ学術技芸ノ蘊奥ヲ攻究シ分科大学ハ学術技芸ノ理論及応用ヲ教授スル所トス」とある。寺﨑によれば、これは「研究中心の大学院と、教授・教育中心のアンダーグラジュエート」との「二つを備えていなければ『大学』とは言えないぞ、という一つの大学観を表明している」のである。では、その「教授・教育」の実態はどのようなものであったのだろうか。帝国大学では、法科大学をはじめとして理・工科大学などでもほとんど選択科目をおかず、必修科目主体の学年制をしいていた。そしてそこでは、「教授の一方的な『講義』と、そのひたすらな筆記と暗記という教授・学習形態」が中心であった、とされる。(7)

ところがこのような状況に対する反省が、明治末期から大正にかけて生じる。講義中心の授業や学年制が、学生の自発性や創造性を損なっている、と批判されるようになったのである。一九一八（大正七）年に出された臨時教育会議の答申は、「自修独創ノ学風」が不振であることが「大学教育上ノ一大欠点」である、と指摘した。ここから学生の「自学自習」を重視して、選択科目や単位制が導入されるようになった。寺﨑はこれを、「高等教育段階における『大正新教育』であった」(8)と評している。もっとも実態としてこの自学自習が、どれほど当時の大学に広くかつ永続性をもって実現したかは必ずしも明らかではない。ただし筆者は、臨時教育会議による批判には、「大学ニ於テハ学術ノ攻究ヲ目的トスルヲ以テ学生自ラ学術ヲ研究スルノ風ヲ存セラルヘカラサルニ不拘」という文言が前提になっていることに留意すべきだと考える。すなわち「自修独創」は、学生が研究にとりくむことが前提となっているのである。大学において研究と教育が不可分のものと捉えられているところから、自学自習の必要性が訴えられているのである。

このように寺﨑は、明治以来の大学の歴史において、そのところどころで教育的な関心が見られることを指摘した。ただし結局のところは、大学「教育」への関心のこうした芽は、戦前には決して実際に結実することはなかった。学生に筆記と暗記を強いる講義形式を踏襲する大学教師には、そもそも「教育」を行っているという意識そのものが稀薄であったのではないか。しかも学生の「自学自習」の必要性が主張されたとしても、あくまでそれは研究上の、あるいは研究的な意味での教育という観点からなされたものであった。

このことは、寺﨑も触れていることではあるが、本章が後に詳しくみるように、戦後初期の上原専祿による旧制の大学人の教育意識の分析によって裏づけることができる。彼は、それを「擬似専門教育における一般教育意識の欠如現象」および「擬似一般教育における専門教育意識の欠如現象」と喝破し、痛烈に批判したのである。前者は、大学の教師が、自己の細分化された学問領域における研究分野を学生たちに機械的に口授するにすぎないこと、そして後者は、教育的配慮にもとづいて工夫することなく伝習的知識を学生の頭脳に注入するにすぎないこと、をそれぞれさしている。

戦後新制大学の発足は、こうした「教育意識の欠如現象」を克服し、大学における「教育」化の本格的な展開をもたらすことになるのだろうか。たしかにそれは、戦前に芽生えた大学教育への関心を開花させる一つの大きな契機になるはずであった。実際、寺﨑は、上原ら新制大学の創設にかかわった大学人が、大学における一般教育導入の局面に大学教育の再生の希望を賭けたことを示唆している(9)。戦後新制大学は、大学の「教育」に対してどのようなスタンスをとり、それをどのように理解していたのか。またそれと一般教育の導入とはどのような関連にあったのか。このような問いを念頭に、戦後新制大学発足時の「教育」把握をいくつかのテクストのなかに読みとることにしよう。

3　『新制大学への道』

戦後新制大学は、一九四八（昭和二三）年、まず他に先行する形で一二の公・私立大学が、さらに翌年には、国立六九校を含めた計一七四大学が認可され、本格的に発足することになった。戦後大学史はここにはじまる。

ではその発足当初、戦後大学は、戦前の旧制大学と比較して、どのような点が「新制」であると考えられていたのであろうか。それを知るために、戦後大学史が本格始動した一九四九年一〇月に発刊された学徒図書組合文化部編『新制大学への道』をとりあげよう。[10]

当時の文部省大学学術局長・剱木亨弘が序文を執筆している本書は、「旧制大学から新制大学への再編が進行しているさなかの時点で出版された、新しいスタイルの、しかも公的な意味を持つ『進学案内書』である」と評される。[11] すなわち本書は、新しい学校体系のもとでの大学志願者に対して、「新制大学とは、どんな性格の大学であるのか。今までの高等学校や専門学校、また大学と性格がどう違うのか」[12]を示そうとするものである。それはまた当時の文部省・大学関係者が新制大学をどのようなものとして捉えていたのか、ということを、学生へのメッセージという形で直截に読みとれる貴重なテクストでもある。

まず本書は、新制大学の志願者に対して「しっかりと意識してほしい」のは、どのような職業や専門の道に進もうとも、専門的な知識・技能のほかに、広く基礎的な教養を身につけているべきことだ、と言う。すなわち「大学教育を受けた人々は、職業人・専門家であるということ以外に、教養ある人間であり得なければならない」のである。そして「この一般的な教養を重視することに、今までの大学や専門学校とは、はなはだ違った新制大学の性格がある」とする。[13]

旧制大学では、「専門的な学術を深く極めるということにのみ重点が置かれていて、廣い人間的な教養ということは、多く顧みられなかった」し、旧制専門学校では、「職業的技能ばかりが、かけ足のような忙しさで授けられて、一般的、基礎的な教養を学生に與えることは、まことにおろそかであった」のである。一方旧制高等学校では教養について比較的配慮がなされていたが、それはあくまで大学への進学準備を主とするものであった。したがってそこでは、「廣い教養を身につけるということは、決して組織的、計画的に行われていたとは言えない」のである。[14]

こうしたことから本書は、「新制大学は、今までの高等専門学校や大学と比べて、一個の人間の成長にとって、遙かに本格的な教育的計画を持つ学校となるであろう」と宣言する。新制大学の学生は、文系・理系を問わず、ともに、社会科学、人文科学、自然科学という「人類の思考の三大部門」についての、一般的・基礎的教養を身につけることになる。そしてそれは、さらに深い学問研究のための準備にもなる。すなわち新制大学は、「人間的教養と、学究的準備を、十分に行おうとする教育計画を確立した大学となるであろう」と言うのである。[15] このように本書が、新制大学の第一の特色として、幅広い教養の重視と、その「組織的、計画的」な教育の実施を強調していることに、著者は特に注目したい。それは、一般的な教養に関する教育を組織的・計画的に実施することを契機として、上原が指摘したような旧制における「教育意識の欠如」の克服をめざしているのである。

同書はこれ以外に、新制大学の第二、第三の特徴として、職業教育の重視と学問研究者の養成をあげている。すなわち大学は、学生が将来就こうとする特定の職業に関わる技能や学力が体得できるように、「充分訓練する学科課程を組織するべきである」。また「新制大学は、今までの大学以上に、学問の真髄を極めようとする学生への準備を組織的に備えた大学となるであろう」と言う。そして新制大学の特色を次のようにまとめる。「要するに、人間的教養を備えた人間、堅実な職業的技能を備えた人間を育て上げること、更に人類の学術に貢献する学者を養成する基礎、こういう三条件を、組織的、計画的に備えた最高の教育機関であること、――こゝに、新制大学の性格があり、今までの高専諸学校や大学と違う特長がある」[16]と。

新制大学の特色として、一般的教養、職業的訓練、学問探求という三つの機能を強調していることは、後に見るように、『第一次アメリカ教育使節団報告書』を彷彿させる。当然その影響があったことが推測できる。ただこの三つのうち、三番目の学問探求については、将来研究者になる特定のものを想定しているので、あまり一般的とは言えない。また叙述の分量も少ない。ここで圧倒的な紙幅が割かれているのは、やはり第一番目の幅広く一般的な「人間的教養」の重視についてである。しかも組織的、計画的にこの教養の形成＝教育がめざされているのである。

また第二番目の職業的訓練に関しても、組織的なカリキュラムの編成が示唆されている。戦後の大学は、幅広い「人間的教養」の形成を軸として、組織的・計画的な「教育」を強調するものへと転換しようとしていたのである。

4　『アメリカ教育使節団報告書』

このような新制大学の「教育」認識に影響を与えたと考えられるのが、先にも触れた『第一次アメリカ教育使節団報告書』（一九四六年三月）である。

それは、民主主義的な教育理念や六―三―三制の学校制度体系の導入をはじめとして、戦後日本の初等・中等教育および教員養成教育、さらに教育行政の改革に関して積極的な勧告を行なった。そして戦後日本の教育改革全体に広範で強力な影響を及ぼし、戦後教育史を決定的に方向づける意味をもった。

ただし同報告書は、大学・高等教育の制度的再編に関しては、初等・中等教育などに比して具体的な提言をしていない。字義通り理解すれば、そこでは旧制高等教育機関の存続が前提となっているかのようにも読める。事実、第一次使節団勧告の実施状況を検証した『第二次アメリカ教育使節団報告書』（一九五〇年九月）は、次のように述べている。「第一次アメリカ教育使節団は、高等教育について勧告するにあたって、既存の教育機関の枠組みのなかで望ましい改革をすることに注意の大半を傾けた。しかしながら、日本人はこれらの諸機関を改革しようとする場合、高等教育の制度全体を再編成することが必要であると考えた。そして、この再編成の外形的な側面を急速かつ全面的に成し遂げたのである。」[17]このように大学、専門学校、高等学校、師範学校などの旧制高等教育機関を、戦後新制の大学に「一元化」するという実際に行われた根本的な制度改革は、少なくとも文言上は、アメリカ教育使節団の積極的なイニシアティヴによるものとは考えにくい。[18]

しかしながら、大学・高等教育の具体的な制度改革についてはさておき、戦後大学の理念的な性格に対しては、使節団報告書は少なからぬ影響を与えた、と見ることができる。そしてその一つとして、大学の「教育」機能への関心を喚起したことは大きい。この報告書は、日本の新しい時代の大学の基本的性格を明確に示すとともに、それを基盤的に支えるものとして、general education（一般教育＝普通教育）という装置の導入を強調したのである。考えてみれば、制度改革に関する目立って積極的な提言がない分、かえってgeneral educationの必要性が浮き彫りになったのではないか。同報告書は、「大学はすべての現代教育制度の王座である」[19]と宣言した。そして大学とは、①自由な知的・学問的探求、②リーダシップを担う青年男女の育成、③変化する社会のニーズに対応した職業訓練、の三大機能を同等に果たすものである、と位置づけた。そしてこれらの機能の基盤をなすものとして、general educationの必要性を強調したのである。

同報告書によれば、日本の旧制高等教育機関のカリキュラムは、多くの場合、早期に狭隘な専門化が進み、かつ職業的な側面が強すぎて、「general educationの機会があまりにも少ない」のであった。だがこれからは、「より自由な思考の背景と職業訓練のよりよい基盤を提供するためには、より広いヒューマニスティックな態度が育成されるべきである」と言う。ただしこのgeneral educationは、特別な形で導入されるべきものではない。大学・高等教育のカリキュラム全体のなかに統合されなくてはならない。すなわち「general educationは、各学生に編成された通常のカリキュラムに統合されるべきものであり、その結果、学生は、その正規の単位を取得することができ、それを何か特別に分離されたものであるとはみなさないだろう」としている。[20]

報告書が言うgeneral educationは、なにも大学・高等教育に特有のものと考えられていたわけではない。たとえばそれは、「general educationは、言葉の通常の意味においては、日本では、高等教育諸学校や大学予科に入学してさらに三年間継続してそれを受ける少数者を除いては、中等レベルの学校で終了する」[21]とされていることにも窺える。このようにgeneral educationは、それまで少数者の特権であった大学・高等教育が、より多数の人々にその機会が拡大されるに伴って拡充されるべきものと捉えられているのである。すなわち大学・高等教育におけるgeneral educationは、初等・中等教育におけるgeneral education（普通教育）の連続線上にその発展段階として考えられている。

もっともこうしたことが、当時およびその後の日本において、充分理解されたとは言えない。後に見るように、大学のカリキュラムにおいてgeneral educationは、専門教育から分離・孤立する傾向が強かった。そしてそれが、結局一九九一年の大学設置基準の改定による一般教育／専門教育という科目区分の廃止につながる。またgeneral educationの訳語自体が、初等・中等教育に関しては「普通教育」とされ、大学・高等教育については「一般教育」と区別された。その両者の接続や連続性について充分な検討がなされたとは言えない。

それでもやはり、大学・高等教育へのgeneral educationという装置の導入は、日本の大学・高等教育に「教育」意識をもたらす可能性をはらんでいた。大学・高等教育において、「普通教育」ではなく「一般教育」という語が用いられることの背景には、「教養」概念の影響がある。戦後の一定期間、「一般（的）教養」と「一般教育」という語が混用されていた。それは、general educationが「教養」概念と融合する過程をあらわしている。戦前から用いられていた「教養」概念の存在が、「普通教育」とは区別する形で大学・高等教育における「一般教育」概念をつくりだしたのである。そしてそれとともに、general educationが、「教養」形成の制度化をもたらすことにもなったのである。ここに「教養」が「教育」によって形成される、との考え方が制度化される端緒を見出すことができる。そしてそれは、逆に言えば、「教養」形成をgeneral educationという「教育」がとりこみはじめた、ということを意味してもいるのである。

ところで『第二次アメリカ教育使節団報告書』には、とりたててgeneral educationについての言及はなされていないが、次のような一節が見られることには注目しておきたい。「現代の大学は、人々の個々に適合した授業プログラムを単に提供するだけでなく、各々独自の個性をもつ学生に対してカウンセリングとガイダンスのサービスを与えるものである。そうしたサービスは、日本の高等教育機関において、現在の範囲をはるかに超えて発展させる必要があるだろう。(22)」当時のアメリカ側の意向は、明らかに広範囲で計画的に大学における「教育」化を進めようとするものであった。

4　上原專祿の大学論

この『第一次アメリカ教育使節団報告書』に早くから注目した数少ない大学人のひとりが、上原專祿（一八九九－一九七五）であった。(23)上原は、一九四六年八月から四九年一月まで東京産業大学・東京商科大学（旧制・東京商科大学、一九四七年三月から東京商科大学に名称復旧、一九四九年五月より新制・一橋大学）の学長を務めた。彼は、大学基準協会の結成やその大学基準の制定（一九四七年七月）にも中心的に参画した。また学長退任後も、社会学部の創設をはじめとする一橋大学の改革に重要な役割を果たしている。こうして彼は、日本の大学・高等教育の旧制から新制への転換期の諸動向を的確に把握するのに好適な位置にいるとともに、彼自身の大学に関する言明や発言が、新制大学の方向性に強い影響力を与えることにもなった。(24)その意味で上原は、教育使節団報告書に触発されながら、大学における「教育」化の流れを先駆的に感知した人物である、と位置づけることができる。

上原の論稿のうち、本章のテーマに関連の深い、「大学の職能」（一九四七年六月二二日成稿、『中央公論』一九四七年八月号掲載）と「大学教育の人文化」（一九四八年六月一日成稿、『表現』第三号・一九四八年八月号、角川書店、掲載）をとりあげ、新制大学発足期の大学論における「教育」把握の一例として検討しよう。(25)

（1）「大学の職能」

「大学の職能」において上原は、教育使節団報告書を「大学の機能と職分とに関する高い理想と広い視野と鋭い観念とを明かに示している」と高く評価する。とりわけ同書では、大学の職能が「知的探求」「社会人育成」「職業人訓練」という三つの範疇において認識され、しかもそれが「三種の別箇の職能」と捉えられている。[26] そして上原はこうした把握の仕方とその意味を、特に一九世紀初頭を転機として大きく変貌した西洋「近世大学」の歴史的文脈のなかで比較考察する。

まずイギリスでは、一九世紀前半に大学の大増設が進んだ。そして一九世紀なかばには、大学を「教育」の場所として意識することが、「イギリスの一般的風潮」となった。たとえばニューマンは、自己目的としての知識を教え、それを通して「知性ある社会人を育成する点に『自由教育』の本義が存するとなし、これを以って大学の基本職能と」したのである。さらに一九世紀後半には、ミルも、職業教育を批判しつつ、一般教育こそが大学の「本来的職能であること」を強調した、とされる。[27]

これに対して「真理の限りなき探求と学問の創造的なる研究」とを、大学の「最も重要な職能として最初に意識したのは」[28] 一九世紀のドイツの大学である。ドイツでは、一八〇九年のベルリン大学の創設に象徴されるように、学問の創造的研究を大学の本務と考える新しい時代を迎えたのである。もっともこの傾向は、最初から有力であったわけではない。たとえば一九世紀初期にシュライエルマッハーは、大学の職能を、学校とアカデミーの中間に位置づけ、単なる知識の伝達・教育でもなく、また学問の創造的研究でもない、青年教育の場とした。すなわち学問の理念や精神を、すでに知識を習得している青年たちに体得させるのである。これは一見、学問研究自体を大学の職能と考えない点でニューマンやミルの見解に似ているようではある。けれども彼らが一般教育や自由教育をめざしたのに対して、シュライエルマッハーは、将来の学問研究者の養成を想定している点が異なる。

一方、このシュライエルマッハーの考え方に対して、同様に学問研究者の育成を考えつつも、大学自体の職能として学問の創造的研究を強調したのがフィヒテである。彼は、すでに書籍普及の時代に入って、大学が既刊書の内容を反復・伝達することに甘んずることを批判した。さらにフンボルトは「学問研究の府としての大学」を強調し、教授と学生が「知識の増進作業における協同」に従事すべきことを説いた。(29) こうしてドイツでは「大学職能の中心を真理の限りなき探求と学問の創造的なる研究とのうちに意識しようとする傾向」が支配的になったのである。そしてこの傾向は、やがて大学院を制度化したアメリカにとり入れられ、次第に強力になっていったのである。

このような歴史的考察を経て上原は、教育使節団報告書にある大学の三つの職能観が、一九世紀初頭以降、各国の状況に応じて考えられた大学の理想の「複合物」であることを指摘する。しかもその三職能は、相互に区別すべきものとされ、かつ同等に達成されるべきものと考えられていた。したがって「それは原理上の統一ではなく、いわば意志的なる結合であり、心的緊張によるところの一括なのである。三種の歴史的形成物を一個の超歴史的・合理的意志によって横ざまに貫いたもの」と言えるのである。そしてこのことは、アメリカの大学がこの三つの職能を、制度的に一つの大学のなかの別個の機関によって果たそうとしている点によくあらわれているのである。すなわち「一に人文的教養ある社会人の育成はカレッジにおいて、いわゆるアンダー・グラジュエートの学生を対象として行われ、二に専門学術の知的探求はグラジュエート・スクールと研究所とにおいてなされ、三に技術者、職業人の養成は各種のプロフェッショナル・スクールにおいて行われているという現実が、多元的職能意識を何らの不安なきものとして成り立たしめている」のである。そしてこれは、まさに「意志的な作業方式」にほかならない。したがって、この三職能を同時に実現するためには、「大学運営上まことに容易ならぬ意志的緊張の持続を要するのみならず、さらには周到をきわめた知的配慮が必要である」と上原は主張する。(30)

大学史に関する着実な知見と、アメリカ大学・高等教育制度に関する的確な理解にもとづく上原の主張は、日本の新しい大学・高等教育制度の創造にかけるみずみずしい意欲を感じさせる。そしてそれが、半世紀以上を経た現在の日本の状況にも通用する卓見であることに驚きを禁じ得ない。逆に言えば、五〇余年の間、日本の大学・高等教育は、この上原が取り組んだ課題と彼の優れた見識を放置してきた、ということになる。

(2)「大学教育の人文化」

続いて上原は、「大学教育の人文化」において、大学の「教育」機能に焦点をあてる。

戦後の日本の再建のためには、「全く新たなる精神性格の日本人を創造するという極めて困難な一路」すなわち「教育」に希望を託するしかない、と上原は言う。[31] こうした認識に立つとき、「教育機関としての大学」はどのようにして、その職能を果たすべきなのか。

ただしここで彼は、この問いの前提そのものから考察をはじめる。すなわち「思うに、大学が一の教育機関であることは、自明の事柄ではない」と。なぜなら、前述した歴史的考察にも明らかなように、一九世紀以来のドイツの大学においては、真理の探求や研究をその職能の中心としていて、人間育成や教育については、第二義的なものと考えているように思われるからである。[32]

これに対して、例の教育使節団報告書の大学職能観が、知的探求のみならず、社会人の育成および職業人の訓練にも言及しているのは、「大学職能の一面として教育なるものが更めて強く意識せらるべきであることを示唆せんとするものであろう」。ところが上原が見るところ、「日本再生の根本契因が新しい精神性格の日本人を創造することのうちにのみ存するという明確な自覚の下に、教育の問題を真剣にとり上げつつある大学は必ずしも多くはない」と言う。学問の研鑽も職業人の供給も軽視すべきではないが、現代の日本の大学が第一に取り組むべき任務は人間育成にほかならない。学問研究についても、重視すべきは、名ばかりの独断的で狭小な研究業績をあげることでは決してなく、「新なる精神性格と生活態度を備えた新研究者たるべく自己を再形成し、又さようの研究者たるべく若い世代の人たちを育成してゆく教育活動であろう」と上原は主張する。職業人の養成に関しても同様である。上原は、現代の大学が果たすべき役割は、単に職業的技能を習得させることではなく、その担い手である「人間そのものを全人格的意味において育成することから」はじめるべきである、と言う。「要するに、現代日本の大学は、今や更めて、それが人間育成の機関でなければならぬことを強く再確認すべきであろう」と訴えるのである。(33)

こうした観点から日本の大学の過去と現状を考えると、教育使節団報告書が指摘するように、「一般教育」が過少であることが「最大の弱点」であり、またそれにとどまらず、「広範な人文的態度の培養を目標とする一般教育という意識そのものが甚だ微弱であった」と言える。さらに問題なのは、一般教育と専門教育や職業教育との相互連関の問題が意識されてこなかったことである。この状況を上原は、前にも触れたように、「擬似専門教育における一般教育意識の欠如現象」と「擬似一般教育における専門教育意識の欠如現象」と呼ぶ。すなわち前者は、「分割せられ細分せられた一学問領域における自他の研究成果を——近接分野におけるそれとの内的交渉を顧みることなく、いわんや人間又は自然の解明一般におけるその地位を省察することなく、ましてや聴く者の自然感覚や人生態度の内奥に働きかけようとする用意もなく——、学生たちに対してただ機械的に口授するに過ぎない」ような状況である。また後者は、「ただ人文や自然に関する伝習的知識を——研究者たり、社会人たり、実際人たるに適わしい素質と性能、見識と心情、それらを培養せんとする真摯な意図や工夫を凝らすことなく——単なる知識として学生たちの頭脳の一隅に注入するに過ぎぬ」ような状況のことをさす。(34)この指摘は、前述した大学の三職能を緊張感をもって意識的に実現するべきとする主張とともに、現在にも通ずる卓見である。

上原は、大学が人間育成の機関すなわち教育機関であるべきことが自覚されるのみでは不十分であり、こうした「欠如現象」を克服するような一般教育を新たに工夫することが必要である、と主張する。なぜなら「一般教育こそ、いかなる専門教育も、いかなる職業教育も、以って基盤となし、以って培養基となすところの教育作業である」[35]からだ。

このような認識のもとに、上原は現代日本の大学における一般教育の計画と実施を考えるための四つの観点に言及する。①「目標又は目的の問題」、②「場の問題」、③「学科目並に教科課程の問題」、④「教授法の問題」である。

①については、教育使節団報告書を受けて「広範なる人文的態度の培養」をその目標として確認するだけでなく、「人間精神性能の多面的展開を志向する心的訓練の意味をも有すべき」としている。[36]また②に関しては、一般教育を大学に組み入れることで、単なる専門教育の場と考えられてきた従来の大学観が根本的に転換される、としている。③は、①、②を受けて、多面的なカリキュラムを編成しすべての学生に共通の教育を行なうとともに、各学生の個性の形成にも留意すべきことを強調している。

そして特に注目したいのは④である。上原によれば教授法は、日本では初等・中等教育の問題であると考えられ、高等教育がそれを意に介さないことについて、「むしろ一種の誇りが感ぜられていたかもしれない」のである。けれども一般教育が、単なる知識の付与や専門教育の準備を意味するものではなく、「広く深くゆたかに鋭く、観察し思考し生きる態度と性能とを個々学生毎に築き上げ」、「特にかようの教育によって在来の日本人に固有の卑小・低俗・固陋の性格を一変せしめようと志す場合には、大学においても教授法の問題が真剣にとり上げられねばならぬであろう」と言う。そして「教授法の問題を軽視する限り、大学における一般教育の成果は挙がらないであろう。そして一般教育の成果が挙がらぬ限り、専門教育に対してもまた多くの期待を寄せがたいであろう」とするのである。[37]

まさに上原の言明には、初等・中等教育と連続的な意味での「教育」を大学・高等教育に導入しようとの意図が鮮明にあらわれている。旧制の「教育意識の欠如」への反省から、これを克服するために、大学における「教育」が強調されるのである。そしてその「教育」の導入は、旧制にはなかった「一般教育」の大学への導入を契機として行なわれる。しかもこの一般教育は、全面的な人間形成を目的として、その目的に整合的に計画されたカリキュラムと教授法によって合理的にプログラムされた装置によって実現するのである。「人文的態度」や「人間精神性能の多面的展開」とは、ドイツ語の Bildung や英語の Culture に相当する「教養」という概念に該当する。ただし、「教養」は必ずしも「教育」によってのみ形成されるわけではない。とりわけ Bildung に相当する「教養」という語には自己形成によるもの、というニュアンスが強かった[38]。ところが大学における一般教育の導入は、こうした「教養」を、カリキュラムと教授法を整備した目的合理的なプログラムからなる「教育」によって形成しようとする考え方への端緒を開くものであった。すなわち大学における「教育」化は、一般教育の導入を契機とする「教養」の「教育」化によって進行することになったのだ。上原の大学論が、私たちに現在もなお通ずる先見性を示すのは、そこに大学における「教育」化に対する鮮明で強力な意思を読みとれるからなのである。

6　大学における「教育」化はなぜ遅れたのか

上原が「大学教育の人文化」の後半部分で問題提起した一般教育のプログラム化は、その後大学基準協会の一般教育研究委員会において精緻化され、その数次にわたる報告書を通して、全国の大学にモデルを提供していった。一九五一年九月に出されたその最終報告書『大学に於ける一般教育』の緒論は、新制大学の使命から説き起こし、一般教育の必要性、専門教育との関係、管理運営組織、さらにはカリキュラム、ガイダンス、授業方法など、一般教育にかかわるおよそあらゆる問題を広範に論じている。しかし圧巻なのは、人文科学、社会科学、自然科学各分野の各論である。そこでは、各分野の「本質」やカリキュラム、教授・学習指導法に加えて、具体的に各種科目のコースプランの試案が掲載されている。現在ようやく日本の大学にも普及しつつあるシラバスも顔負けの充実度である。それぞれ、授業の目的、内容、方法、計画、参考文献に加えて、反省や批評まで記されている。(39) 初等・中等教育の授業研究における学習指導案を彷彿させるものである。一般教育の導入の際に湧きあがった「教育」意識は、明らかに初等・中等段階と強い連続性をもつものであった。

けれども大学における「教育」化の動向は、日本の大学・高等教育に急速に普及することはなかった。一般教育のプログラム化も一部で意欲的な試みが蓄積されてはいたが、大学の内外を問わず一般教育そのもののあり方に対する批判が絶えることはなかった。総体的にみれば、日本の大学の近代化は遅れてしまったのである。そして半世紀が経過して、いまようやく近代化が到来しているのである。

では戦後改革期にその萌芽を見せながらも、近代化すなわち大学における「教育」化が進まなかったのはなぜか。さらにいまになって、それが進んでいるのはなぜか。

まず新制大学発足期において、大学における「教育」化の動きが生じながらも、それが実態として生じなかった原因としては、次のようなことが考えられる。

第一に、なによりも大学教員の意識において、大学が「教育」機関であることの認識が深まらなかった。上原が批判した「教育意識の欠如現象」は、戦後すぐには克服されなかったのである。新制大学発足時に、旧制の高等「教育」諸機関が制度的に大学に「一元化」された。このとき、専門分野の学問研究を中心とする旧制大学的なモデルから、すでにみた教育使節団や上原が主張したような「人間育成」や職業面における教育機能を含めた大学像への転換がなされるチャンスがあった。けれども「一元化」は実際には、大学への「昇格」を意味したのである。旧制の高等教育諸機関、そしてその教員は、旧制の大学像を維持したまま、それをモデルとしてこぞって専門・研究重視の大学になることをめざしたのにほかならない。

第二として、大学・短期大学への進学率の問題がある。これは、第一の点と強く関連している。たとえば一九六〇年の大学・短期大学への進学率は一〇・三％であった。これが一五％を超える（「マス」段階に入る）のは、一九六三年のことである。新制大学の発足から一五年後である。さらに三〇％を超えるのがその一〇年後の一九七三年である。その後一九七五年頃から一九九一年までの約一五年間、三五～三八％の間をほぼフラットに推移し、その後また上昇傾向に転じて、現在は四八・六％となっている（文部科学省・二〇〇二年度学校基本調査による）。したがって新制大学発足後しばらくの間、大学進学者は文字通りのエリートであった。しかも経験的に考えて、教員は、自分の受けてきた教育を最初のモデルとして自らの教育観を形成する傾向が強い。また大学教員のキャリアが通常三〇歳前後で開始されると仮定すると、一九六三年に一八歳であった学生（実は一九四五年生まれである）が、大学教員になるのは一九七五年頃である。そしてその教員が大学の中核を担う中堅になるのには、さらに十数年以上を要する。しかも大学教員を輩出する大学（院）は限られており、それらの多くは旧制大学の伝統を引き継ぐものである。このように考えると、旧制大学の学習観や教育観が戦後永らく継承・維持されていったことも納得できる。たしかに戦後日本の大学は、半世紀の間に急激かつ着実な形でトロウの想定した発展段階をたどり、「エリート」段階から「マス」段階を経て、いまや「ユニバーサル・アクセス」段階に入ろうとしている。(40) けれどもそれが急激であればあるほど、大学教員の教育意識と、大学の学生の学習実態との乖離は進む。「教育」化の遅れた原因をそこに見てとることができるのではないか。

第三は、一般教育の問題である。一般教育の導入は、戦後大学における「教育」化の大きな原動力となるはずであった。上原が、それに大いなる期待を寄せたことはすでにみた通りである。ところが戦後を一貫して、一般教育は大学内外からの厳しい批判にさらされ、結局は一九九一年の大学設置基準の改定により、法制的にその名称・科目区分がなくなることになってしまった。一般教育の挫折は、大学における「教育」化の昏迷を象徴している。この点にかかわって、以下にさらに三つのことを指摘しておきたい。

第一に、一般教育の挫折は、設置基準が科目区分を廃止したことに象徴的にあらわれているように、結局のところ、専門教育との有機的な連携をはかれなかったことによるところが大きい。戦後大学への一般教育の導入は、上原の望んだような、大学の三職能の「意志的緊張」による統合のもとでは進まなかった。あくまで専門分野の学問研究を中心とする旧制大学への付加的な要素とみなされてしまったのである。これに旧制高等教育諸機関の統合・大学への「一元化」に伴う教員組織の階層化の問題や、国立大学を中心とする専門教育／一般教育への予算配分の格差などが拍車をかけた。一般教育とその担当教員・部局は、終始、物質的・精神的に劣悪な条件のもとにおかれていた。こうした状況に連動する形で、「専門は研究、一般（教養）は教育」、という固定観念が根づいてしまったことは、大学における「教育」化にとって致命的であった。

第二に、そうした不利な状態にもかかわらず、一般教育担当・教養部所属教員の多くは、大学における「教育」化に向けて、実に地道で精力的な努力を行なった。一九七九年一二月の一般教育学会（一九九七年六月「大学教育学会」に改称）の創設とその活動の実績は、その集約である。大学のカリキュラム編成、総合・学際科目の設置、授業・教授法研究や授業外の学生指導の改善、FDなどの実践について、一般教育学会は先駆的な役割を果たした。けれども実に皮肉なことに、一般教育担当・教養部所属教員がそうした「教育」化の努力をすることが、専門学部からの孤立化を進めた、という側面は否めない。一般教育学会の紀要（『一般教育学会誌』）をたどってみると[41]、もちろん必ずしも専門教育との連携がまったく問題にされていないわけではないが、論稿の多くには、一般教育の存在意義を主張しようとする強い意思が読みとれる。第一に指摘したような状況下で、一般教育がその存在意義を強く主張するために結集すればするほど、専門学部・教育からの孤立が進んだと考えることができる。

そして第三に、カリキュラムや教授法、FDなどの大学「教育」研究に対する関心を高め、その革新に努力を傾注したことが、実はその「教育」概念を矮小化させる結果をまねいてしまったのではないか。条件的に恵まれない一般教育を、限られた資源で改善しなければならない。それには、カリキュラムを変革し、教授法を革新することが必要である。こうした発想は、教育的なインプットに対して、もっとも効果的なアウトプット（学習）を求める。逆に言えば、予期する学習効果を得るために、最もコストパフォーマンスのよいテクノロジーとしての教育手段を求める。それは〈目的合理的〉という意味で、まさに近代的な「教育」の発想である。けれどももともと教養形成をめざしていた一般教育に、このような近代的「教育」すなわち目的合理的なテクノロジーとしての教育の発想がうまくなじんだのだろうか。前述したように、日本の「教養」観には、自己形成的な要素が強く含まれる。結局、一般教育の孤立の問題と重ね合わせて考えてみれば、一般教育の担当教員が結集しその「教育」に関する研究・開発・実践を熱心に行なうことによって、いつのまにか、大学における学生の「教養」形成は一般教育（のみ）によって行なわれる、またその一般「教育」も効率的なインプットの手段を開発しさえすれば改善可能である、との思い込みが強まってしまったのである。すなわち「教養」形成を操作的に行なえるとの認識をもつことになってしまったのではないだろうか。そしてそれが、日本の伝統的な「教養」（形成）観との間に溝をつくってしまっているように思える。(42)

むすび――ユニバーサル時代の大学「教育」

ではなぜ現在、大学における「教育」化への要請が強まっているのか。

第一に、日本の大学のマス化が進行し、ユニバーサル段階に入りつつあることを指摘できる。大学進学率の上昇と大学教員の意識にタイム・ラグがあることはすでに述べたが、この点でも、マス化した大学で学生時代をすごした大学教員が構成員の大半を占めるようになった。マス化は、初等・中等教育の「教育」問題と大学との質的な連関を強めることになる。従来のエリート段階の大学の教育観・学習観は転換を余儀なくされたのである。

第二に、行政による高等教育計画政策の影響がある。先に、一九七五年頃からそれまで上昇傾向にあった大学・短大進学率が、約一五年間フラットな状態を示し続けたことを指摘した。これは偶然の結果ではない。大学・高等教育の計画的整備によるものである。政府・文部省は、すでに一九五七年以降、高度経済成長期の要請に対応する形で、理工系学生の増募計画に着手しているが、日本の大学・高等教育全体の計画的な整備には困難が伴った。それは、日本の大学制度が、行政的規制から比較的自由で巨大な私学セクターを有し、しかもそれがマス化の原動力になったからである。ところがそうした状況が、一九七五年の私立学校振興助成法の成立によって大きく変化することになる。私立大学の経常費補助の法制化とともに、私立大学はその設置や入学定員、教育条件や管理運営にさまざまな法的・行政的規制を受けることになったのである。すなわち一九七六年以降、文部省は数次にわたって高等教育の計画的整備を立案・実施するようになる。こうした状況が、大学における「教育」の、まさに計画的整備に影響を与えないはずはない。制度上のそして管理・運営上の計画化は、大学のなかにおける「教育」の計画化をもたらすことになった、と言えるだろう。

第三は、大学・高等教育への「市場化」の影響である。これはある意味、第二の要因と矛盾する要素を含みつつも、やはりそれが行政的・政策的文脈のなかで生じていることを考えれば、第二の要因の発展系と考えることができる。ほぼフラットであった進学率が、一転再度上昇傾向を示し、現在に至るのは、大学設置基準が改定された一九九一年頃からである。周知のように、日本の一八歳人口は一九九二年をピークに急減期を迎えた。設置基準の大綱化による規制緩和に顕著なように、この急減期にとられた政策は、自由（競争）化であり、各大学・高等教育機関の行く末を市場における競争にゆだねる、というものであった。こうして大学は、消費者である学生・保護者に対して魅力的な「商品」を開発しなければならなくなった。その商品こそ「教育」にほかならない。しかもその商品が、消費者に受け入れられるためには、そのコストパフォーマンスが、リーズナブルである上に、ヴィジブルである、ということが必要だ。すなわち、その効果が誰の目にも明らかであるような「教育」が求められるようになるのである。こうして大学の近代「教育」化が進行する。

では、このような大学における「教育」化の動向の意味をどのように考えればよいのだろうか。現在の日本の大学制度は、同世代人口の半数近くを擁するまさに「教育」制度であることはもはや否定できない。したがって大学は、学生や社会からのニーズから目を背けて独善的であり続けることはできない。近代化は歓迎すべきであり、必然的でもある。

けれどもそれは、やはり「遅れて」やってきた近代化である。たとえばトロウの理論にしたがえば、エリート段階の高等教育では、カリキュラムは高度に構造化されており、「チューター制やゼミナールが特徴的な授業形態であり、そこでは教師と学生の人間的なつながりが強調される」とされる。ところがマス段階に入ると、カリキュラムの構造性は弱められ、選択履修など弾力化が進み、「教育の主眼は技術と知識の伝達に移る」のである。そして授業は大人数の講義とそれを補うゼミナールとが一般的形態になる、と言う。こうしてみれば、日本の戦後大学における近代「教育」化は、意識や理念としても、また現在進行している方法的な側面においても、このマス段階に適合的なものであると見ることができよう。

ところがユニバーサル段階では、教育の構造性が失われ、段階的な学習方式が崩れ、「高等教育とはなにかについて支配的な概念が姿を消し、教育の形態・構造・基準などの否定が試験や評価の面にまで影響を及ぼすように」なる、とされる。そして「学生に新しい、より複雑なものの見方をはば広く身につけさせることが教育の中心とな

り、教師と学生の直接的な人間的つながりは従となる」と言う。(43)

日本の大学が突入しつつあるユニバーサル段階に、もはや戦後大学の「教育」化は、言わば「後の祭り」である。「教育」化への無自覚的な邁進は、以前にそうであったように、意識と実態との乖離を再び広げることになるだろう。大学にとって「教育」とはなんであるのか、いままさに問い直すべき時を迎えている。

〔注〕

(1)　寺﨑昌男は、ここにおける「教育課程」という用語は大学の「学科課程」をさしているにすぎず、「『正課教育』と『正課外教育』との総体を指す言葉として使われるべき用語」としての教育学的な用法からは適切でない、と指摘している（寺﨑昌男『大学教育の創造―歴史・システム・カリキュラム―』東信堂、一九九九、四二―三頁）。けれども筆者は、「教育上の目的を達成するために」、「体系的な教育課程を編成」するという、〈目的合理的な〉「教育（課程）」観が日本の大学に関する法令文書において示された、という点に注目したい。さらに言えば、同条第二項の「教育課程の編成に当っては、大学は、学部等の専攻に係る専門の学芸を教授するとともに、幅広く深い教養及び総合的な判断力を培い、豊かな人間性を涵養するよう適切に配慮しなければならない」という言明は、「教育課程」に「学科課程」以外の要素が含まれる可能性を排除するものではない、と筆者は考える。

(2)　宮澤康人編『三訂版　近代の教育思想』放送大学教育振興会、二〇〇三、一三―四頁

(3)　天野郁夫『大学に教育革命を』有信堂高文社、一九九七、参照。ところで、日本の大学が、いや正確に言えば大学の「教員」の意識が、諸外国と比較して、教育よりも研究を重視する傾向が強いことはしばしば指摘されることである（たとえば、有本章・江原武一編著『大学教授職の国際比較』玉川大学出版部、一九九六、参照）。かと言って、日本の大学が、研究機関として社会的に充分機能してきたか、と言えばそうでもない。学会（界）において、あるいは社会的に注目を集める研究成果をあげ得ている大学教員は全体から見れば少数であろう。また研究者の養成は、実質的にはごく限られた一部の大学（院）において機能しているにすぎない。このように考えると、もともと日本の大学（の教員の意識）には、「教育か、研究か」という二律背反的な発想自体が希薄なのではないか、と思われる。「大学に相応しい教育は研究に裏づけられているべきだ」「学問研究を通しての教育が大切だ」と言うように、教育と研究を予定調和的に捉える考え方が強いのではないか。そしてこれには、

近代ドイツ大学、特にいわゆる「フンボルト」理念の影響が予想される。

（4）たとえば、海後宗臣・寺崎昌男『大学教育』（戦後日本の教育改革第9巻）東京大学出版会、一九六九。大崎仁『大学改革一九四九～一九九九』有斐閣選書、一九九九。黒羽亮一『新版　戦後大学政策の展開』玉川大学出版部、二〇〇一、など。

（5）寺崎前掲書、一九九九、所収

（6）同書、一六一頁

（7）同書、一六四-九頁

（8）同書、一七九頁

（9）同書、一九二頁

（10）学徒図書組合文化部編『新制大学への道』学徒図書組合・刊（寺崎昌男・久木幸男監修、日本教育史基本文献・資料叢書61、大空社、一九九八）

（11）寺崎昌男「『新制大学への道』解説」、同書、一頁

（12）同書、一-二頁

（13）同書、二、四頁

（14）同書、四頁

（15）同書、五-六頁

（16）同書、六-八頁

（17）*Report of the Second United States Education Mission to Japan*, Submitted to the Supreme Commander for the Allied Powers, Tokyo, September 22, 1950, 17.

（18）大崎前掲書、土持ゲーリー法一『新制大学の誕生―戦後私立大学政策の展開―』玉川大学出版部、一九九六、参照

（19）*Report of the United States Education Mission to Japan*, Submitted to the Supreme Commander for the Allied Powers, Tokyo March 30, 1946, 64.

（20）*Ibid*., 71-2.

（21）*Ibid*., 66.

（22）*Report of the Second United Sates Education Mission to Japan*, *op.cit.*, 19.

(23) 寺﨑昌男編・解説『戦後の大学論』評論社、一九七〇、三〇五-六頁。細井克彦「大学教育論の形成過程―大学論研究と教育学の課題(1)―」『人文研究』第30巻第六分冊、大阪市立大学文学部、一九七八年一一月、四三頁、参照。
(24) 鳥居朋子「戦後教育改革期における上原専禄の大学教育論の基底と構造―『実業教育』への内省に基く『一般教育』論の展開に着目して―」、日本教育学会第六〇回大会自由研究発表資料、二〇〇一年八月二九日、一二頁。ほかに鳥居論文「戦後東京商科大学における自立的組織運営基盤に関する問題―『上原構想』に基づく改革過程に注目して―」『名古屋大学大学院教育発達科学研究科紀要』(教育科学)第47巻第1号(二〇〇〇年度)、参照。
(25) 両者はともに(前者に関しては、補足修正の上)、一九四九年に単行書『大学論』として毎日新聞社(毎日選書)から出版された。またそれは、『上原専禄著作集』第5巻(評論社)に収録されている(『大学論　増補・学問への現代的断想』(上原専禄著作集第5巻)、一九九二年)。本章では、同著作集所収のテクストを用いる。
(26) 上原専禄著作集第5巻、二一-三頁
(27) 同書、二四-五頁、二七頁
(28) 同書、二八頁
(29) 同書、三一頁
(30) 同書、三四-五頁
(31) 同書、四一頁
(32) 同書、四二頁
(33) 同書、四四-五頁
(34) 同書、四七頁
(35) 同書、四八頁
(36) 同書、四八-九頁
(37) 同書、五二-三頁
(38) 松浦良充「『教育』できるものとしての『教養』の語り方―教養論の歴史から―」『教育哲学研究』第87号、教育哲学会、二〇〇三年五月、参照
(39) 『大学に於ける一般教育―一般教育研究委員会報告―』(大学基準協会資料第10号)、大学基準協会、一九五一

（40）マーチン・トロウ（天野郁夫・喜多村和之訳）『高学歴社会の大学―エリートからマスへ―』ＵＰ選書、東京大学出版会、一九七六

（41）『一般教育学会誌』は、一九八〇年五月創刊、その後一九九七年一一月刊行の第19巻第2号より『大学教育学会誌』と改称。また一般教育学会編『大学教育研究の課題―改革動向への批判と提言―』玉川大学出版部、一九九七、参照。

（42）松浦前掲書参照

（43）トロウ前掲書、六六-七頁

第Ⅲ部　深層の政治

第7章　メディアとしての「国語」
――西尾・時枝論争を読みなおす――

今井康雄

本稿は、言語教育と文学教育の関係をめぐって西尾実と時枝誠記との間でかわされた論争を読み直し、そのことを通して戦後の国語教育を規定した思考の枠組みを浮き彫りにしようとする試みである。

一　西尾・時枝論争と戦後の国語教育論

西尾と時枝の論争は敗戦直後に始まって執拗に持続した。言語教育と文学教育の関係は両者にとって「終生の問題点となった」(石井 1984：397) と言われる。この論争は、両者のその後の理論展開を決定的に刻印することになる。そして、論争に刻印された両者の理論展開が、戦後の国語教育の枠組みを画定したと言っても過言ではない。一方に西尾の「言語生活主義」(A) とそれを基盤として展開された「問題意識喚起の文学教育」(B)、他方に文学による感化を否定し国語を基本的に技術・技能と見る時枝の「言語能力主義」(C) ――この三極がつくる三角形がそれである。戦後国語教育論の重心は点Aの近傍に収斂していく。田近洵一によれば、「西尾実の言語生活教育の思想は、時枝誠記の言語能力主義からの批判を受けることでより鮮明になり、その後実践的理論を展開した倉澤栄吉や国語科の単元的な学習を開発していった大村はまを初めさまざまな人々によって受けつがれ、大局的に見るなら、その後の国語教育の主要な思潮となって今日にいたっている」(田近 1999：7)。しかしこれは他の二つの極が重みを失ったということではない。佐藤学によれば、「戦後の国語教育は、一方では、文学的情操を中心的な教育内容とする主情的で道徳的な文学主義の「人間教育」に傾斜し、他方では、言葉を表現の「道具」とみなし「技能」として教育する傾向に支配されてきた」（佐藤 1995：259）という。ここでは、戦後の国語教育におけるＢＣ間の拮抗関係の重要性に注意が向けられているのである。

もっとも、以上のような戦後国語教育の公認の枠組みを西尾・時枝論争が下描きしていたのだとすれば、語り尽くされた感のあるこの論争をなぜ今読み直す必要があるのか、いぶかしく思われて当然である（論争の概要については、（言語教育と文学教育論争 1981）および（田近 1999：29-53）を参照）。しかし本稿の目的は、西尾と時枝の、あるいは上述の三極の、対立関係を再確認することにあるのではない。むしろ、論争をなぞり直すことで、そうした対立関係をそもそも成立可能にしていた共通の基盤のごときものを浮かび上がらせたい、というのが本稿の目論見である。そのような目でこの論争を読み直せば、対立の表向きの鮮明さにもかかわらず、この論争には不可解な点が多々あることに気づかされるはずである。

2　論争の不可解さ(1)――争点をめぐって

論争における両者の争点は、ある意味では単純明快である。西尾と時枝はすでに一九四六年に言語観をめぐって対立していたが（松崎 1991：281）、それが文学教育の問題に言わば飛び火したのは、一九四九年、全日本国語教育協議会での質疑応答においてであった（田近 1999：31）。言語教育（読むこと、聞くこと、書くこと、話すことの指導）と文学教育との関係を問われて時枝は次のように答えた。「私は文学教育とは言語教育と区別しないで考えるのでありまして、言語を正しく理解していくところに自ら文学教育が成就されていくと考えます」（西尾・時枝 1950：

90)。これに対して、「時枝さんの御意見について私の考えたことをちょっと申上げてみたいと思います」(92) と発言を求めたのが西尾であった。西尾は、「言語教育と文学教育とは、国語教育の現段階においては独立的に考える方が妥当」(92) であり「言語教育の徹底のためにも、文学教育を言語教育から独立したものとして考えることが必要」(94) だと主張した。言語教育と文学教育を一体的に考えるか、区別して考えるかをめぐって両者は対立したわけである。両者は様々な機会にそれぞれの主張をパラフレーズし、対立はますます抜き差しならぬものになっていく。論争のハイライトとなったのは、石井庄司の司会で行われた両者の対談「言語教育と文学教育」であった（西尾・時枝 1952)。大きな影響力を持った両者の著作物の中にも、論争は色濃く反映している (cf. 西尾 1951, 1975 (1957)：時枝 1984 (1954), 1955)。

論争の経過を概観してまず不可解と——少なくとも私のような外側から接近する国語教育の「素人」に——思えるのは、論争がなぜかくも長期にわたって、しかも「終生の問題点」となるほどの強度をもって持続したのか、ということである。言語教育と文学教育を一体的に考えるか、区別して考えるかは、常識的に考えれば二者択一の問題ではなく程度問題であろう。事実、文学が言語一般から区別される何らかの特性を持っていることは時枝も否定していない。文芸は「言語にプラス或もの」ではなく「言語の匂ひゆく姿」だという時枝の有名な言葉があるが（時枝 1989 (1947a)：39)、少なくともこの「匂ひゆく姿」によって文芸は言語の大海の中で特定可能なのである。他方、すでに一九三七年の『文芸主義と言語活動主義』（西尾 1937）において、大正期以来の「文芸主義」を相対化する「言語活動主義」に国語教育が立脚すべきことを説いていたのは西尾その人である。『国語教育学の構想』（一九五一年）の中で、西尾はこれを「文学教育期」から「言語教育期」への移行として総括している。西尾の「言語生活主義」は戦後のにわか仕立てではなく筋金入りである。時枝の主張も、その基盤はすでに『国語学原論』（一九四一年）で定まっていた。国語教育論は、教育において戦前・戦後の連続性を最も明瞭に示している領域の一つと言えるかもしれない。いずれにしても、国語教育が従来以上に言語教育の側面を重視すべきだとする点で西尾と時枝の主張は十分に接近している。たしかに、西尾が文学教育を、時枝が言語教育を、より重視しているというちがいは見える。しかし、文学教育と言語教育の関係如何という程度問題の、その程度においても、両者の差は決して大きくないように見えるのである。この些細と見える差がなぜ決定的な対立を生んだのか——上に論争のハイライトだと述べた対談「言語教育と文学教育」を読むとき、こうした疑惑は逆にますます深まることになる。

3　逆転の構図

対談は、時枝に比べて西尾が圧倒的に雄弁だとは言え、全体としては平行線を描いて進む。西尾はまず対立の構図を再確認する。「時枝さんは「言語教育をやれば文学教育はそれに含まれている」という御意見です。／時枝ええ。／西尾　ぼくは、「そうは行かぬ、やはり、言語教育のなかに、文学教育という、一つの特殊領域を認めるべきだ」——こういうことで話が終ってるんだろうと思う」（西尾・時枝 1952：6f.）。その上で、西尾は「言語生活のなかで特殊領域として占める文学の位置」（9）を浮き彫りにしようとする。文学の特殊性として西尾が挙げるのは、生活の「もっと高い必要としての生きがいとか楽しみ」であり、純粋に展開された「形象的な思惟」である（9）。「言語一般の発達した特殊領域として文学を認めることは、時枝さんも否定されぬわけですね？」と西尾にたたみかけられ、時枝も「そうですね」と応じる（13）。ところが、「私は西尾さんが今あげられたいろいろな文学の特殊性、それはそっくりそのまま日常の言語にも移して考えられなければならない問題であると思うのです」（17）という時枝の一言で両者の接近の可能性はご破算にされてしまうのである。

しかし対談を追っていくと、両者の立場が逆転したかのような瞬間に人は出くわすことになる。たとえば時枝が、文学と日常の言語を区別しないという彼の立場に忠実に、「私はむしろ日常の言葉でも、それが文学であることが望ましいと思うのです」と主張したときがそれである。西尾はこれが「危険」な主張だと色をなして反論する。それは「古い文学教育を脱却できず、ほんとうの言語教育に眼が開かない国語教育を後へ引戻すおそれがある」と言うのである(12)。時枝の立場はブレていないが、西尾が時枝以上に「言語教育」を強調しているために、言語教育に対して文学教育を強調していたはずの西尾の方が時枝以上に言語教育を重視しているように見える。あるいは、再び時枝が、「今の教育はただしゃべらせればよいということになっていますから低級な技術教育と受取られがち」だと批判したときがそれである。時枝によれば、「日常の言葉の中に、人間をどういうふうにしてにじ
ませるか」(強調原文)が問題であり、表現に関する「鑑賞、批判の力を日常の言語の場合でも養う必要がある」。しかも「文学作品になりますとそういう点(「鑑賞、批判」)が非常に密度が高くなる」——時枝は鑑賞や批判に関わる文学の特別な役割を高く評価してさえいるのである(18)。これに対して西尾は、そのような役割を持つのは「必ずしも文学とは限りませんよ」と文学の役割を限定した上で、「これからの国語教育は、まず、その次元の低い、基底的な能力を伸すことを直接目的にする」のだと反論する。「単なる技術といわれるようなところ」をこそやらせるのだ、というのである(18)。ここでもまた立場が逆転し、時枝が「文学」や「人間」の立場を、西尾が「技術」の立場をとっているかのようだ。司会の石井が「だいぶお二人お近づきになっておるようでもあるんですが……」(19)と当惑気味につぶやくのも理解できるのである。

もちろん、両者がいかなる意味で「言語」「文学」といった言葉を使用しているかを考慮する必要があることは言うまでもない。これについては後に論じることにしよう。いずれにしても、〈言語教育―文学教育〉という軸上で見る限り、両者の違いは、程度問題であるどころかまるで反転図形のように相貌が一変することさえあって、決定的なものであるようには見えない。にもかかわらず、お互いの違いが決定的なものとして両者に感受されたこと

も疑いえない。とすれば、違いは別のところにあったと考えるべきではなかろうか。そのヒントは上のやりとりの中にある。〈言語教育―文学教育〉という自ら描いた対立軸を危険にさらしてまで西尾が時枝に反論を試みたのはどのような場合かを振り返ってみよう。それはいずれも、日常の言葉そのものが文学であるべきだ、という言い方で時枝が言語生活（「日常の言語」）と文学との間――言語教育と文学教育の間、ではなく――に引かれるべき境界線を無にする発言をした時なのである。西尾が一貫して保持しようとしているのは、言語生活と文学との間の区別である。ところが、このような区別の有無は時枝の主張にとっては有意性を持たない。特殊領域としての文学を認めるのかと西尾に問われて、あっさり「そうですね」と返しているとおりである。繰り返せば、言語生活一般と文学を区別するか否かは、西尾の主張にとっては死活問題的な重要性を持つが、時枝にとってはそうではない。ここには、単なる平行線という以上の、両者が置かれたねじれの位置が顔をのぞかせているように思われる。

4　論争の不可解さ(2)――評価と位置づけをめぐって

もう一つ、「素人」の目から見て不可解に思えるのは、両者の立場の評価についてである。単純化して言えば、西尾が言語を操る「主体」を重視する立場、時枝が言語を操る能力へと「主体」を矯めて訓練する――その限りで「主体」軽視の――立場、という振り分けがなされているように見える。こうした振り分けの図式をおそらくは最も明瞭に打ち出している桑原隆の議論を参照してみよう。時枝の「言語能力主義・言語技術主義」と西尾の「言語生活主義」を対比しつつ、桑原は次のように言う。「言語能力主義・言語技術主義と呼ばれている立場は、国語教育の対象を著しく狭いものとし、個としての主体の場や働きを根底にしていない」。これに対して、「主体の場、それが主体の言語生活であり、その場を離れてことばの学習は成立しない」――そう考えるのが言語生活主義の立場なのである（桑原 1984：231）。田近もまた、そのスタンダードな『戦後国語教育問題史』の叙述をこの桑原の論を参照することで開始している（田近 1999：3）(1)。

しかし、時枝の言語論の特異性は、それが他ならぬ「主体の場や働き」を言語の中核に組み込んだ点にあったのではないか。時枝が、彼本来のフィールドである国語学においてソシュール言語学に対するアンチテーゼとして大々的に主張した言語過程説は、村上慎が指摘するとおり、「言語が第三者的存在として言語行為の主体と対立して外在するという考え方を排斥する」（村上 1999：71）ものだったのである。ソシュール言語学が対象とする「ラング」は、客観的に対象化可能な一種の社会的事実でしかないと時枝は見る（時枝 1941：57ff.）。そのように解釈されたソシュール言語学に対抗して、時枝は「「我」の主体的活動をよそにして、言語の存在を考へることは出来ない」と主張する。「言語は実にこの様な（「語つたり」「読んだり」する）主体的な活動自体であり、言語研究の如実にして具体的な対象は実にこの主体的活動自体であるといつてよい」（12）――時枝の国語教育論を支えていたのは、「主体」の概念を言語の中核に意識的・積極的に導入した以上のような言語論であった。これに従えば、言語において生起する事柄はすべて、「主体的な活動」以外のものではないということになろう。

教育においても事態は変わらない。時枝によれば、たとえば理科教育では「観察する主体と観察される客体の対立」が生じるが、これは、「国語教育が、国語を成立させる実践主体の教育として成立するのと著しい対照をなす」（時枝 1989（1956）：125）。主体の外部に想定される社会的事実のごとき言語の存在が否定される以上、国語教育は、「第三者的存在である言語を習得させ、或は、児童生徒が、外在する言語を使ひこなす技術を習得することではないといふことになる」（時枝 1984（1954）：18）（強調引用者、以下同様）。「教育内容としての国語は、第三者的存在としての国語ではなく、教育対象としての児童生徒の実践的行為」（27）なのであり、国語教育においては「教育の対象と、内容とが、児童生徒において合体してゐることになる」（18）。

確かに時枝は、国語教育の精神は伝統主義であり、伝統に従って国語を操るための能力は一種の技術であり、国語というこの技術の伝授は反復訓練によってはじめて可能になるのだと主張した（時枝 1984（1954）：31ff.）。ここに「主体」軽視をかぎつけたくなる気持ちはよく分かる。(2) しかし、少なくとも時枝の理解に即して言えば、訓練や技術は「主体的言語行為」(8) そのものなのであり、そこでは訓練や技術と人間形成――「人間そのものの心構へ、態度」(38) の形成――とが寸分の狂いもなく一致する。ここに、時枝が文学による感化を拒否し「惚れさせない国語教育」を主張する根拠があったであろう。文学に感動させることで人間形成を行おうとする国語教育は、上に時枝が例として挙げた理科教育の主客対立と同様、客体としての文学とそれを受容する主体の分離を想定している。ところが時枝に従えば、日常の言葉であれ文学であれ、それが実現される場はただ一つ、「主体的言語行為」しかないのであり、国語教育はここに働きかけるのである。逆に言えば、このことを認めさえすれば、結果として表れた言語の現象形態をどのように区分するかは重要な意味を持たないということになろう。西尾がこだわる「特殊領域」としての文学の区画に時枝が冷淡でいられた理由はここにあったと思われる。

時枝の考える言語には、従ってまた言語教育の領域には「主体」が充満しており、であればこそ、言語教育とは別の場所――たとえば文学教育――に人間形成の機能を探す必要を時枝は認めなかったと考えられる。その後の振り分けの図式とは逆に、時枝は西尾に対してその「主体」軽視を批判してさえいる。西尾との論争の発端となった「ことばの実態」をめぐる対立において、時枝は、西尾の言う「ことばの実態」が「言語に於ける主体性の把握」に欠けるところがあると批判する（時枝 1989（1947b）：49）。「話手（文学言語の場合をも含めて）の人格といふことが、言語の真の実態であり、地盤的領域であるべき筈のところを、西尾氏に於いては、それが日常普通の音声言語といふことに置き代へられ」てしまっている、というのである(50)。この時枝の批判は決して的外れではなかったように思う。先にも触れたように、西尾にとって言語教育は文学教育から区別されるべき国語教育の基底部分であり、その拠り所を西尾は言語生活に求めた。ところが、この肝腎の言語生活において、「主体」の存在は時枝の場合とは対照的にごく希薄であり影が薄い。西尾の構想する言語生活が桑原が言うような「主体の場」であるとはとうてい思えないのである。次にこの点に注目してみよう。

5　言語と文学と「主体」

先にも触れたように、文学教育の問題に飛び火する前にも西尾と時枝の間には言語の捉え方をめぐって対立がくすぶっていた。上に挙げた時枝の西尾批判はその一端である。そこで争点となったのは、言語を身振りや表情も含めて捉えることの是非であった。「われわれの言葉というものは、耳で聞かれる音声とともに（…）目で見られる目つき・顔つきが、また、手つき・身振りが加わったもの」（西尾 1975（1947）：226）だというのが西尾の主張である。「意味の音声に表われる働きだけを抽象的に言葉としようとするならば、それは、切って血を流し、切って命を失わせるような無理を犯すこと」になるという（228）。こうして西尾は、身振りや表情を含めた広い意味での言葉による「通じあい」――「コミュニケーション」に対する西尾苦心の訳語――を「ことばの実態」と捉えて、ここに国語教育の基盤を求めようとした。その背後には、抽象的な言葉を切り取ることで「命を失わせ」ている国語学・言語学の現状に対する強烈な批判があった。[3] 時枝がこれに敏感に反応したことはその意味では理解できる。時枝によれば、「国語教育の基盤」は、西尾が考えているような「未分化状態にある音声言語」にではなく、「音声言語、文字言語を通して、これ（言語）を成立させる全人的活動」に求めるべきなのである。「このやうな全人的活動の訓練錬磨こそ、国語教育の出発点とし、主眼点としなければならない」（時枝 1989（1947b）：50）。

「全人的活動」と言いながら、時枝の場合、国語教育の対象領域が西尾の場合に比べて狭く限定される結果になることに注意しよう。西尾の場合、国語教育は、「ことばの実態」に基盤を求めることによって、国語教育以前にすでに「通じあい」として存在する言語生活を積極的に国語教育の対象領域に導き入れることになる。時枝の場合も、もちろん「社会や家庭における自然習得」(時枝 1984 (1951):176) は国語教育の前提である。しかし、時枝の国語教育は、そうした日常の「国語生活」をそのまま導き入れることはない。むしろ、「社会生活では渾然とした形で総合的に行はれてゐる国語生活を、一応他の生活から切り離して、「読み方」の教育、「話し方」の教育として定立し、その技術の習得に精神を集注させる」(177) のが国語教育の任務なのである。このような「技術の習得」を、時枝がしばしばスポーツや音楽の場合になぞらえていること (時枝 1984 (1951):178, 1984 (1954):22, 35, 1976 (1956):288) は兆候的である。ラケットの振り方や楽譜の読み方を、人はある時点ではじめて学ぶのであり、従って自分の中に技術として人工的に構築する必要がある。戦後の経験主義に対して「能力主義」の国語教育を時枝が対置したとき、言語の能力は国語教育という限定された枠内で人工的に構築可能な何ものかとして想定されていたのではなかろうか。国語教育という枠内に狭く限定された言語——「読み方」「話し方」——が、にもかかわらず言語過程説によって主体的・全人的な活動と解釈され、かつそうした活動の能力は教育によって構築されるべき何ものかとして観念されている。このことによって時枝の「能力主義」の国語教育は、同時に人間形成の場・「主体」形成の場へとせり上がるのである。[4]

西尾の場合はどうであったか。すでに言及したとおり、西尾は国語教育の基盤を広く言語生活に、つまり身振りや表情も含む「通じあい」に求め、かつこの言語生活を積極的に国語教育の中に導き入れる。この点に、「主体」重視という西尾評価は一つの根拠を求めることができた。田近によれば、西尾において「言語生活は主体の認識活動とともにあり、問題の追求活動として進められる」(田近 1999:18) という。また渡辺通子も、西尾のコミュニケーション論が「従来の「理解」と「表現」という分け方では見えなくなってしまう主体としての「個」の存在を明らかにする」（渡辺 2001：165）ものだったとしている。ところが、少なくとも時枝と論争していた時期の西尾の論著を読む限り、西尾の言う「言語生活」の領域における「主体」の存在は、すでに示唆したとおり影が薄いのである。

試みに『国語教育学の構想』（一九五一年）を読んでみよう。この著作で西尾は言語生活主義の国語教育学の構想を打ち出し、戦後の国語教育に「思想的な根拠」（田近 1999：12）を与えたとされる。この『国語教育学の構想』にはそもそも「主体」という言葉は――「文芸的表現が国語教材の主体でなくてはならない」（西尾 1951：283）という文脈違いの例を除いて――現れない。ただし、文学教育の必要を強調した「文芸活動とその指導」の部分で「主観的」という用語が使われる。「観賞においては、作品の普遍的、客観的な意味が問題なのではなく、作品が、ある時のある人に何をささやいたかという、個人的、主観的な真実が問題」（132）だというのである。さらに作文についても、「コミュニケーションとしての作文」と「文芸としての創作」を区別し、後者においてこそ「主観的自覚」が深まるのだとされる。「そういう（「主観的自覚を深める働き」であるという）表現の真意義は、コミュニケーションとしての作文のほかに、文芸としての創作を体験させることによって学習せられるであろう。（…）創作の直接目標は、自己表現の真実度になくてはならぬ」（145）。

これに対して、「言語生活の実態と機能」を論じた部分で強調されるのは、言語生活が「コミュニケーション」の領域――上の引用で「主観的な真実」や「主観的自覚」から区別されている領域――だという点である。西尾は、言語が表情や身振りを含む「心身的・一体的な構造をもつ存在」であることを強調した後、そのように具体的・現実的に捉えるなら、言語は「社会的な機能」として現れるという。「それは、単なる個人的な表現活動でもなければ、個人的な理解活動でもない。もっと、もっと社会的な相互作用である。別言すれば、それは相手との通じあいである。英語でいうコミュニケーションである」（西尾 1951：41）。しかも、「個人的な表現活動と理解活動とをあわせて社会的機能が成り立つのではなく、（言語は）最初から、通じあいという、社会的機能そのものなのである」

(40f.)。——コミュニケーションとしての言語生活において西尾が注目したのは、渡辺の言とは逆に、「主体としての「個」の存在」ではなく、個々人には還元不能な言語の社会的機能の側面であった。国語教育はこのような社会的機能を自らの内に、しかもその根底部分に導き入れるであろう。「これからの国語教育は、言語生活の全面的指導の立て前《(ママ)》から、まず、この通じあいという社会的機能を対象とした学習と、その指導に立ち向かわなくてはならぬ。そうして、その根柢が、しっかり築かれたうえで、表現と理解という、自己真実への集注とその自覚を目ざした人間形成とその指導をうち建てなくてはならぬ」(42f.)。

言語生活という「ことばの実態」に西尾が接近すればするほど、言語生活は「通じあい」という社会的過程に解消され、「主体」もまたこの「通じあい」に溶け込んだかのように姿を見せない。「個人的、主観的な真実」「主観的自覚」といった「人間形成」に関わる用語（以下ではこれを「「主体」語」とでも呼んでおこう）は文学教育の領域ではじめて顔を出すのである。実際、「個人的、主観的な真実」を問題にすることによって、「西尾実の文芸教育論は、文芸研究成果の教え込みではない、学習者の主体を形成する教育論になっていった」（松崎 1991：283）とされる。さらに、社会批判的な志向を持った文学教育実践と接触することを通して西尾が展開した「問題意識喚起の文学教育」論は、「社会的歴史的存在としての読者の主体を重視する」ことを可能にした（後藤 1987：39）と評価されるのである。

6　思考の強制

以上のような西尾の議論のパターンが国語教育における「二元論」であるか否かの判定は専門家に委ねよう（田近 1999：44ff.）。われわれの議論にとって決定的に重要なのは、（言語生活ではなく）文学教育への以上のような

「主体」の一方的配分が、偶然や恣意の結果ではなく、思考に対するある一貫した強制の帰結なのではないかということ、そして、帰結においては対照的でありながら、時枝の国語教育論もまた同じ強制に服していたのではないか、ということである。

まず第一の疑惑について状況証拠を集めるために、『国語教育学の構想』と並ぶ西尾の国語教育学上の主著である『国語教育学序説』（一九五七年）に当たってみよう。この著作は、時枝の『国語学原論続篇』（一九五五年）が「西尾との論争の到達点を示すもの」（田近 1999：39）であったのと似た意味で、時枝との論争の西尾による総括を示しているように思う。そこでは、『文芸主義と言語生活主義』（一九三七年）で芽生え、戦後の『言葉とその文化』（一九四七年）や『国語教育学の構想』（一九五一年）で展開された「言語の領域」論が、独自のコミュニケーション論によってより一般性のある理論的文脈に組み込まれて説明されるに至った。西尾は、話し言葉を共通の基盤（底辺）に、科学・文学・哲学という言語文化の三つの完成形態（頂点）へと向かって次第に分化していく三角形の重なりとして言語の領域をイメージした（西尾 1975（1957）：43）。言語の領域に関するこのような捉え方が、時枝との論争における西尾の立場――言語教育の中の特殊領域としての文学教育――を支えていたことは言うまでもない。『国語教育学序説』、とくにその最初の三分の一ほどを占める「ことばの生活と文化」の章で、西尾はこの領域論をコミュニケーション論によって基礎づけている。西尾はまず、話しことばのレベルでの通じあい（コミュニケーション）を、一対一の対話・問答、一対多の会話・討議、一対衆（不特定多数）の「公話」に分類し、それがより発展した書きことばのレベルの通じあいを、通信（一対一）、記録・報告（一対多）、通達・読みもの（一対衆）に分類する。科学・文学・哲学のような「文化をになうことば」は、以上のような様々な形態のことばを媒介にして成立している専門文化であり、「ことばの特殊形態」である。そのなかでも「文学による通じあい」は、不特定多数を相手にする「公話や通達の一種」であるが、その公話・通達が「ことばによる形象的思考」であること、そして

「そのことばによる形象的思考が、独語の形態をとって行われるということが文学の特徴」だとされる（西尾 1975（1957）：48）。

この『国語教育学序説』では、『国語教育学の構想』では顔を見せなかった「主体」「主体的」という用語がかなり頻繁に登場する。生徒は「学習の主体」（西尾 1975（1957）：59）であり、国語教育の焦点は教師の教授や指導から「学習者の主体的な学習そのもの」（61）へと移ってきたのである。また、「国語教育の国語」は、「普遍的、客観的な対象であるよりも、個性的、主体的な事実である」（19）と言われる。最後の一文など時枝と見まがう主張である。しかし西尾が時枝に屈したわけではない。言語生活と文学の間での「主体」の配分メカニズムは依然として維持されているからである。「主体」という用語が明示的に使われている分、配分のメカニズムはより明瞭になっているとも言える。上に引用したように、文学では形象的思考が独語の形態をとって行われると述べた後、西尾は次のように言う。この文学という公話は、「公話が公話者の主体に集中し、その個性的な真実に沈潜する方向をとるために、独語の形態を成り立たせる」（48）。また、「この独語は、一対衆の公話が公話者の主体に集中する結果、相手である衆を乗り越えて、もうひとりの深い自己に話しかけるはたらきである」（49）。ところが、同じく「公話」について語られていても、文学以外の文脈では「公話者」が「主体」と呼ばれることはない。たとえば、「立場のわかっていない公衆との通じ合いは、ひとりの話し手が始めから終りまで話し手、聞き手の公衆は始めから終りまで聞き手という通じ合いであるから、公話とよぶことが適当である」（30）という具合に、あくまで「話し手」であって「主体」ではないのである。これに対して、「文学活動と人間形成」という節では西尾は安んじて「主体」語を使用する。文学鑑賞の効果として最も一般的なのは、「その作品を鑑賞することによって、鑑賞者その人の主体的な生活問題意識が呼びさまされ」るという「生活問題意識の喚起であり、それによってもたらされる人間形成である」（56）。

以上は言葉じりを捉えての議論にすぎぬと言われればまったくその通りである。しかし、半ば無意識に使われたかもしれぬ片言隻句が示す以上のような恒常的なパターンにこそ、その著者の思考に加えられた強制の痕跡が露呈しているのではなかろうか。西尾は、日常的な言語生活の領域で「主体」語を使用することに明らかに困難を感じている。この困難は、西尾がリアルな「ことばの実態」に国語教育の基盤を求めたことの一つの帰結だったであろう。すでに何度も触れたとおり、西尾は「ことばの実態」を身振りや表情にまで広げ、さらにそれを、個人的な表現や理解には還元不能な社会的相互作用たるコミュニケーションとして捉えたのであった。しかしなぜ、たとえば「おはようございます」と言って笑顔で隣人におじぎをする私は西尾にとって「主体」として役不足なのか。その答えは「主体」語が使われる文脈の中にある。文学という公話は、「個性的な真実に沈潜する方向をとる」のであった。また、先に見たとおり、文芸としての創作の目標は「自己表現の真実度」であり、表現と理解においては「自己真実への集注とその自覚」が問われるのであった。ここで「真実」という言葉で指示されているのは、語り、書き、読む私に対して自己が曇りなく透明（transparent）に現れるという事態であろう。西尾が「主体」語を使用するとき、そこで希求されているのは自己に対する私の再帰的な関係であり、しかも文学という言語の特殊領域でこそこの再帰的な関係は透明になると想定されている。これに対して、挨拶やおじぎを、ふつう私は自己を参照することなく、ましてや「自己表現の真実度」など求めることなく、ほとんど自動的に行うのであり、そこでは自己に対する再帰的な関係は発動しない。これが「ことばの実態」であるからこそ、文学が日常的な言語生活から区別される別の場所に存在するということが西尾にとって不可欠だったのである。

「ことばの実態」に接近しそこでの「主体」の不在が明らかになればなるほど、「主体の場」としての文学の存在が重要になってくる。言い換えれば、文学が日常的な言語生活から区別されてあるという、この区別の存在が西尾にとって死活問題となる。時枝との対談における西尾の不可解とも思える対応はこのことによって説明されるだろう。日常の言葉と一体化した文学、というオプションが時枝から示されたとき、西尾は言語教育の側に回って日常の言葉の領域から文学を追い立てることも辞さなかったのである（従ってそこでの西尾は文学にずいぶん「冷たく」見えた）。それにしても、なぜ西尾はそのようにしてまで「主体の場」を確保する必要があったのだろうか。われわれはここに、西尾の思考を支配していた強制を、つまり論理的には説明困難な力の存在を、確認することができるだろう。それは、自己に対する透明な再帰的関係が「主体」の条件であり、言語こそがこの条件を個々人に満たしてやるのだという確信である。西尾にとって、「主体」の形成は言語においてなされるべきであり、言語こそが「主体」形成のメディアでなければならなかった。

　西尾は言語のこの「主体」形成的・人間形成的機能を文学という「特殊領域」の中に見出した。これに対して、時枝にとっては言語そのものが「主体」の充満する場所なのであり、その中に「特殊領域」を探す必要など最初からなかった。言語が「主体的な活動自体」であるとすれば、言語とは主体が透明に現れる場そのものなのである。従って、西尾との論争において時枝が決して容認しなかったのは、文学という「特殊領域」を区切るということではなく、言語の中に身振りや表情といった不純物を持ち込み言語を不透明にしてしまうことであった。時枝にとって、前者がやらずもがなのことであったとすれば、後者はやってはならぬことだったにちがいない。このように見るなら、指さした場所は違っていても、時枝が西尾と同じ強制に服していたことはもはや明らかであろう。時枝もまた、「主体」が透明に現れる場を言語に求め、そのようなものとしての言語に人間形成のメディアを見ていたのである。このように同じ強制に服していたがゆえに、両者は対立せざるをえなかったのだと言える。つまり、時枝は不純物を交えない主体的活動としての言語に固執し、西尾は不純物を取り除いて言語の透明状態を作り出すために文学を必要とした。比喩的に言えば、両者は同じ反転図形から現れる二つの図柄である。反転図形において二つの図柄が同時に現れることが決してないように、西尾と時枝はねじれの位置に立ちつつ論争を続けねばならなかっ

たのである。(5)

7　メディアとしての「国語」

反転図形の比喩をもう少し利用すれば、そこから西尾・時枝という二つの図柄が浮かび上がるこの図形全体の枠組みをなしているのは、両者が「国語教育」について論じている以上当然と言えば当然ながら、実は一般的な「言語」ではなく「国語」である。時枝の国語学が持っていたナショナルな含意については、彼の京城帝国大学時代――『国語学原論』が書かれたのもこの時期である――の論著を中心にすでに多くの指摘がなされている。時枝は国語を「国民精神」の体現とみなすようなあからさまな国語ナショナリズムを免れていた。それは言語を「第三者的存在」と見ない彼の言語過程説の一つの効果である。しかしこの同じ言語過程説が、言語をまさに「主体的な活動自体」と見ることによって、植民地朝鮮においては、「国語」としての日本語への「主体的」動員を強制する論理となったのであった（駒込 1996：336f.；イ 1996：212f.；安田 1997：157f.）。

国語教育を支える時枝の論理は戦前・戦後を通じて一貫している。時枝によれば、戦前の教科書が「日本精神の涵養に資すことが出来るやうな教材によつて統一された」のと同様、「戦後においても、感化すべき内容の質こそ変つたけれども、国語教育に要求される重要な一面は、教材の思想的内容であつた」（時枝 1984（1954）：45）。「日本精神」であれ戦後の民主主義であれ、第三者的な「思想的内容」による感化を事とする「惚れさせる国語教育」を時枝は拒否する。言い換えれば、「国語教育を、形式教育と内容教育とに分けて二元的に目的を考へる」（45）ことの拒否である。すでに触れたとおり、国語教育において形式と内容は一致するのであり、一見形式的と見えるような言語能力の訓練が、国語教育本来の人間形成的機能を果たすのであった。

国語教育の人間形成的機能の一つの柱として、時枝が読みや表現における「批判的精神の導入」(46)を挙げていることは興味深い。というのも、通常「批判」の前提になるのは自己と対象との分離であり距離である。ところが、言語に対するそのような対象化する態度こそ言語過程説の禁じていたものだったに違いない。事実、「批判的精神」ということで時枝が念頭に置いているのは「思想的内容」を対象化する態度ではない。「児童生徒の関心と興味を、自己の読む行為が厳密であるか否か、正しいか正しくないか、正当な手続きによつて読みとつてゐるか否かの上に注がれるやうに導いて行くこと」が、「読むことに対する批判的精神の導入」なのである。このように、「児童生徒の眼を、絶えず自己の行為へ行為へと注ぐやうに導くのが、読み方教育の新しい精神である」(46)。——言語において「主体」が透明になり、言語が人間形成のメディアになるとは、時枝の場合このような事態だったであろう。ここでも、問題は西尾の場合と同様、自己に対する私の透明な関係である。言語能力の訓練によってこのような関係が実現されれば、「思想的内容」は、対象化するまでもなく、透明なメディアとなった言語を介して個々人の中に注ぎ込まれる。「正しい方法によつて読むならば、感動に値するものは、感動を与へるであらうし、価値ないものは、価値ないものとして受取られる」(46)だろうからである。このようにして、私に対する自己の透明性と私に対する「思想的内容」の透明性とが同時に可能になる特権的なメディアが「国語」だったと言えるだろう。

西尾の場合、少なくとも戦後の議論においては、私に対する自己の透明な関係に注意が集中しており、二重の透明性を持ったメディアとしての「国語」の特権性は前面に出てこない。[6] このことは、「民族教育としての古典教育」を目指した荒木繁の実践の、西尾による改釈に明瞭に見て取ることができる。荒木は、「生徒のありのままの感じ方や考え方」(荒木 1953a：2)を重視しつつ、高校生たちに万葉集を読ませた。そしてそのことを通して、「日本民族がこのようなすぐれた文学遺産をもっていることに、喜びと誇りとを感じさせること」(1)、「生徒たちに祖国に対する愛情と民族的自覚をめざめさせる」こと（7）を目指した。実際、防人の歌に対する感動から、そのような歌を詠むことが果たして「抵抗」なのか否かについて活発な議論が生まれ、日本の農村の封建遺制について考察した作文が書かれたのであった。荒木の実践報告が衝撃を与えたのは、それがこのように「現代社会に対する抵抗と万葉に対する感動」（7）を一体のものとして示して見せたからであった。西尾は、この荒木の実践を高く評価しつつ、それを「問題意識喚起の文学教育」として総括することによってその後の議論をリードした。荒木報告は、「一つの文学作品の鑑賞によって喚起される「問題意識」を指導することによって、生きた民族教育が行われるという報告」（西尾 1953：89）だったというのが西尾の総括である。荒木実践が含む強烈な社会批判のパトスには目をくれず、西尾は鑑賞における生徒の自発性の重視という側面にもっぱら注目する。「西尾実の問題意識喚起の文学教育論は、状況に拮抗した荒木実践のアクチュアリティを捨象することによって、時代を越えた普遍的な文学教育論として成立していった」（浜本 1982：5）と言われるとおりである。西尾によれば「文学作品の鑑賞は、その作品を理解し評価するに至らない前に、いち早くわれわれ自身の「問題意識」を喚起する場合が多い」（91）。このような「生徒自身の生活によって蓄えられている「問題意識」」を喚起し自覚させることが文学教育では肝要なのである（92）。――「問題意識」とは自己に対する私の関係の一様態であろう。それを活性化し透明化する実践的な手だてを西尾は荒木実践の中に見ようとしていたわけである。

　これに対して荒木は、「私の大会報告をせっかく意義づけてくださったのに、その当人が納得がゆかないというのはへんな話」だと言いつつ、「「問題意識の喚起」についての（西尾の）説明には、私にとって理解できない点がある」（荒木 1953b：4）と不満を漏らしている。そして、「鑑賞によって喚起された「問題意識」というものは、その鑑賞の対象となった作品と必然的なつながりをもってはいないものであろうか」（5）と反問する。「作品のもつ教育的機能とは、すぐれた作品のもつ深刻な現実認識、するどい現実に対する批判、高い理想主義とヒューマニズム、あるいは素朴な真実な叫びなどである。それが鑑賞者に、いままでうかつに表面的に見ていた現実をはっきりと見ることを迫り、それの批判を教え、いままで妥協的で卑屈だった精神に鞭うち、あるいは虚偽と頽廃の中にいた自己を目ざめさせるのである」(5)。――これは、まさに時枝が揶揄した「惚れさせる国語教育」の典型であり、西尾の念頭には、あるいは時枝の批判があったかもしれない。しかしより重要なことは、西尾と荒木との関係が、時枝との関係のように「反転図形」的なものではなく、互いに支え合うような補完関係だったということだ。西尾はその後も荒木らの実践に同伴することをやめなかった（田近 1999：96f.）。田近によれば、「西尾の主体的鑑賞理論は、荒木の報告を受けて、問題意識喚起の文学教育という実践理論として具体性を獲得していった」（田近 1999：82）。西尾の文学教育論はその具体化のために荒木らの実践を必要としていたということであろう。荒木もまた、西尾に対する不満を表明した先の論文を、「問題意識の喚起」という他ならぬ西尾の枠組みの中で書いているのである。彼はその中で、次のように両者の補完関係を明示的に述べてもいる。「「問題意識」を喚起する力は作品のなかにあるが、それを自覚する地盤は生徒たちの生活と意識のなかにある。その二つが、ぴったりと出あったとき、文学の教育的機能は最大限に発揮される」（荒木 1953b：6）。

　時枝に見られたのと同様の「国語」の二重の透明性を、時枝とは水と油のような荒木の文学教育論にも見出すことができる。西尾の場合、彼はたしかに私と自己との、文学によって可能になる透明な関係に意識を集中している。しかしこの私と自己との関係に安んじて集中するための前提として、西尾は荒木的な実践による補完を必要としていたように思われる。「深刻な現実認識、するどい現実に対する批判」等々が文学によって伝えられるが、そのような切実な「思想的内容」によってこそ、「問題意識」が喚起・自覚され、つまりは西尾が希求したような私と自己との透明な関係が実現されるはずであった。この二つの段階を一挙に成立させるメディアとして「国語」が――荒木におけるナショナルなものの強調を想起してほしい――浮上しているのである。

われわれは、西尾・時枝論争を支えていた――したがっておそらくは戦後の国語教育論の枠組みともなってきた――共通の基盤のごときものをほぼ確認しえた。それは、私に対する自己の透明性と私に対する「思想的内容」の透明性とが同時に可能になる特権的なメディアとして「国語」を想定する国語観であり、そのような「国語」というメディアにおいてこそ「主体」が形成されるとする確信である。こうした「国語」理解はごく穏当で自明にさえ見えるかもしれない。それは、本稿で確認してきたようなねじれや改釈や不満の表明を作動させることを通して、その種の表面的現象の背後でますます確固たる自明性を獲得していった。しかし、この自明性は最初から疑わしいものであったし、今やその疑わしさが日々実感されつつあるのではないか。このことを最後に確認しておきたい。最初から疑わしかったというのは、戦後のすぐれた文学教育の実践はテクストの中にしか現れないような「世界」を子供に経験させることを目指していたのであり[7]、そのような経験は「惚れさせる」ことにも、私と自己との関係にも、あるいは感動を通した「抵抗」への動員にも、解消されはしないからである。そこでは、言語は不透明な、「主体」の意のままにはならぬ何ものかとして経験されるに違いない。また、日々疑わしさが実感されつつあるというのは、こうした言語の不透明性が、文学教育とは別の、西尾の用語で言えば「ことばの実態」のレベルで一般的な経験になりつつあるように思われるからである。私に対する自己の透明性と「思想的内容」の透明性とが重なり合わず、しかも、たとえば作文という形で再帰的な関係を作ろうとすればますます両者は乖離し、言語は全体として不透明なものとして現れてしまう。私―自己関係の真正性、私―世界関係の客観性、私―他者関係の社会性は、まさに「国語」において乖離しつつあるように見えるのである[8]。西尾・時枝論争は、戦後国語教育論の限界線をも描き出していたと言えるだろう。

〔注〕

旧字体は新字体に改めた。

（1）「言語能力主義・言語技術主義」に厳しい振り分けの図式は、単なる歴史的過去に関する評価にとどまるものではなく、その背後には——これまた「素人」判断であるが——当時新たに力を持ちつつあった「言語技術教育」の主張に対する批判があったと思われる。この新たな「言語技術教育」の主張は時枝の理論に遡及することができたし（岡本 1990：18）、かつまた「主体」というキーワードによって自らの論理を正当化することができた（岡本 1987；大森 1993）。教育において国語教育ほど「主体」が頻発される領域は稀である。このこと自体が探究に値する興味深い事実であるように思われる。

（2）西尾と時枝に関する評価・位置づけには、論争以後に特に時枝が教育政策レベルで果した役割が反映しているであろう。時枝は、反・経験主義の方向へ舵を切った五〇年代後半以降の国語科学習指導要領の改訂を文部省と一体となって推進したのであった（浜本 1989：391）。

（3）国語学に対する西尾の批判も戦前来の筋金入りである。一九三七年の『文芸主義と言語活動主義』で西尾は次のように述べている。「我々の日常生活に於ける現実としての言語現象はどうであるかといへば、言語学でいふやうな言語はそのままにはどこにも存しない。必ず何等かの指事又は身振と結合し、何等かの事情又は行動と関連して、極めて複雑な表現作用を形成しているのがその真相である。科学の対象としての言語ならば知らず、実践の立場から言語を考へるのには、かくの如き混質的・複合的存在としての言語活動を考へる以外に、その正体を捉へることは出来ないであらう」（西尾 1937：24）。

（4）時枝独特の「能力主義」（時枝 1976（1956））は、村上が的確に指摘するとおり（村上 1999）、主観的「態度」に対して客観的に測定可能な「能力」を対置するという意味をもって一般に流布した「能力主義」と誤って混同されて今日に至っているが、実は「態度」も含めた「全人的」な能力を問題にする立場である。

（5）『国語教育学序説』（一九五七年）以後、西尾は日常の言語生活のレベルでも「主体」語を使用するようになる。これは、〈言語生活—文学〉という階層構造によって一旦構築された「主体」が、言語生活のレベルに再導入された結果ではないか、というのが私の推測である。

（6）この背景には、おそらく『国語国文の教育』（一九二九年）から『文芸主義と言語活動主義』（一九三七年）の間に生じた理論的変化があった。広瀬が『国語国文の教育』の「国語の愛護」の章に西尾の「言語生活論の起点」を見ているように（広瀬 1980：1）、確かにそこで西尾は「「ことば」の正体に触れ」ることの必要性を説き、「国語学文法学」の抽象性を批判している

（西尾 1929：190）。しかしこの「『ことば』の正体」を西尾はここでは「日本国民に於ける日本語の唯一性・必然性・絶対性」(202) に求めていたのである。西尾は、「その民族に対するその国語は、言語の中の単なる一特殊語」ではなく、「その民族に対する言語は唯一でなければならぬ」（西尾 1929：197）と言う。このような国語の唯一性は、言葉が「心なる言葉」として、理解が「直接的な創造作用」として作用するという点に現れる (200f.)。少なくともこの時点では、私に対する自己の透明性（「心なる言葉」）と「思想的内容」に対する言語の透明性（「直接的な創造作用」）とが国語において重なることが明示的に想定されていたわけである。ここから、「われわれの国語研究並に国語教育は、何よりもまづ日本国民に於ける日本語の唯一性・必然性・絶対性の自覚を根柢としたものでなければならぬ」(202) ということになる。ところが『文芸主義と言語活動主義』では、戦後の議論に直接つながるような形で、「国語教育の地盤的領域」は「音声と身振と行動との有機的に結合した原言語ともいふべき言語活動領域」（西尾 1927：29）だとされ、実体的な「国語」は背景に退いている。

（7）（田端 2001）を参照。田端は、文学的テキストを教材にした斎藤喜博、武田常夫らの授業のねばり強い解釈を通して、彼らの授業が、登場人物への感情移入や作品についての何らかの表象の獲得をこえて、テキストにおける「世界」の露呈を結果的に追求していたことを明らかにした。田端は、たとえばチェーホフ『カシタンカ』の武田による授業について次のように述べている。「道代（生徒の一人）は、カシタンカの諸々の体験に執存せず、カシタンカの「世界」へと思いを寄せ、「世界」「を」思索する。同時にこのことによって、道代の「思索」はカシタンカの「世界」から「生じ」、この「世界」に「帰属」する。すなわち、カシタンカの「世界」「が」道代の思索を「可能にする」」（田端 2001：164）。

（8）これについては（今井 2001：11ff.）を参照。私はそこで、生活綴方の「臨床化」とでも呼べる現象を手がかりにして、この三つの次元の乖離という状況を記述しようと試みた。

〔文献〕

荒木繁「民族教育としての古典教育――万葉集を中心として」『日本文学』第２巻第９号、一九五三a、一－一〇頁
荒木繁「文学教育の課題――問題意識喚起の文学教育」『文学』第21巻第12号、一九五三b、一－九頁
石井庄司「解説」『時枝誠記国語教育論集』Ⅰ、明治図書、一九八四、三八九-四〇一頁
今井康雄「教育学における経験・表象・仮想性」『近代教育フォーラム』第10号、二〇〇一、一－一七頁
イ・ヨンスク『「国語」という思想――近代日本の言語認識』岩波書店、一九九六

大森修「主体を育てる作文技術の指導」『言語技術教育』第1号、一九九三、七〇-七四頁
岡本明人「言語技術教育としての「分析批評」の授業――時枝誠記に学ぼう」『「分析批評」の授業』第1号、一九九〇、一五-一八頁
岡本明人「「主体」を育てていると言えないか」『現代教育科学』一九八七年五月、五七-六一頁。
「言語教育と文学教育論争（時枝・西尾論争）」『国語教育史史料』第3巻、運動・論争史、東京法令出版、一九八一、六五八-六九〇頁
後藤恒允「西尾実国語教育論における主観と客観の問題について」『秋田大学教育学部研究紀要・人文科学社会科学』第37巻、一九八七、三三-四五頁
駒込武『植民地帝国日本の文化統合』岩波書店、一九九六
佐藤学「言葉と出会うこと――経験と絆の創出へ」佐伯胖・藤田英典・佐藤学編『シリーズ学びと文化2、言葉という絆』東京大学出版会、一九九五、二五一-二六七頁
田近洵一『戦後国語教育問題史（増補版）』大修館書店、一九九九
田端健人『「詩の授業」の現象学』川島書店、二〇〇一
時枝誠記『国語学原論』岩波書店、一九四一
時枝誠記「文学における言語の諸問題」(1947a)、『現代国語教育論集成・時枝誠記』明治図書、一九八九、三三-四三頁
時枝誠記「西尾実氏の「ことばの実態」について」(1947b)、『現代国語教育論集成・時枝誠記』明治図書、一九八九、四四-五五頁
時枝誠記「国語教育のあり方」(1951)、『時枝誠記国語教育論集』Ⅰ、明治図書、一九八四、一七一-一八九頁
時枝誠記「国語教育の方法」(1954)、『時枝誠記国語教育論集』Ⅰ、明治図書、一九八四、一一-一二三頁
時枝誠記『国語学原論　続篇』岩波書店、一九五五
時枝誠記「ことばの機能と人間形成」(1956)、『現代国語教育論集成・時枝誠記』明治図書、一九八九、一二一-一三九頁
時枝誠記「国語教育における能力主義」(1956)、『言語生活論』岩波書店、一九七六、二七五-二九三頁
西尾実・時枝誠記「言語教育か文学教育か」全日本国語教育協議会編『国語教育の進路』昭森社、一九五〇、八八-九七頁
西尾実・時枝誠記「言語教育と文学教育（対談）」『言語教育と文学教育』金子書房、一九五二、六-一九頁

西尾実『国語国文の教育』古今書院、一九二九
西尾実『文芸主義と言語活動主義』岩波書店、一九三七
西尾実「言葉とその文化」(1947)、『西尾実国語教育全集』第４巻、教育出版、一九七五、二一九-三八九頁
西尾実『国語教育学の構想』筑摩書房、一九五一
西尾実「文学教育の問題点」『文学』第21巻第９号、一九五三、八九-九二頁
西尾実「国語教育学序説」(1957)、『西尾実国語教育全集』第５巻、教育出版、一九七五、一-一三九頁
浜本純逸「西尾実の文学教育論の展開」『日本文学』第31巻第８号、一九八二、一-八頁
浜本純逸「解説――今日的意義と問題点」『現代国語教育論集成・時枝誠記』明治図書、一九八九、三五九-三九二頁
広瀬節夫「「言語生活」論の成立と展開――西尾実先生のばあい」『日本文学』第29巻第１号、一九八〇、一-九頁
松崎正治「西尾実国語教育学の成立過程」『鳥取大学教育学部研究報告・教育科学』第33巻第２号、一九九一、二六一-三〇四頁
村上慎「時枝誠記の国語教育論における「能力主義」」『学芸国語教育研究』第17号、一九九九、六〇-七四頁
安田敏朗『帝国日本の言語編制』世織書房、一九九七
渡辺通子「西尾実のコミュニケーション論――成立の契機とその特質」『早稲田大学大学院教育学研究科紀要・別冊』９号-１、二〇〇一、一六五-一七六頁

第8章　記憶空間の戦後と教育
——広島平和記念公園について——

山名　淳

1　問題の所在

（1）記憶空間の教育学

記憶と歴史をめぐって交わされている近年の学際的な研究の成果は、文化伝達に関する論点を含んでいる。それゆえ教育学もそれに対して無関心ではいられまい。教育学にとってそうした研究のどのような点が啓発的かと問われれば、まずは何よりも、記憶を構造化して歴史として伝達するメディアの範囲を拡張していることがあげられるのではないか。教科書、文学作品、新聞、大衆紙の記事、広告などの印刷されたメディアや、あるいは映画などの映像メディアが重要であることはいうまでもない。興味深いのは、それに加えて、記念・顕彰行為と密接に結びついた人工的な空間構造、つまりアーキテクチャーもまた、重要な記憶のメディアとして浮上しているということである。書かれたテクストなどに類似して、アーキテクチャーが、メッセージを媒介するような、またメッセージそのものであるような性質、つまりメディアとしての性質を帯びているということは、教育学においてはこれまでほとんど注目されてこなかったのではないだろうか。

メディアとしてのアーキテクチャーという視点からとりわけ重要な対象として浮上してくるのは、教育学において伝統的に主要な対象であり続けてきた学校空間よりも、むしろ学校外に存在する記憶をめぐる空間である。過去の記憶を伝承するための記念・顕彰行為と密接に結びついた空間（およびそこに備えられた物）を広義の教育メディアとして読み解くジャンルを、ここでは「記憶空間の教育学」と呼んでおこう。

「記憶空間の教育学」とは、さしあたりドイツ語の“Gedenkstättenpädagogik”を意訳した言葉である（cf. Barlog-Scholz 1994, Rathenow 1995, Horn 2001）[(1)]。「記憶空間の教育学」は、狭義には、歴史的出来事の記憶を伝承することを目的とした記念空間において行われる案内の方法について検討したり、説明内容について議論を重ねたり、また団体の訪問客のためのプログラムを組むことなどを主要な課題とする教育学の一分野を指し示す語句である。言い換えれば、記念・祈念空間を学校外の重要な教育の場とみなしたうえで、有意義な教育作用を訪問者たちのうちに生じさせるために、そこで行われる活動に関する様々なことがらについて企画者の目をもって考察する分野であるといえるだろう。だが、「記憶空間の教育学」を広義に捉えるならば、企画者の意図に還元できる部分と必ずしも企画者が自覚しているわけではない部分との双方を視野に捉えたうえで、記念・祈念空間の構造および機能をいわば観察者の目をもって解釈するという課題をも、この分野は引き受けている。

記念・顕彰行為と関わる空間を対象とした考察の総体を「記憶空間の教育学」という語によって指し示すケースがみられるようになったのは、ドイツではとくに一九九〇年代にいたってからである。その背景には、戦争をめぐって歴史家、哲学者、政治家の間で交わされたいわゆる「歴史家論争」（一九八六年）などをとおして歴史と記憶に関する問題が先鋭化し、それに絡むようにして記念・祈念空間の問題が浮上したということがあった。また、歴史博物館やホロコースト記念碑を建造しようという動向が一九八〇年代以降にドイツ各地で強まったことで、戦争の記憶を表象化することの意義および限界についてより広い範囲で議論が交わされたという事情もある。さらに、一九八九／九〇年の東西ドイツ統一は、両ドイツの政治的前提が記念・祈念空間の構造および活用方法を暗黙のうちに規定していたことを顕在化させ、記憶を伝承する空間構造の恣意性を人々により強く意識させることになった。一九九〇年代にいたって「記憶空間の教育学」というジャンルがより明確な輪郭をもちえたのは、そのような記念・祈念空間をめぐる問題を重視する気運の高まりに対して教育学者たちが反応したからにほかならない。

本章では、記憶メディアとしてのアーキテクチャーに関するそのような分野の存在を意識しつつ、日本の事例に注目してみたい。というのも、記憶メディアとしてのアーキテクチャーというテーマは、ドイツにおいてのみ重要というわけではなく、明らかにさまざまな文化圏において広く一般に議論されるべきテーマであると考えられるからだ。

(2) 広島平和記念公園という事例

ここで事例としてとりあげるのは、広島平和記念公園（以下、平和公園と略記）である。広島は、戦争というそもそも表象困難な事態の記憶をきわめて意識的に刻印しようとした都市の一形態として注目に値する。平和公園は、記念・祈念空間としての広島市の中心をなしているといえるだろう。同公園は、毎年何十万人の児童・生徒たちが修学旅行の折に訪れ(2)、平和教育の場として活用している場所である。また、そうした学校教育の枠内における実践を超えて、そもそも平和公園がより広い層の訪問者たちに対して原爆投下の記憶を伝承するために構成された記憶のメディアであるという側面を有しているかぎりにおいて、この公園はすぐれて広義の教育学（人間形成論）の対象であるともいえるだろう。

広島における戦争の記憶というテーマについては、これまでもさまざまな社会的・政治的立場から議論がなされてきたことを私たちは知っている。また、平和公園もそれ自体が熱い政治的議論の舞台でもあった（cf. 宇吹 1992）。そのような議論の蓄積からすれば、考察を空間の次元に限定した考察は、あまりにも表層的であるというべきかもしれない。だが、記憶空間に関する近年の多様な論考がむしろ空間という表層のうちに立ち現れる政治的要素を巧みに捉えていることに注目するならば、[3]同様の期待を日本の記憶空間についての考察にも抱いてよいのではないだろうか。

手がかりは、すでに、広島と原爆に関する先行研究者（宇吹 1999）、建築学者（藤森 1999）、社会学者（ヨネヤマ 1996）、日本文化論者（ブルマ 1994, ブルマ 1998）らによって与えられている。ここでは、彼らがときには別個のこととして論じていることがらを、記憶メディアとしてのアーキテクチャーという観点から整理し、論じ直してみたい。なお、平和公園について継続的に詳細な追跡調査をしてきた地元の中国新聞社が発行する関連文献（中国新聞社 1986, 中国新聞社 1995a, 中国新聞社 1995b）および新聞記事の読解が、本章における考察の基礎をなしている。

以下では、平和公園の基本構造を概観したうえで（第二節）、平和公園が記憶メディアとして有する三つの問題をとりあげる。平和公園の層的構造にみられる不整合性問題（第三節）、ヒロシマのプロットの問題（第四節）、そしてリアリティをめぐる問題である（第五節）。最終的に、ここで行った検討を念頭に置きながら、「記憶空間の教育学」の課題についてふれてみたい（第六節）。

2　空間的モニュメント性の創出

広島への原爆投下から三年後、地方紙『夕刊ひろしま』は、一九四八年七月二九日から七回シリーズで「二五年後の完成ヒロシマ決定版」という記事を掲載している（夕刊ひろしま 1948.7.19：1, 7.30：1, 7.31：1, 8.1：2, 8.2：2, 8.3：2, 8.4：2）。この記事は、近未来（一九七三年）の広島の都市空間の描出をもとにして、広島の復興計画案を提示するものであった。平和公園を中核とするような現在の広島に慣れている者にとっては意表をつかれるのだが、その広島

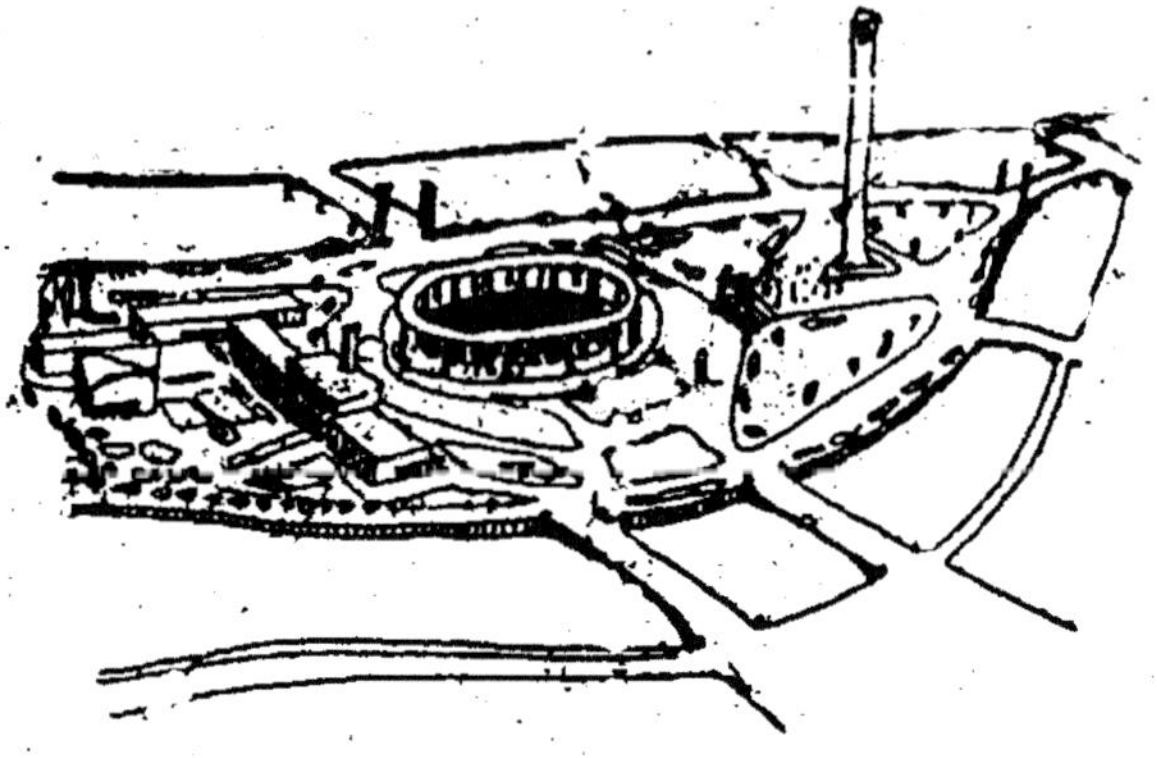

図１　巨大な平和の池を中心に置いた平和公園案
［『夕刊ひろしま』1948年７月19日第１面］中国新聞社提供、2003年

の未来像においては、市中心部の東側に位置する比治山が「平和が丘」として開発され、都市全体のアクセントをなすはずであった。現在の平和公園がある場所も重視されていたが、その相貌は私たちが知る公園の様子とは異なっている。記事の挿絵にみられるように、元安川と本川に囲まれた中州の中央には、ギリシャ風の円柱に包囲された巨大な平和の池がある。北側の中州の先端には、真白い大理石造りの巨大な平和の鐘塔が立っており、記事の説明によれば、世界中から送られてきた石からなる五〇万あまりの石柱によって取り巻かれているという（図1）。

翌年の一九四九年には、中国新聞も、「白昼夢 平和都ひろしま」というシリーズで、合成写真とそれについての解説によって未来の広島のイメージを描写している（中国新聞 1949.7.4：2, 7.5：2, 7.6：2, 7.7：2）。市の中心部にニューヨーク並みの摩天楼が立ち並び、広島城郭跡は花咲く堀に囲まれた住宅街となり、最寄りの呉市までは二〇〇人乗りの喫茶店付きバスが疾走し、四〇〇トン級の観光船が七つの運河を駆けめぐる、といったように。

原爆投下からわずか三、四年後のこの時期には、市内には原爆の傷跡が癒えぬ場所が数多く残されていたが、廃墟を都市空間の変容に関する構想力を駆り立てる空白のキャンバスとみなそうとし、未来への希望をそこにみようとする強い意志が一連の新聞記事によって表明されている。同時に、戦後初期に提示されたこうしたいくつかの構想を並列して眺めていると、現前する広島という都市空間が、いくつかの対案のなかから選び取られたものであり、またひとつの構造であるということを、あらためて確認させられる。

戦後まもなく、広島平和記念都市建設法（一九四九年）が制定され、それによって被爆体験の重さを後世に伝えていくための工夫を広島の都市計画のなかに盛り込んでいくことが可能になった（cf. 石丸 1999）。被爆の痕跡を広島の空間に刻印する際の中心となったのは、いうまでもなく平和公園である。このことは、被爆体験と密接に結びついて建造されたモニュメント、いわゆる原爆モニュメントの配置に如実にあらわれている。原爆モニュメント研究グループの調査によれば、広島市およびその周辺で一九八五年までに確認された原爆モニュメントは、一八九基にのぼる（原爆モニュメント研究グループ 1978, 1985）。そのうち、平和公園およびその周辺には、三〇基あまりのモニュメントが存在する。このように原爆モニュメントが集中しているということが、すでに記憶の収蔵庫としての平和公園の重要性を示唆しているといえるだろう。

注目されるべきは、平和公園そのものが巨大なモニュメントとして構想されていることである。終戦間もなく、広島の復興に関する議論が交わされるなかで、爆心地に記念施設を設立することが検討されていた。議論の過程では、爆心地をそのまま廃墟として残そうという提案も出されていたが、結局、一九四九年四月一七日に、平和公園の設計を全国に募集することになった。この設計コンペの結果、広島平和記念都市建築法が制定された同年八月六日には、全国から応募があった二〇〇件もの設計案のなかから丹下健三案（以下、丹下プラン）の採択が決定された。丹下は、すでに一九四六年より、戦災復興院（建設省の前身）の委嘱を受けて、広島市および広島県に協力して広島復興都市計画のための基礎的調査と土地利用計画に参画していた。

公園の敷地は、元安川と本川に囲まれた非幾何学的な地形を有した中州であり、そこはもちろん廃墟であった。記念碑性を空間に付与するために、丹下は、この廃墟を記念の地とするためにどのような建築上の戦略を用意したのだろうか。藤森照信の論考を参照するならば（藤森 1999）、先述のコンペにおける第二位、第三位のプランとの比較によって、そのような記念碑性演出の戦略として少なくとも三点を指摘することができる。(4)

第一に、空間の中心軸を「一種の空洞」にすることによって記念碑性を創出するというル＝コルビュジエが「ソビエト・パレス」においてとった手法が丹下プランに看取できる。平和大通りという東西の直線に直行するように、同公園の中心を貫く通りが北に延びている。この縦軸は、単に空洞であるというだけでなく、訪問者たちの視線を誘導する役割を果たしている。平和大通り側から平和公園に入る場合、通常は、公園の中心軸に導かれるように北へ進み、埴輪をかたどったトンネル型の原爆死没者慰霊碑へと歩を進めるが、その位置から訪問者たちは「平和の灯」を眺め、またさらにその彼方にあらためて原爆ドームを眺望することになる。そうすることによって、同公園には、物理空間上の中心（原爆死没者慰霊碑）とは別に、意味上の中心（原爆ドーム）があることを知らされるのである。この物理空間上の中心から意味上の中心までの眺望を維持するための配慮が施されていたことは、例えば、この中心軸付近の空間に植えられる樹木として、見通しを遮る広葉樹ではなく、針葉樹が選択されていたことからも窺い知ることができる。丹下自身、プランの基本コンセプトを説明するなかで、軸線の上に「四つの基本的な施設――平和会館、広場、祈りの場所、原爆の遺跡」（丹下 1966：49）を配置することを明言している。

第二に、平和公園が神社としての構造を備えているという指摘があることは、その空間が漂わせる疑似宗教的雰囲気の由来を理解する上で興味深い。藤森によれば、ピロティ様式の採用により、何本もの柱によって支えられてゲート上になった広島平和記念資料館（以下、資料館と略記）の建物、訪問者たちが潜り抜けるはずだった巨大なアーチ、そして埴輪型の原爆死没者慰霊碑、と三つの構築物が下を抜きながら並んでいる構造は、寝殿造りに近いという。丹下自身、およそ六・五メートルの階高とおよそ一〇・五メートルの幅を有するピロティ構造をなしている資料館が「二万人を容れる広場の門」（丹下 1966：61）として設えられていることを記しており、公園全体が祭祀空間として構造化されていることを示唆している。

第三に、丹下プランは、平和公園の敷地を核としながらも、その外部空間をも視野に捉えた壮大な構想であった。そのことは、まず、丹下プランが元安川沿岸や広島城付近の都市計画をも含み込むようなものとして提示されていたことに如実に示されている。丹下は、広島市全体を縦横に走るはずであった道路網によって構造化される都市空間の中核として平和公園を組み込もうとしていた（cf. 丹下 1966：49）。とりわけ、先に示した平和公園内の南北軸は、その外部へと続くはずのものであり、南方へ延びるまなざしの導線はやがては海にまで到達するはずのものだった。当初設置される予定であった五大陸を象徴する五つの鈴をつけた巨大なアーチがライトアップされ、それによって平和公園の位置が瀬戸内海からも確認できるように計画されていた。他のプランナーたちが公園の立地となる三角州上の設計に終始していたのに対して、丹下はただ一人だけ、眼差しの始点をはるか上空に定めて瀬戸内海も含めた広島全体の未来空間を眺めていたのである。

3　祈念、記憶、慰霊――平和公園の層的構造

平和公園のみならず、一般に記念・顕彰行為に関わる空間およびそこに配置される物は、当然のことながら制作性を帯びている。それらは、そこを訪れる人々にどのような反応を呼び起こすかをあらかじめ計算して構成されていることが多い。その際、潜在的あるいは顕在的に、プランナーのうちにすでに一連の過去の出来事が因果の連鎖にしたがって時系列上に整理されており、記憶の形状化がそれに基づいてなされているといえるだろう。丹下による平和公園設計は、そうした事例のひとつである。

けれども、すべてがプランナーによってコントロールされていることは稀である。たとえば、費用面の制約、他

の関係者たちから出される異議、世論の圧力、他者によるさらなる空間加工など、プランナーの意図を超える要素によって計画が変更されることがある。平和公園に関してもそのことはいえる。丹下のデザインに基づいて公園内が整備されていった過程をさらに詳しくみていくと、ある部分はプランナーの意図に基づいて、またある部分はプランナーの意図とずれたかたちで空間編成がなされていったことに気づかされる。丹下によって施された地上の空間デザインに加えて、またそれと密接に結びつきつつ、同公園の地上および地下にわたる層的構造とでも呼ぶべき特徴をそこにみることができる。そのような層的構造を整理するためには、公園空間を構成する祈念、記憶、慰霊という三つの異なる要素をとりあげることが有効であるように思われる。後で示すとおり、祈念、記憶、慰霊の三要素は、空間の次元においてつねに調和的なわけではない。そのような層的構造における各要素間の軋轢を、平和公園にかかわる第一の問題とみなすことができる。

(1) 祈念

広島の祈念とは、何よりも平和の祈念である。広島平和公園とその近辺には、「平和」の文字が刻印された場所や物が数多くある。平和公園内には、「平和」という語をもつモニュメントが多くあり（「平和の石塚」「平和の鐘」「平和の泉」「平和の観音像」「平和の像」「平和記念ポスト」「平和の塔」「平和祈念像」「平和の灯」「平和の池」）、また、その周辺にも、「平和大橋」「平和大通り」など、名称に「平和」の語を有するものが少なくない。公園内の売店では、「平和」のための書物やビデオ、あるいは数々の「平和」グッズが所狭しと陳列されている。それらのまわりを「平和」の象徴である鳩が飛び交っている。

平和公園の設計に関する初期の議論のなかで、すでに「平和」への祈り、よりよき未来の祈念を基調とするような空間を構成することが決められていたが、注目しておくべきは、そのことが国家間の戦争責任をめぐる軋轢が如実に表れることを回避する方策としても解釈されうるということである。前述の藤森によれば、平和公園の設立に関する初期の議論のなかで、基本的には、死者への慰霊よりも、平和を祈念するということに重点が置かれるという方針がとられるようになったという。藤森は、祈念の重視が死者への慰霊の抑制と表裏一体のものであったことを指摘したうえで、そのような方針がとられた理由について言及している。彼によれば、「死者への慰霊となると、どうしても誰がそういう死者を生んだのだという問題」（藤森 1999：55）へと、つまり戦争責任の問題へと発展することになって、連合国軍総司令部と日本側との間に軋轢が生じる可能性があった。公園のプランナーである丹下も「基本的に死者への慰霊ではない、あくまで平和の祈念だということを相当強調しながら進めて」（同上）いたことが広島市当局の関連資料によって裏付けられると藤森はいう。

連合国軍総司令部による占領下では、そもそも広島における慰霊や追悼が著しく制限されていたということを思い起こしておかねばならないだろう。そのことを象徴しているのは、平和公園前の平和大通り沿いにある広島市立高等女学校の慰霊碑が辿った歴史である。宇吹暁によれば、同校は、一九四八年に同校敷地内に石の記念碑を建立し、慰霊碑と呼ばずに「平和塔」と名付けていた。同校の原爆遺族会長の追悼記によれば、「平和塔」という命名は、当時、学校などの施設が慰霊碑を建立することが許されない状況にあって、そうした制限をかいくぐるための戦略であったという。しかも、プレス・コードがしかれた時期には、「原爆」という文字が自由に使用できず、したがって、原爆犠牲者とそうでない戦争犠牲者との間に名称の上で分割線を引くこともままならなかった。「平和塔」が「市女原爆追悼碑」という名称に変えられたのは、占領政策が解かれた一九五一年のことであった。

そのような原爆投下の責任問題も絡んで重視された平和公園の構成要素としての祈念は、空間的には、緑の芝生と樹木に象徴されているといってよい。丹下自身の言葉を借りれば、公園内の緑地帯は、「遺跡があらわになることを防ぐためのスクリーン」（丹下 1966：49）をなしていた。廃墟をそのような緑のスクリーンによって覆い隠してしまうことに対しては、たびたび疑問が投げかけられてきた。イタリアの非暴力主義的な市民運動の指導者D・ドルチが広島を訪れた際、「平和記念公園にはバラや噴水など美しいものばかりだが、被爆当時の惨状をなぜそのまま残せなかったのだろう」（中国新聞 1970.11.28：14）と述べたことは、その一例である。

（2）記憶

記憶をとどめる空間として注目されるのは、まず第一に原爆ドームである。原爆ドームは、広島という「現代のトロイ」（ブルマ 1994：117f.）を象徴する遺跡であり、こういってよければ、緑地帯という「スクリーン」を突き破って地上に隆起する廃墟の一部である。原爆ドームの取り壊しも何度か協議されたが、結局、原爆の記憶をとどめておくという重要な役割を担う被爆建造物として修復・保存され、今日にいたっている。

記憶の空間として第二に重要であるのは、資料館である。資料館は、廃墟の記憶に関するさまざまな媒体（写真・ビデオ・被爆物品・手記など）を収蔵しておく建造物である。資料館は、丹下プランにおいても、「常に記憶を新たにするもの」であり、「それがまた明日の平和への意志として働く」（丹下 1966：49）とされた。被爆建築が姿を消しつつあることに象徴されるように、ときの経過とともに原爆の痕跡が失われつつある状況にあっては、そのような関連資料の収蔵庫としての資料館はますます重要性を帯びてきているといってよいだろう。

原爆ドームおよび資料館は、私たちが踏みしめる平和公園の緑地帯の下に埋もれる廃墟の層を露わにしているが、さらにその下にはかつての繁華街としての層が横たわっている。そのような意味において、平和公園は、三重の層をなしているといってよだろう。

通常は目にみることができないかつての繁華街という最下層を明るみに出すために、報道組織、研究組織、市当局、市民たちの連携によって爆心地復元運動が推進されたことは、ここで特筆すべきであろう。この運動のきっかけとなったテレビのドキュメンタリー番組の制作にディレクターとして携わった長屋龍人によれば、「だれがどこでどのような原爆の瞬間を迎えたのか」（長屋 1995：71）という素朴な疑問が番組の通奏低音をなしており、また、「原爆を抽象化されない日常性のなかで語ること」（同上）が番組によって目指されたのだという。

そのような爆心地復元運動は、個人を無力化する総力戦に対して講じられる記憶の次元における対抗戦略であり、また冨山一郎の言葉を借りて言い換えれば、人間を一瞬のうちに無差別に平準化する原爆の「面の記憶」に対して、匿名化されえない「個人の痕跡」を取り戻そうとする抗いであった（cf. 冨山 1995：97ff.）。さらに、この地図の作成は、生者のうちに死者の記憶を呼び起こし、「失われた地縁の回復」（長屋 1995：64）を果たし、被爆者と非被爆者との出会いの契機をもたらした（長屋 1995：74）。復元調査に参加した被爆者のひとりであった高橋昭博も、旧住民の集いに行くときは「誰かに会えるのではないかという期待」（児玉 1995：123）があったことを証言し、長屋の見解を裏付けている。

長屋は、その後、爆心地復元運動の成果をもとにして、資料館の天井や壁一面を、原爆の犠牲者の顔写真で埋め尽くす構想、また、復元された地図を巨大な銅板にして平和公園の慰霊碑の前に埋める構想を打ち出している。とりわけ、銅板の埋め込みによって緑の芝生に覆われた地面の下層をなす失われた繁華街を視覚的に露わにするという長屋の構想は、平和公園の設計者である丹下によって受け入れられ、一九七〇年、一部修正が加えられたかたちで広島市に『広島平和記念公園基本整備計画報告書』として提出された。

もっとも、長屋の構想と丹下のそれとはまったく同じというわけではなかった。長屋の構想では、慰霊碑前の区画が巨大な銅板からなる地図で覆われ、そこに犠牲者たちが息絶えた場所に印が刻み込まれるはずであり、訪問者たちが足を踏み入れることができない神聖な空間となるはずであった（長屋 1995：85）。つまり、この案では、人々は迂回という行為によって、自らの祈念・慰霊の気持ちを可視化することになる予定であった。他方、丹下の構想では、地図は銅ではなく、石でできており、埋め込まれる場所は公園の軸線付近一帯になるはずであった。犠牲者たちもそこに刻み込まれる予定はなかった。それは、原寸大の地図であるとともに遊歩のための石畳となるはずだった。人々はここを踏みしめることで原爆に対するそれぞれの思いを強くする場として考えられていたのである（丹下 1970：22）。

彼らの公園改造案は、財政上の理由から実現をみなかったが、爆心地復元運動の成果は、現在、縦四メートル、横三メートルの銅板となって、資料館北側のロビーの一角に取り付けられている。取り付け位置は、公園の軸線上で、「そこから公園を見ながら、銅板地図の上で町並みと照らし合わせることが出来るよう配慮」（中国新聞 1972.6.20：14）されている。

（3）慰霊

緑地帯、廃墟、かつての繁華街という三重の層の上に、しかしながら、もうひとつの層が覆い被さっていることを忘れてはならないだろう。それは、慰霊碑に象徴される慰霊の層である。

慰霊碑の設立制限が解除されたことによって、広島市内を中心に原爆に関する記念碑が多く建立されるようになった。平和公園にも、年を経るごとに次第に慰霊碑が多く建てられるようになった。一九六七年、市長の諮問機関である広島市平和記念施設運営協議会は、公園内に二八基のモニュメントが「乱立」していることを確認し、これ以上増えては「聖地」の印象を損なうとして、原則としてそれ以降のモニュメントの建立を認めない方針を打ち出すにいたっている（中国新聞 1967.9.12：9）。取り決めでは、広島鯉城ライオンズクラブの「平和の時計塔」建設を最後の認可とするはずであった。

公園空間の計画者のまなざしからみれば、鳥瞰的な見通しを欠いたまま徐々に建立されていくモニュメントは、好ましいものではなかったのであろう。丹下も、前述の『広島平和記念公園基本整備計画報告書』のなかで、慰霊碑がその由来からして「平和公園の意義と矛盾するものではない」と前置きしながらも、公園の全体計画からみれば「類似的な内容のものが、無造作に置かれたという印象」を免れえないとして、「不調和な形」や「置かれる場所が不適格のもの」を秩序化することを提案している（cf. 丹下 1970：25）。だが、それ以降、公園のモニュメントが移設されたり、あるいは廃止されたことはほとんどなく、むしろモニュメント数は増加している。

図２　イサム・ノグチ　広島の原爆死没者慰霊碑　１/５模型（1952/1991年）広島現代美術館所蔵、写真提供、2003年

　平和公園における慰霊碑は、「世界平和」という世界市民的な呼びかけと密接に結びついた緑地帯の層によって封印されていた「記念」とナショナリティの結びつきの問題を浮上させることになる。[5] ここでは典型的な事例を示しておきたい。

　ひとつは、公園の中心をなす原爆慰霊碑をめぐる問題である。公園最大の慰霊モニュメントとして丹下が最初に提案した巨大なアーチの建設は、予算の関係で実行に移されず、それを代替するモニュメントの制作者として日系アメリカ人の芸術家イサム・ノグチが名乗りを上げた（図２）。だが、広島平和記念公園専門審議会の委員であった岸田日出刀が日本人による慰霊碑の建立を強く要請したことなどもあって、最終的に、ノグチ案の採用を見合わせることが決定された（cf. 森 1999：54）。岸田は、「原爆を落としたのはアメリカ人であり、そしてイサム・ノグチ氏はアメリカ人だということを忘れないでほしい」（岸田 1958：85）と述べている。彼は、ノグチ案の審議にあたり、「この大切な記念施設のヘソに当る慰霊堂は、なんとしても日本人による作でありたい」（岸田 1958：85）と熱心に主張した。丹下自身は、当時を振り返り、「原爆の慰霊碑だけは日本人の手で、という意志が言わず語らずのうちに、広い層に刻み込まれていた」のであり、委員会や市議会の反対は「この底流にあるものの反映に過ぎなかった」と述べている（丹下 1966：91）。ノグチは、当時の市長であった浜井信三を直接訪れ、モニュメントに対する自分の熱意を伝えようと努めたが、決定が覆されることはなかった（cf. 中国新聞 1952.4.8：3，ドウス 2000）。結局、現在公園でみることができる埴輪型の慰霊碑が丹下によって設計されることになった。

もうひとつのよく知られた事例は、韓国人慰霊碑である。この記念碑は、一九七〇年、公園周辺部に建立された。この慰霊碑を公園内に移設することが求められたが、市が慰霊碑を増やさないという方針をとっていたこともあって、この計画は失敗に終わったという（アルマ 1994：120f.）。その後、「差別の碑」などと揶揄されることもしばしばあったことへの考慮などから、一九九九年七月、韓国人慰霊碑は公園内に移設された。状況は変わりつつあるが、いずれにせよ、この碑をめぐって、日本と韓国とのナショナリティの輪郭は繰り返し意識されてきたといえる。ヨネヤマが指摘しているように、和解や謝罪においてさえ、他者がナショナルな自己を揺るがすのではなく、むしろその輪郭を明確化し、ときには「ナルシシスト的な自己肯定」（ヨネヤマ 1998：243）へと導く契機となりうるのである。(6)

4　空間的次元におけるヒロシマのプロット

平和公園の空間を構成する要素を祈念（緑地帯）、記憶（廃墟の層および旧繁華街の層）、慰霊（慰霊碑群）に分割してみると、それらはときに不調和的であったことが指摘できる。すでに概観したとおり、祈念の層は、その下方にある記憶の層とも、またその上にできあがった慰霊の層とも軋みを生じさせていた。そのような各層間の緊張関係のなかで平和公園は成り立っている。平和公園を構成する要素どうしの軋みは、ふだんは穏やかな同公園の雰囲気によって覆い隠されているが、ふとした切っ掛けで容易に水面上にあらわれる。ライト・アップ問題などは祈念と慰霊の相克として(7)、また、よく知られるレストハウス問題などは祈念と記憶の軋轢としてみなすことができるのではないか(8)。

ところで、祈念、記憶、慰霊は、平和公園空間において相互に緊張関係にある三つの層を成している一方で、相互に関連しあいながら公園空間を構成しているという側面をも有していることを忘れてはなるまい。そのことを理解するには、さしあたり原爆ドームが、原爆投下の記憶を喚起するメディアであると同時に、慰霊と祈念へと人々を誘う被爆建造物であることを想起しておくことで十分であろう(9)。

今や焦点を当てねばならないのは、三要素の結びつきを規定しているプロットである(10)。これまで、〈被爆→苦悩と慰霊→記憶と再生→「平和」の祈念〉というプロットが広島における戦争について語られる際に支配的であるということが指摘され、同時に、そのような〈被害〉の記憶に基づくプロットが〈加害〉の記憶をも前提としたプロットを背後に退かせてしまっているとしばしば批判されてきた。また、優越するプロットが選び取られる基準およびメカニズムについての省察が欠けているということが指摘されてきた。ヨネヤマも示唆しているとおり、この種の批判は、「今では海外のメディアにおいてさえもすっかり使い古された言いまわしとなってしまった」(ヨネヤマ 1998：231）といわれるほどに、とくに一九八〇年代後半あたりから頻繁に繰り返されてきた。このことは、ひいては、戦争責任および「戦後責任」（高橋哲哉）に関する議論を迂回するように機能してしまう、という問題とも連なっている。この批判は、おそらく平和公園の空間問題とも無縁ではない。

イアン・ブルマが「ヒロシマ教」という言葉を用いて示そうとしたのは、そのような広島における戦争の歴史に関するプロットが、いかに広島という都市空間に、またその中心である平和公園に反映しているかということであった。彼がいう「ヒロシマ教」の教義とは、「世界平和」（ブルマ 1998：132）である。「そのメッセージは執拗に、記念碑、記念館、記念塔、噴水、生徒たち、僧侶たち、公園、記念墓地、特別展示、聖火、慈母観音、平和の鐘、平和の岩、平和の石塚、彫刻、看板で繰り返されている」（ブルマ 1998：132）のだという。

ブルマの批判は、最終的に、広島という都市空間が有する「宗教的」な雰囲気が〈加害〉の記憶を隠蔽していることに結びつけられている。ブルマは次のように述べる。

「一九三一年の満州、三七年の中国、さらにはパールハーバー、マニラ、シンガポール、ジャワ、香港。この爆弾の投下の意味は、それらの戦争と無関係ではなかったはずだ。なのに、『ヒロシマ教』の関心は、そのことに一向に向かわない」（ブルマ 1998：131）。

そのことと関連して、ブルマは、「死の深刻さが儀式の仰々しさで誇張されると滑稽になり、感動的であるべきものが、センチでおかしなものになる」（ブルマ 1998：130）として、「こみ上げる笑い」（ブルマ 1998：129）という「不適切かつ無礼」な反応を広島訪問の際に抑えられなかったと告白している。[11] 彼は、最終的に、広島が廃墟と化す以前に軍都であったことを想起させ、また、旧陸軍の毒ガス工場があった瀬戸内海の大久野島という〈加害〉の記憶の場が平和記念公園という〈被害〉の記憶の場と一組のものであることに注意を向けるように読者に促している。[12]

広島の対極に、南京、あるいは七三一部隊施設のあったハルビンを想起すること――ブルマは、大久野島に言及することでまさにその重要性を示唆していたのだが――、そして、その対極をも広島のなかに取り込んで、ヤヌスのような〈加害／被害〉の双面神としての日本人の相貌を訪れる人々に示してみせることが重要であることはいうまでもない。だが、忘却されたもう半面を描き足すことによって統一されたひとつの像が完成するというほど、事態はおそらく単純ではないだろう。

一九九〇年、戦争加害にふれることなく自分の個人的被害体験のみを語った広島のある証言者に対して、聞き手であった学校の教師が生徒とともに抗議の文書を送りつけ、加害意識の欠如を指摘した、ということをヨネヤマは記している（cf. ヨネヤマ 1998：26）。この出来事に対して何か釈然としない感じが残るのは、この証言をした人物がこの事件をきっかけに証言活動を断念してしまったからという理由だけによるのではない。むしろ、この一件によって、〈被害〉の記憶に〈加害〉の記憶を付加するという解決の方途の可能性が開示されているというよりは、そこからのさらなる一歩がいかに困難であるかが予示されているがゆえである。被害者としての語りと加害者としての語りの双方を備えれば新たな広島の語りができるというようなことではなかったであろうし、ましてや被害者としての面を隠して沈黙してしまうことで問題が解決されたわけではないだろう。

「一九八〇年代半ばになると、平和教育は戦争責任や加害の問題をとりあげるようになったが、教室で日本の加害責任を扱えば扱うほど、それなら日本に原爆が投下されてもやむをえないと考える子どもが多くなっている。加害責任を考えながら、同時に反核を訴えるカリキュラムの詳しい検討が必要になっている」（井藤 1999：20）。この平和教育研究者の言明は、上述した証言者の沈黙の由来を間接的に示しているように思われる。一九八〇年代以降に突きつけられたのは、ヒロシマのプロットの根本的な見直しであり、〈被害〉の記憶を土台にしたプロットを繰り返すことと、そこに〈加害〉の記憶を加算することによってヒロシマの新たなプロットを作り出すこととのわずかな間隙に、第三の道を探るというきわめて困難な課題であったといえる。

ヒロシマのプロットを根本的に見直すという困難な課題が突きつけられているということは、空間メディアについても妥当する。空間メディアをとおして、原爆投下に関して獲得された個別の記憶のうちに「われわれ」とともに「彼ら」をみることを支援することができるだろうか。あるいは、そのようなことが困難なことであるということを自覚しつつ、それでもなお「彼ら」との関係調整という課題と向かい合うことを空間メディアは促進しうるだろうか。平和公園の層的構造とその軋轢問題を第一の問題とするならば、このヒロシマのプロットの見直しを平和公園に関する第二の問題とみなすことができるだろう。

5　記憶の風化と永遠化

（1）電子空間の拡張とリアリティ問題

平和公園に関わる第三の問題として注目したいのは、リアリティをめぐる問題である。このことは、とりわけ一九九〇年代以降、記憶空間が三次元の物理空間を超えて、電子空間にまで拡張していることに付随して浮上してきた問題であるといえる。

近年、記憶空間の電子化が進行していることは、よく知られるとおりである。すでにインターネット上の複数のホーム・ページにおいて、原爆に関する証言や資料が電算化されて、拡張された電子空間のなかで閲覧できるようになっている。また、原爆ドームや原爆投下以前の爆心地の町並みが、コンピュータ・グラフィックスによって再現されている（cf. 中国新聞 1998.1.21：3，中国新聞 2000.7.31：1）。二〇〇二年八月に平和公園敷地内に開設された国立広島原爆死没者追悼平和記念館においても、一二面マルチ大型映像装置を用いて犠牲者の遺影を次々に映し出し、被害の甚大さを伝達する試みが行われている。そのような電子空間の拡張は、これまで述べてきたような物理空間上の問題を解消する可能性を秘めていることが期待されるが、一方で、新たな問題を生じさせる原因になるのではないかとの危惧をも生み出している。

爆心地復元運動におけるきっかけとなるテレビ番組を制作した先述の長屋は、最も早い時期に記憶空間の電子化に期待を抱き、「エレクトロニック・ヒロシマ・メモリアルパーク」構想を打ち出した人物でもある。彼は、電子空間の活用について、以下のように期待を込めて述べている。「いまなら、三〇年前の爆心地復元運動の時代にはできなかった、被爆者の写真・遺品・証言・原爆の絵などすべてをマルチ・メディアを使って電子空間に統合し、保存し、再現することが可能となる。人間の生と死の確認という、文明社会の最低限のルールを守る市民社会の証として、広島の記憶は、世界の市民に向けて、永遠の命あるメッセージとして燃やし続けなければならないのではないか」（長屋 1995：91）。長屋は、その精巧な模写の能力、記憶容量の大きさ、あるいはアクセスの容易さなど、電子空間の特性を活かすことによって、これまで物理的空間につきまとう制約のゆえに困難であったことを実現しようという積極的な立場に立つ。

他方、記憶空間に関するそのような動向に対する批判は、たとえばヨネヤマ・リサの立場から投げかけられるであろう。ヨネヤマは、「ヒロシマの核被害に関する表象は、数十年間にもわたってフィルム、写真、活字、絵画、といった様々な媒体を通じて再生産されている」（ヨネヤマ 1998：17f.）と述べた後、続けて、「ヒロシマの風化」についいて語っている。彼女によれば、「ヒロシマの風化とは、この地がもっていたカリスマ性がこのようなシュミラクラの洪水のなかで色褪せ、しだいに広島の核被害に関する知識を消費する者を動揺させる効力を失ってゆく過程であるといってよい」（ヨネヤマ 1998：17f.）。彼女の立場からすれば、記憶空間の電子化は、そのような「シュミラクラの洪水」という警告されるべき事態を促進するものであるにちがいない。

（2）リアリティをめぐる論争

原爆が投下されて五〇年以上が経過した現在、「シュミラクラの洪水」の功罪を議論する以前に、すでにシュミラクラの力を排除するという選択肢を私たちは失いつつある。ときの経過とともに、被爆物は劣化し、被爆を体験した人々もまたいつかは命脈を閉じる。錆びた三輪車や黒こげの弁当箱のレプリカが制作されて朽ち果てることなく末永く展示されること（中国新聞 1997.1.4：30，中国新聞 1998.2.27：29，中国新聞 1998.5.7：22）、また、証言者がブラウン管のなかで永遠に語り続けることが——それで十分かどうかはともかくとして——もはや避けられないとすれば、「シュミラクラの洪水」のなかにも原爆の記憶をリアリティをもって伝える方途を模索するほかはないのではないだろうか。

「シュミラクラの洪水」下における原爆のリアリティとは何か。そのような問いに対峙しようとするとき、私たちは、かつての資料館のジオラマをめぐって交わされた「リアル化論争」にまで引き戻されるであろう（cf. 中国新聞 1972.6.24：15）。かつて、資料館では、六体のマネキン人形に遺族から寄贈された爆死者の衣服をまとわせて展示していたが、一九七二年、広島市は、それらを生々しい火傷やケロイドを表現した五体の蠟人形に作りかえ、焼野原を再現した舞台上にそうした人形を置いてジオラマ化することを決定した。これに対しては、「生の資料」に秘められた無言の事実が重要であるという批判的な意見が出される一方で、作りかえられた蠟人形の方がより切実に「真実」を伝えるはずだという人形置換擁護の議論が展開された。

大切なことは、「生」資料と「疑似」資料のうち、どちらが「真実」を伝達するメディアとして評価されるべきかという問題に回答を与えることではないだろう。そもそも原爆投下のあの時とあの場所における体験こそ「生の現実」であるとするならば、そうした体験を伝達しようとするあらゆる試みは、たとえそれが体験者によるものであったとしても、他者に対する「生の現実」の提示ではなく再現の試みということになる。そのかぎりにおいて、「生」資料と「疑似」資料の境界線は一見したほどには明瞭ではない、ということを「リアル化論争」は示唆しているのではないか。ジオラマの問題で明らかなように、このことは無論、電子空間のみならず、物理空間についいてもいえることだ。

「生」資料と「擬似」資料の境界線が明瞭ではないということは、空間的な記憶メディアについての議論にとって翻ってどのような意味をもつのだろうか。資料は「疑似」的であるというだけでそのリアリティをただちに喪失するわけではない、ということが一方でできるかもしれない。だが、より重要なのは、ひとたび記憶メディアとしてのアーキテクチャーのなかに取り込まれると、「擬似」資料と同じように「生」資料もまたリアリティを欠いてしまう可能性があるということの方ではないか。

多木浩二によれば、博物館は「歴史的事象をその関連からもぎとってくる」（多木 1996：276）のであり、核心的な何かを消し去ってしまうという。このことは、歴史的事象の空間的痕跡を加工したアーキテクチャーやそれと密接に結びついたモニュメントについても妥当するだろう。彼が続けて博物館について論じている箇所は、記憶メディアとしてのアーキテクチャーに置き換えたとしても違和感はない。多木によれば、「博物館とは、歴史の想像力を喚起するための表象を、出来事を経験しなかったものの思考に委ねる場所」なのであり、「そこになにが起こったかをわれわれは知識としてほぼ知っているが、博物館を見る経験とは、本当のところ、出来事が表象に還元不可能なものであることを理解することなのである」（多木 1996：277）という。

記憶メディアとしてのアーキテクチャーを創り出す行為とは、突き詰めてみると、「表象に還元不可能なもの」を表象する不断の努力というアイロニーに満ちた行為にほかならない。そのことを多木はただネガティヴに論じているわけではないが、少なくとも「歴史の想像力を喚起するための表象」を「出来事を経験しなかったものの思考に委ねること」によって訪問者たちがどのような影響を受けるかは不確かなままであり、そのような帰結の不確かさを受け入れなければならないという意味において、私たちは記憶メディアとしてのアーキテクチャーのもどかしさと限界を意識せざるをえないのではないだろうか。歴史上の現象にまつわるあらゆる表象につきまとう「ぬぐい去ることのできない相対性」（ホワイト 1994：57）は、言語を媒介とした歴史記述についてと同様に、あるいはそれ以上に、空間の構造化であるアーキテクチャーについても妥当する。(13)

6　記憶空間のアポリアと「記憶空間の教育学」——まとめにかえて

いかに記憶空間としてのアーキテクチャーが様々な問題を孕んでいたとしても、空間メディアを創り出し、維持し続けることから私たちは逃れられるわけではない。歴史が刻んだ過去の傷跡をそのままにしておくという決断をする場合でさえ、その空間をどのようにしておくべきかという問題を前にしたときのいくつかの回答可能性のなかから選び取られた方策にはちがいなく、そのような意味において、すでにそれは人為の産物なのだ。記憶空間としてのアーキテクチャーの創造はまた、不可避というだけでなく、不可欠でもある。多木が先に引用した文章の後で示唆しているとおり、いかに不充分であっても、記憶空間としてのアーキテクチャーがなければ「人びとは忌まわしい出来事をとうに忘れていたかもしれない」（多木 1996：277）からである。

広島の平和公園を空間上の記憶メディアとしてみた場合に浮上する問題（層的構造における葛藤問題、ヒロシマのプロット問題、リアリティ問題）を前にして、もしも私たちがそのような困難を解消することに「記憶空間の教育学」の目的を設定するとすれば、問題解決の困難さを前にしていささか諦念にも似た感情が湧き上がってくることを抑えられないであろう。だが、もしそのような困難を空間的な記憶メディアのアポリアとして認めたうえでそれと向き合おうとするならば、事態はまったく異なってくる。

「記憶空間の教育学」に可能なことは、空間的メディアの問題を解消することでもなければ、無論、解かれざる問題をひた隠しにして見かけ上の整合的な教育プログラムを組み上げていくことでもない。むしろ、重要なことは空間的な記憶メディアが抱えているアポリアを露わにすることであり、できることならそのようなアポリアについての議論を教育の舞台裏から表舞台へと置換することであり、またそのことについてともに考えることを教育の一部に組み込んでいくことであろう。なぜなら、記憶メディアとしてのアーキテクチャーほど、戦争のような過去の重大な出来事を体験しない世代に当事者の記憶を伝えていくことの重要さと困難さの両方を目にみえるかたちで知らしめてくれる素材はないからである。「記憶空間の教育学」の課題をそのように設定することをとおして初めて、記憶空間のアポリアがもたらすようにみえる危機は逆に好機にもなりうるのではないか。このことは、もちろん広島の平和公園にのみいえることではない。

＊　本稿は、以下の拙論に修正を加えたものである。Jun Yamana: Behält Hiroshima den Zweiten Weltkrieg im Gedächtnis? Zur Raumanalyse des Friedensparks in Hiroshima. In: Jahrbuch für Historische Bildungsforschung. Bd.7, 2001, S.305-327. このドイツ語論文は、平成一二年度の日本学術振興会日独科学協力事業として二〇〇〇年八月二九日から同年九月四日まで開催された第一回研究セミナー「ナチズムおよび軍国主義下の教育学——教育と戦争責任」（日本側代表者は小笠原道雄）における発表原稿をもとにして作成された。なお、本稿の執筆にあたり、長屋龍人氏に問い合わせたところ、丁寧な回答をいただいた。この場を借りて感謝の意を表したい。

〔注〕

（1）「記憶」「空間」「教育」というキーワードをただ並べ立てただけの訳語は、日本語として収まりがよいわけではない。だが、ここで想定しているジャンルを指し示す適切な日本の術語が見当たらない以上、暫定的な訳語として用いることをお許しいただきたい。なお、“Gedenkstättenpädagogik”に対応する語句が日本語のうちに存在しないということ自体、この種の議論が日本においてまだひとつのまとまりとして成熟していないということをあらわしている。

（2）一九九〇年度には、五二万五四六二人の修学旅行生が訪れている。九〇年代を通じて修学旅行生の数は減り続けたが、それでも九九年度においても三五万人以上の修学旅行生が公園を訪れた（中国新聞 2000.5.2.：25）。

(3)　一例として、ピエール・ノラを中心とした研究者たちの「クリティカルな歴史学」の成果があげられるであろう。彼らは「記憶の場」を鍵として、過去の事件がなぜ、またどのように生じたのかを明らかにすることよりも、そうした事件がその後どのようにシンボル化・形象化され、それが社会的・政治的な次元においていかに利用／誤用されてきたか、ということに関心を寄せている（谷川 2000：10f.）。

(4)　丹下プラン、第二位、第三位のプランとも、藤森一九九九に掲載されている。

(5)　記念・顕彰行為とナショナリズムの関係については、谷川二〇〇〇を参照。

(6)　付言しておけば、北朝鮮との統一碑をにらんだ碑文をめぐる論争のなかで、両国名をどのように碑に刻むかという問題について対立がある。日本との関係におけるナショナリティ問題の上に折り重なるようにして、韓国と北朝鮮の間でもナショナリティの問題が慰霊の碑をめぐって浮上している。

(7)　平和公園内の資料館、平和大橋、平和の像などに夜間照明を当てる「ライト・アップ作戦」が広島市当局によって提案されたが、夜の静穏な雰囲気が損なわれるという理由で被爆者を中心とした市民の反対にあった。

(8)　一九九五年一二月、広島市は、平和公園内に残る唯一の被爆建造物である広島市レストハウス（元大正呉服屋）の地上部分を解体し、公園の地下に新しいレストハウスを建設する計画を明らかにした。建物の老朽化などが公の理由だが、河瀬正利は「平和公園の精緻化を目指す広島市の公園整備にとって相応しくない」（河瀬 1999：11）との判断が下されたことが最大の理由と考え、平和を祈念するための聖地として整備しようという傾向に対抗して、原爆の記憶をとどめるためのアーキテクチャーとしての側面こそが重視されるべきことを訴えている。

(9)　さらにいえば、祈念、記憶、慰霊は、広島の空間が物と物語に結びつく際の重要な三要素でもある。「伸ちゃんの三輪車」の例が典型的であろう。鉄谷信男氏の息子伸一ちゃん（当時三歳）が、自宅前で三輪車に乗って遊んでいるときに被爆し、死亡した。信男氏は息子の遺体を焼く気になれず、焼け焦げた三輪車と共に庭に埋葬した。その後、被爆四〇年目に墓所に移すために掘り起こし、あらためて葬儀を行った。掘り起こされた三輪車は資料館に展示されている（葉佐井他 1999：53）。原爆以前と以後の記憶が掘り起こされ（伸ちゃんの遺骨と三輪車の発掘）、それにまつわる物が平和記念公園に保存・展示され（資料館における三輪車の展示）、保存物の意義が物語られることによって明確化される（児玉 1992）。そのような空間・物・物語の結合によって、記憶の要素は、過去の惨劇の死者に対する慰霊とよりよき未来への祈念に結びつけられる。

(10)　ここでは、H・ホワイトの「歴史のプロット化（historical emprotment）」に関する議論を念頭に置いている（cf. ホワイト

1994)。

(11) そのような反応をしたのは、ブルマが最初というわけではなく、実は、戦後かなり早い段階から認められた。そのような反応は、広島関係者の顰蹙を買い、しばしば抗議を受けてきた。

(12) 大久野島については、たとえば中国新聞社、一九九六を参照。

(13) 空間メディアの限界を超えていく試みとして、「対抗モニュメント」と呼ばれる作品群に注目することができるかもしれない。近年とくにD・リベスキンドのベルリン・ユダヤ人博物館、M・ウルマンの「図書館」などについての論評が多くみられるが、そこではまさに記憶空間の「対抗モニュメント」的な修辞法が注目されているといえるだろう（小林 1997, オッチャーニ／磯崎／浅田 2002, 飯島 2002, 田中 2002)。ここでは「対抗モニュメント」の可能性について論じることはできないが、「記憶空間の教育学」にとっても今後ますます重要となるであろう空間メディアのあり方を提起しているものとして止目しておきたい。なお、対抗モニュメントについては、二〇〇二年九月に開催された第一二回教育思想史学会におけるコロキウム「『記憶の場』に関して視覚文化論と教育学を接合する試み：ファシズム／ホロコーストを伝える空間と芸術をめぐって」における香川檀氏の発表「対抗モニュメントと記憶——ドイツにおける現代アートの試み」によって啓発されたことを付記しておく。

〔文献〕

Barlog-Scholz, R.: Historisches Wissen über die nationalsozialistischen Konzentrationslager bei deutschen Jugendlichen : empirische Grundlage einer Gedenkstättenpädagogik. Frankfurt am Main u.a. 1994.

Horn, K.-P.: Authentizität und Symbolisierung, Gedanken und Lernen. Gedenkstätten in Deutschland und ihre Pädagogiken. In: Jahrbuch für Historische Bildungsforschung. Bd.7. 2001, S.329-350.

Rathenow, H.-F.: Gedenkstättenpädagogik : Versuch einer Bilanz. In: Auschwitz und die Pädagogik. Frankfurt am Main u. a. 1995, S.273-304.

飯島洋一『現代建築・アウシュヴィッツ以後』青土社、二〇〇二

石丸紀興「平和記念都市建設法からのまちづくり——広島における都市建設の基本理念をどうするか」。日本科学者会議編『日本の科学者』第34号、一九九九、五-九頁

宇吹暁「被爆の実相をどう伝えるか——初期の原爆遺跡存廃論議に学ぶ」。日本科学者会議編『日本の科学者』第34号、一九九九、

一五-一九頁
カッチャーリ・M／磯崎新／浅田彰／小林康夫「(討論) 都市の政治哲学をめぐって」。『批評空間』第Ⅲ期、第4号、二〇〇二、八三-一〇四頁
河瀬正利「元大正呉服店(広島市レストハウス)の保存」。日本科学者会議編『日本の科学者』第34号、一九九九、一〇-一四頁
岸田日出刀「広島の碑」。岸田日出刀『縁』相模書房、一九五八、八三-八七頁
原爆モニュメント研究グループ『原爆モニュメント碑文集』渓水社、一九七八
原爆モニュメント研究グループ『原爆モニュメント碑文集(続)』(私家版)、一九八五
児玉克哉他「座談会『爆心調査』からヒロシマを考える」。児玉克哉編『世紀を超えて──爆心復元運動とヒロシマの思想』中国新聞社、一九九五、一一七-一四八頁
児玉辰春『伸ちゃんのさんりんしゃ』童心社、一九九二
小林康夫『建築のポエティックス』彰国社、一九九七
高橋哲哉『戦後責任論』講談社、一九九九
田中純「未生の者たちの記憶──ダニエル・リベスキンドと伝統」。『批評空間』第Ⅲ期、第4号、二〇〇二、一〇五-一一九頁
谷川稔「社会史の万華鏡──『記憶の場』の読み方・読まれ方」。『思想』第911号、二〇〇〇年五月、四-一二頁
多木浩二「アウシュヴィッツ紀行・Ⅱ　博物館」。多木浩二『思想の舞台』新書館、一九九六、二七二-二八一頁
丹下健三「ピースパーク・プロジェクト(全体図)」(一九五〇年五月二五日作成、広島公文書館所蔵)。
丹下健三他編著『現実と創造』美術出版社、一九六六
丹下建三、都市・建築設計研究所『広島平和記念公園基本整備計画報告書』一九七〇(広島市役所所蔵)
中国新聞社編『年表ヒロシマ40年の記録』未来社、一九八六
中国新聞社編『検証ヒロシマ　1945-1955』中国新聞社、一九九五a
中国新聞社編『年表ヒロシマ──核時代50年の記録』中国新聞社、一九九五b
中国新聞社「毒ガスの島」取材班『毒ガスの島──大久野島、悪夢の傷跡』中国新聞社、一九九六
ドウス昌代『イサム・ノグチ』上・下巻、講談社、二〇〇〇
冨山一郎『戦場の記憶』日本経済評論社、一九九五

長屋龍人「爆心復元運動の誕生と展開」。児玉克哉編『世紀を超えて――爆心復元運動とヒロシマの思想』中国新聞社、一九九五、五八-九二頁
葉佐井博巳／宇吹暁／井出三千男監修『ヒロシマを世界に』広島平和記念資料館、一九九九
広島市役所建設局計画課「平和記念公園計画図」（一九五一年一月四日作成、広島公文書館所蔵）
広島市現代美術館編『ヒロシマ以後――現代美術からのメッセージ』広島市現代美術館、一九九五
藤森照信「広島計画を展開した意図・その後の丹下氏の活動」。広島市公文書館編『紀要』第23号、一九九九、四一-六七頁
舟橋喜恵「『ひろしま』を受け継ぐ――ヒロシマの平和教育」。『日本の科学者』第34号、一九九九、二〇-二四頁
ブルマ・I、石井信平訳『戦争の記憶――日本人とドイツ人』ＴＢＳブリタニカ、一九九四
ブルマ・I、石井信平訳『イアン・ブルマの日本探訪――村上春樹からヒロシマまで』ＴＢＳブリタニカ、一九九八
ホワイト・H、上村忠男訳「歴史のプロット化と真実の問題」。フリードランダー・S編　上村忠男他訳『アウシュヴィッツと表象の限界』未来社、一九九四、五七-八九頁
ヨネヤマ・リサ「記憶の弁証法――ヒロシマ」。『思想』第８６６号、一九九六、五-二九頁

第9章　ポップ感覚から浮遊感覚へ
――システムに響く不協和音――

田中智志

1　ポスト戦後のサブカルチャーから

「少年にたいする不安」の増殖

少年たちにたいして、人びとが不安な視線を向けはじめた時期はいつごろからだろうか。おそらく一九九〇年代のはじめ、マスコミで「少年犯罪」が盛んにとりあげられるようになってからだろう。女子高校生の「援助交際」という名の売春、中高年のサラリーマンを襲う「オヤジ狩り」が始まったのが一九九二年ころ、中学生が小学生の首を切断した神戸小学生殺害事件、同じく中学生が女性教師をナイフで刺し殺した黒磯教師殺傷事件がおこったのが一九九六年である。こうした行動・事件が扇情的に報道されるとともに、多くの人びとが少年にたいして不安をおぼえ、「子どもがわからない」と嘆くようになったといえるだろう。(1)

一九九〇年代の少年にたいする不安は、「今時の子ども」を語る言説によって、増幅されていった。新聞・テレビをはじめとしたマスメディアは、そうした言説のうちのもっとも強力なものだろう。その他にも、たとえば、『別冊宝島』が「子どもが変だ!」という特集を組んだのが一九九一年、そして同誌が「子どもが変わった!」という特集を組んだのが一九九九年である。また、オウム真理教の無差別殺人事件にショックをうけた哲学者の梅原猛は、一九九五年に『心の危機を救え』という本を緊急出版し、「日本の教育は近代思想と決別せよ」と論じている。そして、神戸小学生殺害事件にショックをうけた作家の村上龍は、一九九八年に『寂しい国の殺人』を出版し、子どもが「かかえている寂しさ」を他者に伝えられない国は先進国ではありえない、と論じている。

またアカデミズムも、たいした影響力があったとは思えないが、少年にたいする不安を培養する言説装置といえるだろう。たとえば、たびかさなる少年犯罪報道をまえにして、刑事法学者の佐藤直樹が少年犯罪の責任の所在を問う『大人の責任、子どもの責任』を出版したのが一九九三年である。日本子ども社会学会が『いま、子どもの世界に何が起こっているか』という研究書を出版したのが一九九六年である。臨床心理学者たちが少年犯罪の生じる契機を「ムカツキ」「ストレス」「心の内にある悪」に見いだしはじめる時期が一九九五年以降である（ex. 小田晋 1997, 山中康裕 1997, 斉藤孝 1998）。こうした心理学的な言説は一定の説得力をもってきたといっていいだろう。一九九六年に文部省（当時）がかかげた「心の教育」という教育政策は、その端的な例証である。

社会的感覚の変容

しかし、ここでの私の関心は、現代の少年犯罪にあるわけではない。私の関心は、少年犯罪をふくめた若者の言動に、大人たちが「不安」を抱く、その無責任といわざるをえない態度にある。子どもを「あぶない子ども」に追いやった当人たちが「あぶない子ども」を告発するその態度にある。このような態度は、つまるところ、自分が子どもにこれまでしてきたことを社会学的に反照してこなかったこと（モニタリングの欠如）を意味している。

しばしばいわれるように、現代の少年少女・若者にエゴイズムという特徴が見いだせるとするなら、そのエゴイズムをつくりだした契機は、過去二五年くらいの社会情況に見いだせるはずである。一九七五年から九九年くらいの社会情況に見いだせるはずである。この時代は「戦後」ではない。いつが「戦後の終わり」かという問題は、さまざまに議論されてきたが、さしあたり私は、それが敗戦の記憶が風化してしまったとき、と考えたい。いいかえるなら、アメリカの支配からの、なんらかのかたちでの日本の離脱が始まるとき、たとえば、"Japan as No. 1"といわれるようになったときが「戦後の終わり」だと思う。大澤真幸（1998：188）は、見田宗介（1995）の議論を前提にしながら、日本がアメリカの傘下にあったという意味での「戦後は一九四五年から一九七〇年まで」だという。そう考えるなら、ここで問題となる時代は「ポスト戦後」である。

サブカルチャーの概念

一九七五年から九九年のポスト戦後の社会情況をとらえるために、ここで注目するものが、音楽・アート・映画などに象徴される、少年少女・若者たちのサブカルチャー（sub-culture）である。(2) ただし、サブカルチャーはたんなる「下位文化」ではない。(3) サブカルチャーは、一般に「文化財」と見なされている「上位文化」（high-culture）に対立するものにとどまらない。サブカルチャーは、個々の作品というよりも、旧来の上位文化の尺度によってはかることのできない、個々人の具体的な生活にねざした営みであり、人生の基本的な台座（substance）でもある。いいかえるなら、サブカルチャーは、つねに生成しつつある意味であり、人間の成長・変容に密接にかかわりながらも、社会的な権威によって正当化されていないプラクシスである。

したがって、ここでいうサブカルチャーは、いわゆる「教育者」が、眉をひそめ疎んじてきた「無駄」でもなければ、むりやり発達論的・生産論的な意味を見いだそうとしてきた「遊び」でもない。むしろ、ここでいうサブカルチャーは、いわゆる「教育」が日々営まれることを可能にする日常生活の一部である。いいかえるなら、いわゆる「教育」は、サブカルチャーを退けながらも、サブカルチャーに支えられた営みである。このような意味でのサブカルチャーは、ハーバーマス（Jürgen Habermas）がいうところの、互恵的コミュニケーションに満ちた「生活世界」を構成する重要な要素である、といってもいいだろう。

こうしたサブカルチャーに注目するのは、そこに社会情況（にたいする態度）がはっきりと反映されるからである。サブカルチャーが社会情況を映す鏡になるわけは、サブカルチャーが世相をいちはやくとらえ、デフォルメし、表現するものだからである。つまり、サブカルチャーが社会情況を誇張して意味づける言説・実践だからである。したがって、サブカルチャーの表現の仕方は、社会情況を意味づけるルールである。このルールを「世相感覚」(social sense) と呼ぶことにしよう。

大まかにくくるなら、戦後・ポスト戦後の世相感覚は三つに分けられる。まず、大澤にならって、一九六〇年代から一九七〇年代後半までを「理想の時代」と呼ぶなら、この時代の世相感覚は「欠如感覚」である（大澤真幸 1998）。それは、大量生産の価値を信奉する社会に固有な感覚である。内田にならって、一九七〇年代末期から一九九〇年代初期までを「消費の時代」と呼ぶなら、この時代の世相感覚は「ポップ感覚」である。それは、「モードの価値」を信奉する社会に固有の感覚である（内田隆三 1984：137）。そして、一九九〇年初期から現在までを「システム寄生の時代」と呼ぶなら、この時代の世相感覚は「浮遊感覚」である。それは、自己決定の価値を信奉する社会に固有な感覚である。

2　欠如感覚からポップ感覚へ

ディスタンクシオンの衰退

一九八〇年代の日本社会――それは、消費欲望がふくらみつづけ、生活全体が過剰なモード（流行）で彩られていく社会だった。人びとの関心は、だれもが欲しがる〈高価なもの・有名なもの〉としてのブランドに向かっていった。たとえば、カルティエの時計、フェンディのセーター、シャネルの財布、ルイ・ヴィトンのバッグなどである。しかし、モードとなったものは、こうした海外ブランド（DCブランド）の商品ばかりではなかった。「ステージママ」にとっての子役も、「お受験ママ」にとっての有名小学校の児童もブランドだった。

このようなブランド志向の時代を記述するうえで、当時、（教育）社会学者は、ブルデュー（Pierre Bourdieu）のディスタンクシオン概念を用いて（Bourdieu 1979＝1989）、人びとの趣向性（実践感覚）を分析することに夢中になっていた。しかし、この時代の趣向性を分析するうえでディスタンクシオン概念を用いることは、的はずれだったのではないだろうか。このバブルの時代に大衆のあいだに一般化したものは、バブルを経験していないフランスのブルデューが語るディスタンクシオン、つまり階級によって囲われた文化資本・経済資本・社交資本に裏打ちされた趣向性ではないからである。〈高価なもの・有名なもの〉としてのブランドへの欲望と、歴史的な文脈に支えられた階級的なハビトゥスとしてのディスタンクシオンとは、まったく異なっているからである。

むしろ、当時の日本においては、ディスタンクシオンが急速に衰退していった、というべきだろう。当時のブランドは、それが、どれほど歴史的な文脈にささえられた商品であっても、歴史的な文脈から剝離した過剰に自己言及する記号だったからである。その商品の「素性」「品質」に価値があったのではなく――たとえば、カルティエの時計よりもカシオの時計のほうがはるかに高性能で低価格だった――その商品がモードであることに価値があったからである。ようするに、ブランドは、それがモードであるからブランドであると見なされていた。ブランド志向は、かなり高額な参加料を必要とする、外部のない自己言及ゲームの特徴だったのである。

脱文脈的な記号が支配する

サブカルチャーの側面からみていくなら、日本のバブル経済期は、脱文脈的な記号のモードを媒介にしながら、身体の脱歴史化が、もっとラフにいうなら、存在の差異化が進行していった時代だった。文芸の世界においては、たとえば、村上龍の『限りなく透明に近いブルー』（1976）から、田中康夫の『なんとなく、クリスタル』（1980）、『いつまでも、クリスピー』（1987）にいたる、一連のブランド評論小説がベストセラーとなった。端的にいえば、日本のバブル経済期は、血縁・地縁を一切語らない小説が売れに売れた時代である。

音楽の世界においても、同じような傾向があった。たとえば、「言葉の意味へのこだわり」（小川博司 1988：66）――つまり文脈にたいするこだわり――をすてたサザンオールスターズ（1979－）のつくる曲、そして意識的に「ゴージャスな消費」――つまり贅を尽くしたもの――をめざした山下達郎のつくる曲が、ミリオンセラーを記録した。山下達郎は、一九八二年に次のように述べている。「音のかたまりとして純粋に自分の感性に訴えてくる音楽は、ものすごく金の臭いのする音楽なの。だけど、金の臭いを作りだす体質は嫌いなんだよね」（『ロッキング・オン』1982：59）(4)。

テレビの世界においても、同じような傾向があった。自由な恋愛をつうじて社会の基本単位が個人であること、それぞれが自分と他者との「違い」（差異）を愉しむべき個人であること、そして家族から文脈（歴史性）が奪われていくこと、こうした脱文脈性を暗示するドラマが、高い視聴率をあげた。たとえば、『金曜日の妻たち』という不倫ドラマ、浅野温子・浅野ゆう子・鈴木保奈美などが主演し三角関係の恋模様を描いた「トレンディ・ドラマ」がそれである。

そして一九八三年に、閉じた空間のなかでハリウッド映画さながらの愉しさを、ようするに安全なスリル、きれいなスペクタクルを満喫できる東京ディズニーランドが、浦安に開園した。そこでは、血なまぐさいアメリカの歴史、グリム童話が愉しさに奉仕するためのだけの記号に加工されていた（Giroux 1999＝近刊）。バブル期に東大生であり、「まったく女にもてなかった」と公言してはばからない小谷野が、東京ディズニーランドには「行ったことがない」と告白している（開き直っている）ように（小谷野敦 1999：186）、東京ディズニーランドは、たちまち若者のデートスポットとなった。

さらに一九八七年に、ギリシャ神話という歴史的な知識をその歴史的な文脈からひきはがしブリコラージュするアナウンサー古舘伊知郎の実況とともにブームになったものが、「フォーミュラ1」(F1)である。F1は、一〇〇〇馬力(当時)をこえるターボエンジンを搭載した自動車を駆って競争する国際的な自動車レースである。F1レースが日本で中継されるようになったのも、日本(鈴鹿サーキット)でF1レース「日本グランプリ」がはじめて開催されたのも、一九八七年である(日本グランプリそのものは一九七六にはじめて開催されたが、翌年、観客二名の死亡事故がおこり、それ以後、中断されていた)。年間約一兆二〇〇〇億円を消費し、先進諸国を巡業しておこなわれるこの自動車レースは、たしかにスポーツだったが、それ以上に、タバコ産業・自動車産業を中心とした国際資本が展開する、世界一高価なコマーシャル、つまり脱文脈的な記号だった。

そのほかにも、一九八〇年代中期には、大都市の若者のあいだで、スキー・テニス・海外旅行・クリスマスパーティがブームとなった。どれも、地縁血縁のない人とすぐに仲良くなれるような社交上のスキルを必要としていた。ブランド(の知識)は、そうしたスキルの中心だった。こうしたブームをになった若者は、ほぼ一九五六〜六五年に生まれた若者であり、共同体(地縁・血縁)、イデオロギー(理想・理念)をつうじてではなく、社交的なスキルをつうじて交友関係をつくり愉しむ若者であり、「新人類」と呼ばれた。ちなみに、この言葉は一九八六年に流行語大賞を受賞した。

ようするに、この時代のサブカルチャーの中心は、金のかかる脱文脈的な記号(脱歴史的な情報)だった。それは、一九七〇年代までのサブカルチャーと根本的に異なっていた。この時代のサブカルチャーは、欠如感覚を欠いていた。村上龍によれば、欠如(貧乏)を表し、貧しい人が求めるサブカルチャーは、ポップスではなく演歌・フォークであり、日本の最初のポップスは、ルサンチマンやハングリー精神から無縁のサザンオールスターズの歌である。YMO(Yellow Magic Orchestra)のようなテクノ・ポップともなれば、金のかかる脱文脈的な記号化は、さらに進行せざるをえなかった。「トランス」(意味忘却=文脈忘却)しなければ、そうして高価な電子機器を購入できなければ、テクノ・ポップは、演奏をすることはおろか、曲をつくることもできなかったからである。

ブランド志向にたいする反動・拒絶

むろん、脱文脈的な記号化と正反対のサブカルチャーも、このバブルの時代に広まっていった。たとえば、ノンブランドにブランドをみいだす「オタク」、ブランドが生みだす定住性のストレスを物理的にないし音圧的に破壊しようとする日本の「パンク・ロック」、そして、ブランド志向にもオタクにもパンクにも欠如感覚を読みとろうとしつづけるとともに、記号と戯れはじめた少年を——学校の「班」のような——共同体に回収しようとするテレビ番組「金八先生シリーズ」である。これらはすべて、バブリーなブランド志向を前提にしながら、ときにそれに迎合しながら、ポップになりきれなかったサブカルチャーである。

しかし、こうしたサブカルチャーとちがって、バブリーなブランド志向をいっさい無視したサブカルチャーも、この時代に生まれた。おそらくもっとも成功した作品は、一九八三年に発表された大友克洋のマンガ『童夢』、そして一九八二から九〇年まで連載された『アキラ』だろう。前者は、得体の知れない力のまえに、高層住宅が廃墟と化していくことを描きだし、後者は、圧倒的な力のまえにすべての文明・規範が喪われること、つまり世界が終末をむかえることを描きだしている。大澤真幸（1996）、宮台真司（1995）はここに、サリン無差別殺人事件をおこすオウム真理教の源流を見いだしている。その当否はともかく、こうした終末論的なサブカルチャーは、もともと貧乏性だったのだろうか、繁栄の終わりにしか、生のリアリティを見いだせなかった。

自己言及し、さまざまな差異を愉しむ

現代思想を現代社会の反照言説と見なすなら、バブル期の反照言説は「ポストモダニズム」ということになるだろう。たとえば、岩谷宏『ザ・ポップ宣言』（1981）、浅田彰の『構造と力』（1983）、今村仁司『ポップ的理性のために』（1984）などがそうである。乱暴な言い方をするなら、こうしたポストモダニズムの主張は、近代性からの諸力

の解放である。むろん、論者のあいだでの主張の違いも大きかった。今あげた三人のあいだにも越えられない隔りがあった。たとえば、デリダ（Jacques Derrida）とともに、代替不可能な個体性を絶対的な正義としてかかげ、「どのときも新鮮・純潔な、たまさかの出会い……、万人の万人によるひとめぼれの無限分裂連鎖」（岩谷宏 1981：205）を語るようなポップ感覚は、浅田や今村にはなかった。

しかし、そうした違いにもかかわらず、この時代のポストモダニズムは、言説の外部すなわち地縁・血縁といった物質的文脈（歴史性）を消去し、自家撞着（自己言及）を招き寄せているという点で、共通していた。一九八四年に、粉川哲夫は、ポップという言葉は「最も今日的な感性的なリアリティを表現するクリシェ」であり、「現代の生き生きとしたゆらぎやダイナミズムを意味」していると述べるとともに、「ポップ感覚とは、メディアのメディア内的な差異についての感覚であ」り、「その差異が多様になればなるほど〝ポップ度〟は高くなる」と述べている。つまり、ポップ感覚とは、外部を喪った言説が自分を自分で差異化することである（粉川哲夫 1984：70-71, 74）。

一般に、言説が自己言及（脱文脈化）すると、そこに新しい行為空間が形成される。むろん、言説による空間形成は、この時代にはじめて生じた現象ではなく、いつの時代にも生じる現象である。伝統的な共同体の多くも、自己言及する言説によって生みだされたものである。しかし、この時代に言説によって形成された空間は、人びとが否応なく互恵的にならざるをえない共同体ではなく、人びとが否応なく物象化され孤立化せざるをえない機能システムだった。いいかえるなら、この時代の言説の自己言及化は、機能システムを形成し人間を物象化していった。ちなみに、一九八三年に日本で翻訳刊行されたラッシュ（Cristopher Lasch）の『ナルシシズムの時代』は、アメリカに広がった知の自己言及化がナルシシズムを生んだ、と論じた本である（Lasch 1979＝1983）。

機能システムを規定する位階的秩序

一九八〇年代のポップ感覚、すなわち自己言及しさまざまな差異を愉しむという世相感覚を生みだしたのは、自律的に作動する機能システムが社会全域に広がっていったことである。たとえば、情報システムは、情報生産・情報伝達といった機能を果たしていた営みの総体が社会全体（諸共同体）から事実上分離し、自律したものである。経済システムは、生産・消費といった機能を果たしていた営みの総体が社会全体（諸共同体）から事実上分離し、自律したものである。教育システムは、人格形成・学歴付与といった機能を課せられてきた営みの総体が社会全体（諸共同体）から事実上分離し、自律したものである。

こうした機能システムは、自分の存続をはかるために、それぞれの機能システムの内部でのみ通用する言説によって、それぞれの営みを正当化していった。たとえば、「売れるものこそが正しいもの」といった、経済システムを存続させるための至上命令のまえでは、病気のパートナーを看病し家事をこなし休日に出勤しない男など、何の価値もなかった。たとえば、「勉強とスポーツができる子どもが優れた子ども」といった、教育システムを存続させるための至上命令のまえでは、ブランドもので身を固めたオシャレな若者たちなど、何の価値もなかった。たとえば、「お洋服はブティックでしか買わないわ」といった、情報システムがつくりだすモードの至上命令のまえでは、二四時間滅私奉公する会社員や夏期講習漬けの子どもなど、何の価値もなかった。人びとは、機能システムにかこまれて、物質的な外部（実体的な根拠）を失っていったのである。

しかし、一九八〇年代の機能システムにはまだ位階的秩序が組みこまれていた。言説は現実を、戯れは枠組を、情報は教養を前提にしていた。言説・戯れ・情報は自己言及運動していたが、現実・枠組・教養はこうした自己言及運動を抑止する位階的秩序を含んでいた。たとえば、虚構とわかっている「ヴァーチャル・リアリティ」は広まったが、現実としかみえない「メディア的なリアリティ」は広まらなかった。現実はあきらかに虚構の前提命題だった。また、「すべては戯れ」と見なされたが、「戯れる人は人格障害や精神障害であってはならない」という暗黙の規範があった。健全はあきらかに戯れの前提命題だった。浅田彰が思想史から現代芸術におよぶ、深い教養をひけらかしたように、どんなにかろやかな情報も、深い教養に裏打ちされていた。ようするに、この時代は、まだ水平的な区別の時代ではなく、まだ位階的な区別の時代だったのである。

ようするに、一九八〇年代の日本社会に成立したポップ感覚は、〈かがやかしい未来〉のために努力するかわりに〈さまざまな差異〉を愉しむという、脱文脈的な記号指向である。こうした世相感覚を支えていた物質的な基礎は、しばしば「消費社会化」と語られてきたこと、すなわち情報、経済、教育などの自己言及的な機能システムである。こうした機能システムの自己運動の始まりは、のちにふれるように、「主体」という近代的な言葉が死語になっていくプロセスでもあった。

3　ポップ感覚から浮遊感覚へ

バブル崩壊後

一九九〇年代に入るとともに、唐突にバブルがはじけた。地価は一九八〇年代の半額以下に急落し、軽井沢、清里といったリゾートに閑古鳥が鳴きはじめた。バブリーなブランド志向の象徴だったディスコ「ジュリアナ東京」が閉店した年は、一九九四年である。マスメディアのような機能システムが創りだした虚構が、物質的な何かによって叩きつぶされたようだった。

しかし、バブル経済の崩壊によって、バブリーなブランド志向が終ったわけではなかった。矢野経済研究所の調査によれば、一九八五年に約一兆二〇〇〇億円だった海外ブランド小売市場規模は、一九九〇年には三兆八〇〇〇億円にふくれあがり、その後、バブル崩壊にもかかわらず、一九九八年までほぼ四兆円前後の規模を維持していた（朝日新聞 2000.2/13：8）。一九九〇年代になっても、人びとはあいかわらず、ブランド商品を買いつづけ、脱文脈的な記号を愉しんでいたのである。

いいかえるなら、バブル経済の崩壊によって、高度成長期の欠如感覚に彩られた文脈依存的な価値が復活したわけではなかった。バブル期のポップ感覚は、バブル崩壊後も、あいかわらず人びとの生活・行動を支配していた。多くの人びとは、『清貧の思想』を人生のガイドブックにしようとは考えなかった。村上龍が述べているように、一九九〇年代の大人・若者が求めていたのは、七〇年代のように国民が一丸となって一つの目標にむかって努力すること、「いい学校」に入り、「いい会社」に入り、「いい結婚」をするために努力することではなく、八〇年代のようにコマーシャルや雑誌のグラビアに出てくる人たちのように、高い収入をえ、華やかな恋をし、エステにかよい、海外旅行、ダイビング、ガーデニング、アウトドアライフを愉しことだった（村上龍 1998：22）。

一九八〇年代にからくも反抗のスタンスを残していた音楽も、一九九〇年代になると、その多くが脱文脈的な記号と化していった。いわゆる「ロック」は、かつてのように「街《ストリート》に沸きあがる力」ではなくなり、もともとの文脈を無視して選択される記号、再現される記号と化していった。ミュージシャンが選択し再現した音楽が「カヴァー」だった。DJが選択し再現した音楽が「ハウス・サウンド」だった。そして、リスナーが選択し再現した音楽が「フェイバリット・ソング（私のお気に入り）」だった。象徴的なことは、他人の曲をずたずたに引き裂きブリコラージュする（つなぎ合わせる）「サンプリング」が、創造性への批判行動ではなく、創造的な音楽活動である、と見なされるようになったことである。ようするに、この時期、用意された選択肢から音楽を選択する行為が、社会現実が喚起する違和感を表現する行為を、凌駕していったのである。

ありきたりな将来

しかし、大人たちにくらべて、一九九〇年代以降の少年少女の生活行動は、ポップ感覚ではなく、どこか諦めに彩られていた。精神科医の大平健は、豊富な臨床経験にもとづいて、次のように述べている。現在の「若い人たちの間には『下り坂文化』というものがある。バブル崩壊後、女子高生が席巻しているが、［彼女たちに］蔓延しているのは『二〇歳すぎたらおしまいだ』という心境だ。［彼女たちは］『今を楽しもう』という刹那的な消費に走る」傾向にある、と（大平健 2000 : cf. 1990, 1995）。つまり、一九九〇年代の女子高生の多くにとって、成人式が何の感慨も生みださない行事であるように、大人になることも何の感慨も生みださない行事だった。

しかし、女子高生のサブカルチャーに詳しい宮台真司は、いくらかちがった見方をしている。彼によれば、彼が「ブルセラ世代」と呼んでいる一九九〇年代の少女たちは「刹那的」に生きているのではなく「まったり」と生きている。彼によれば、たとえば、一九九三／四年あたりから流行りはじめた「茶髪」は「終わらない日常」を「まったりと生きる」姿を象徴するものである。それは先のみえている将来に期待しないこと、あくせくした競争から降りることである。「〝とりあえず〟結婚、〝とりあえず〟資格、〝とりあえず〟お金。一事が万事この調子である。［彼（女）たちは］不透明に混濁した『輝かしくない未来』にはじめから適応している」（宮台真司 1995 : 100）。彼（女）たちが競争からおりる理由は明快である。宮台の報告（2000 : 202, 210）を私なりにいいかえるなら、彼（女）たちがコスト・ベネフィットを予測し計算し、競争が収益に見合わないと判断するからである。

大平健の描く少女像と宮台真司の描く少女像とは、どうしてこのようにずれるのだろうか。おそらく、精神科医がフィールドワークするときに出会う女子高生と、社会学者がフィールドワークするときに出会う女子高生とは、そもそもタイプがちがうのではないだろうか。二人の捉え方の違いは、そもそも二人が接する女子高生のタイプの違いに由来するのではないだろうか。

しかし同時に、大平と宮台の描く少女像の共通点も見いだせる。大平も宮台もともに、女子高生の視線の先に〈ありきたりな将来〉を見いだしているからである。大平にとっても宮台にとっても、一九九〇年代の女子高生たちは、二〇歳から先の将来を予測可能であり、かつその便益は計算可能である、と考える存在だった。彼女たちにとって、自分たちの人生はどこまでも平坦であり、自分たちとはまったく違う考え方をする他者はどこにもいなかった。彼女たちは、しばしば「すんごく共感～」という言い方をしたが、その「共感」という言葉は、異質な存在を異質な存在として──他者として──受容することではなく、自分の世界にとりこむことを意味していた。

恋愛の変容

一九九〇年代における〈ありきたりな将来〉像、他者の消失、エゴイズムの蔓延は、結婚に対立する、純粋な愛（二人だけの世界）としての恋愛、この純粋な愛に対立する、フリーセックス（セックスの愉しみ）としての恋愛を、困難にしただけではなかった。それはさらに、一九八〇年代に大ヒットしたあだち充の『タッチ』、高橋留美子の『めぞん一刻』に描かれたような、フリーセックスに対立する、コケットリー（媚態・秋波）としての恋愛、すなわちイエスなのかノーなのかわからないが相手から離れられない状態としての恋愛を、困難にしていった。

この時代の恋愛は、一方で癒しの意味合いをもつようになったといえるだろう。一九九〇年代のメガヒットメイカーだったユニット「ドリカム」（Dreams Come True）の歌詞にみられるように、この時代、夢も希望もすべて愛に託されていた。しかし、ポジティブなものの実現がすべて「愛」に託されているということは、そこで歌われる「愛」が、かつての恋愛──一九七〇年代の恋愛──ではなくなっていることの証しではないだろうか。そこで語られる恋愛は、「結婚」「純愛」「フリーセックス」といった闘うべき敵を喪い、もっともみじかにあるアジール（癒し）と化していたように見える。

しかし他方で、この時代の恋愛は、ほとばしるような情念を喪ったようにも見える。たとえば、一九九一年に公開された森田芳光監督の映画『おいしい結婚』は、若い男と女が出会って結婚するという話でありながら、そこには身をこがすような、激しく盛りあがる恋愛は描かれていない。かわりに、〈このあたりで手をうつかな〉という交換可能な相手の選択、そして双方の家の関係の調整が描かれている（もっとも、こうした冷静な恋愛という恋愛のかたちは、一九七一年に発表された倉橋由美子の小説『夢の浮橋』にさかのぼることができる）。一九七〇年代に大ヒットした梶原一騎・ながやす巧のマンガ『愛と誠』（1973-6）のなかで、登場人物の一人岩清水弘は、「早乙女愛よ、岩清水弘は君のためなら死ねる！」といったが、そうしたセリフは、この時代、「気持ちわるーい」と嫌がられるものになってしまった。ようするに、一九九〇年代に、恋愛という名の「思いこみ」はほとんど不可能になり、へたをすれば、それはストーカー行為と見なされるようになった。

教育的コミュニケーションの困難

こうした子ども・若者の言動につよい違和感を覚えたのが、教育者たちだった。すでに一九八〇年代半ばから、少なくない教師が子どもの変容に気づいていたが、一九九〇年代になると、多くの教師が子どもをますます「わけのわからない」存在と感じるようになった。「プロ教師の会」（埼玉教育塾）の河上亮一・諏訪哲二の八〇年代から九〇年代の議論は、こうした子どもの変容を前提にしていた。たとえば、諏訪は、すでに一九八〇年代に、生徒たちが完全に変容し「消費社会的な子ども」になった、と論じていた（諏訪哲二 1999：67）。

「学級崩壊」「学校崩壊」といった言葉が使われるようになったのは、一九九〇年代の末であるが、尾木直樹（1999）が定義するところの学級崩壊の状態――「小学校において授業中、立ち歩きや私語、自己中心的な行動をとる児童によって、学級全体の授業が成立しない」という状態は、すでに一九九〇年代のはじめから生じていた。子どもたちは、授業中に立ち歩いたり、私語をするだけでなく、テストや配布物を破り捨てたり、教師の注意を無視したり、教師の胸ぐらをつかむこともあった。さらに、学校で飼育しているウサギやニワトリを針金で縛ったり、ときには殺すこともあった。

一九九〇年代に教育的コミュニケーションが困難になった理由は何か。しばしば指摘されることは、教師の権威が喪われたこと、集団生活になじめない子どもが増えたこと、この二つである（小林正幸 2001）。諏訪が指摘しているように、教師の権威も学校の集団性（クラス・班・行事）も、「近代の理念や建て前では割り切れない」ものである（諏訪哲二 1997：104-5）。それらは、次のような位階的な秩序を前提にしたものである。年齢にもとづく上下関係、性別による上下関係を特徴とする家父長制、「大学」に象徴されるような学問的な真理を頂点とする、カリキュラム・学年制・学校段階、「人格の完成」という言葉に象徴されるような道徳性を体現する人をあがめる、教師―子どもの関係、教師―保護者の関係である。こうした位階的な秩序があるからこそ、子どもたちは、整然とした団体行動、集団活動をおこなうのである。つまり、位階的秩序というインフラストラクチャーが喪われることによって、教育的コミュニケーションは破綻してしまうのである。

システムに寄生し、すみやかに選択

一九九〇年代の子ども・若者がなじんだものは、位階的秩序という障害に邪魔されない、〈すみやかな選択〉である。この時代、子どもたちが必要とした大人は、服従を命令する指導者ではなく、自己選択を援助する助言者である。社会学者のバウマン（Zygmunt Bauman）の言葉を引くなら、「指導者は命令をくだし、規律への服従を要求できるが、助言者は、相手が自分の意見をすすんできいてくれることを期待しなければならず、意見を聞いてもらうために助言者は、まず聞き手の信頼をかちえなければならない」（Bauman 2000＝2001：84）。つまり、教師が教師であるというだけで子どもの信頼をかちえた時代は、終わりつつあった。教師がまずなによりも子どもの信頼をかちえるために努力しなければならない時代が始まっていた。

しかし、一九九〇年代の教師（大人）たちが子どもたちの信頼を全面的にかちえることは、容易なことではなかっただろう。少なくない子どもたちが、進学、就職、結婚、出産、子育て、定年、……といったライフコースをありきたりなものと感じていたからであり、この〈ありきたりな将来〉に自分たちを縛りつけているのは教師（大人）だと感じていたからである。小谷敏は、一九九八年に次のように述べている。「いまや日本の大人たちは、若者や子どもを組織的に甘やかし、彼らの自立と成熟を阻んでいる。……若者たちの自己決定の機会を奪い、『オートマチックに決定された人生』という幻想を彼らに植えつけている。しかし若者たちのなかには、安楽さをもたらす『オートマチズム』にうんざりする気分も生まれている」（小谷敏 1998：254）(5)。

小谷の「オートマチズム」は、いいかえるなら、機能システムに「寄生」（parasite）し、機能システムにさからうことなく〈すみやかな選択〉を行う、という人の在りようである。それは、戯画化していえば、病気になれば、健康を絶対視する医療システムにただちにすがり、子どもができれば、発達を絶対視する教育システムにただちにすがり、不安になれば、信仰を絶対視する宗教システムにただちにすがり、交換ではない贈与を拒絶するくらいに経済システムにただちに埋没し、代議制を疑うことができないくらいに政治システムをただちに信頼する、という生き方である。

一九九五年にリオタール（Jean-François Lyotard）が述べたことは、日本の一九九〇年代にも妥当することだろう。彼は、二〇世紀末期の世界は「システム」にますます支配され、それは資本主義のさらに先をいっていると述べている。すなわち、システムから逃れようとしたり、システムを変えようとしたりする努力・意思そのものがすでにシステムによって予測され、そのなかに組み込まれている、と述べた。ハバーマスがシステムに対抗するものとみなした「生活世界」が今やシステム化されているというのである（『朝日新聞（夕刊）』1995.9/12）。リオタールのいう「システム」は、資本主義ではない。それは、自在に変形し重層し貪欲に併呑する諸機能システムである。

つまり、人びとは、機能システムに寄生することにうんざりしていても（していなくても）、この機能システムから実質的に逃れられないのである。機能システムがヒエラルヒー的な組織としてではなく、先行するコミュニケーションに言及する後続のコミュニケーションとして、この社会全体を覆いつくし、「記号［システム］の内部で、否定的な諸概念、つまり矛盾、対立の営みのすべてが……組織されるようにな」っているからである（Foucault

1994＝1998-2002, No.46：414)。もっと具体的にいうなら、たとえば、一九九八年にアルバム『ミスエデュケイション』(*The Miseducation*) を大ヒットさせたローリン・ヒル (Lauryn Hill) が歌っているように、人種問題・差別問題・性差問題を中心とした言説によって、人生がうんざりするほど物語化されているからである。

社会の流体性指向

学校の位階的秩序を破壊したもの、〈ありきたりな将来〉というイメージ、〈すみやかな選択〉を蔓延させたもの、そしてシステム寄生を常態化したものは、社会そのものの変容である。おおまかにいえば、それは「消費社会化」といえるかもしれない。諏訪哲二は、日本の「消費社会化」が学校のインフラストラクチャーを破壊したと論じている。彼によれば、日本の消費社会化は、一九六〇年代後半から七〇年代の高度成長期に始まり、消費主体としての大人を生みだし、バブル期の一九八〇年代になると、消費主体としての子どもを生みだした (諏訪哲二 1999：39)。諏訪は、この消費主体としての子どもは「徹底して相手（他者）の立場に立とうとしない」子どもであるという (諏訪哲二 1999：182ff)。端的にいえば、集団・全体を無視するエゴイストである。

諏訪によれば、消費主体としての子どもがエゴイストになってしまうのは、彼（女）らが超越性をもっていないからである。それはいいかえるなら、「親や教師やおとな一般も子どもたちを『脅かすもの』たりえていない」からであり、子どもたちが「『自己』は『自己』が立て、『自己』だけが支えるものと思っている」からである (諏訪哲二 1999：192)。ようするに、消費社会化は、一方で私の欲望を肥大させ、他方で公の規範を浸食し、結局、私の欲望を野放しにする、と彼はいうのである。

しかし、消費社会論だけでは説明しきれないものがある。それは、九〇年代を生きる尊大な個人の貧弱さである。なるほど、消費社会におけるもっとも重要な判断――有用か／無用か――を決定する主体は個人である。何を買うべきか、何を知るべきか、何をするべきかは、個人がそれぞれ自己決定する。しかし、自己決定する個人は、「私」

を肥大させているというよりも矮小化している。消費社会の主役は、自己決定する個人ではなく、自動運動する機能システムだからである。人は、いわば、機能システムに群がるハエのようなうっとおしい存在か、機能システムのなかに位置づけられてはじめて存在意義を与えられるような情けない存在ではないだろうか。

経済、政治、医療、教育といった機能システムが社会を支配するようになったのは、機能システムが誕生してすぐのことではない。それは、機能システムが、個々の人間を支えていた共同体（位階的秩序）を著しく浸食し、社会的な規模で人びとを浮遊させるようになってからのことである。日本社会の機能システムの成立は二〇世紀初期に遡ることができるが、日本の機能システムが共同体（位階的秩序）を駆逐していくのは、二〇世紀末期の出来事である。こうした位階的に秩序化された共同体の崩壊を端的に示している現象が、先にのべた教育的な権威の失墜であり、学校的な集団性の喪失であるが、こうした現象は、なにも教育に固有な現象ではなかった。そうした現象は、一九九〇年代以降、経済にも、政治にも、医療にも、芸術にも見いだすことができるからである。

一九九〇年代以降、重視されているのは、資本家、政治家、医者、教師にこれまで付随してきた位階（階級）ではなく、猫の眼のようにかわる情況を喜びつつ、それに臨機応変に対処する、経済的・政策的・治療的・教育的なテクノロジーである。一九九〇年代あたりから日本社会は、バウマンの言葉を借りていえば、〈より巨大・より固定的・より普遍的であること〉よりも〈より早い・より軽い・より動かしやすいこと〉を最優先する、「流体性指向」の社会になりはじめた（Bauman 2000 : 12＝2001 : 18）。機能システムは、すでに基本構造を確立しおえて、自分をより早く・より軽く・より動きやすくすることに腐心しはじめていた、といってもよいだろう。

一九九〇年代に指摘されるようになった「グローバル化」は、こうした社会の流体性指向を端的に表している。グローバル化は、経済に限定された現象のように見えるがそうではなく、人びとの生き方全体にかかわる現象である。それは、世界に展開する経済システムが、人材・資本・商品・情報をつうじて、特定の共同体（国家・地域）

に根ざした経済活動を浸食することであると同時に、有用性・機能性を追い求める機能システムに閉じこめられた人びとが、ひたすら新奇なるものを追い求め、固定的なものを捨て去り、刺激に富んだ生を希求することである。費用便益分析（cost-benefit analysis）はしたがって、グローバル化のなかでもっとも重視される能力である。こうしたグローバル化の流れのなかでは、慣習的なものを再生産したり、安心できる秩序に寄りかかったり、平穏にみちた生を希求することは、時代遅れと見なされるのである（佐伯啓思 2001 を参照）。

学校教育も、社会のこうした流体性指向と無縁ではなかった。学校教育も、もっともらしいヒューマニズムを説きながらも、計算高くて生身を軽んじる子どもを増殖させてきたからである。経済の市場競争は、教育の競争試験と同じものだし、経済人が会社の発展・成功の役に立つことを最優先してきたように、教育者も子どもの発達・成功の役に立つことを最優先してきたからである。そこでは、失敗を許し、挫折に耐え、矛盾を生きるという生身の姿は、今や喪われつつある。教育システムのメタ機能は、基本的に関係の冗長性を排し、生の悲劇性を排し、存在の他者性を排することである。教育者が知らず知らずのうちに、彼（女）らを苛む子ども、すなわち歴史的な文脈から切り離されて浮遊する若者の生成に荷担してきた――こういえば、いいすぎになるだろうか。

ようするに、機能システムに寄生しすみやかに選択することが現代社会のノーマルな暮らし方であるが、私たちの多くは、機能システムに寄生しすみやかに選択することがどうしてノーマルな暮らし方であるのか、その理由を知らないのである。その無知な安穏は、「どうして勉強しなくちゃいけないの？」という子どもの直截な問いによって、たまに破られることがあるが、その問いさえも、「子どもの興味を引きだす教育方法」の開発という真摯な試みによって、無視されていく。

4　システムに響く不協和音

正義に溺れ、他者を消す

さて、まず考えられることは、このように、機能システムに寄生して生きることによって、他人を告発する正義に溺れる人間がふえていくことである。すなわち、機能システムが自分の思いどおりに機能しなければ、当の機能システムではなく、それにかかわる誰かに悪態をつく者であり、それでもだめなら、彼にたいして訴訟をおこす者である。そして、いじめが原因で自殺する子どもにみられるように、自殺という復讐をおこなう者である。

自己防衛のために訴訟を利用しながら、その含意を予想することができない者が「自己責任」「自己決定」の名のもとにおこなうことは、選択可能なものの選択、たとえば、どのメーカーのどの車を買うか、どのオプションをつけるか、どのように自分の部屋を飾りつけるか、どのような差別への批判に荷担するか、どのような難民支援プロジェクトをたちあげるか、といったことである。

もう一つ考えられることは、機能システムによる共同体の浸食によって、配慮すべき他者を見いだすことのできない人間がふえていくことである。他者を配慮すべき存在として認知するためには、親密な関係の経験がどうしても必要である。しかし、機能システムは、地域的なまとまり、個人的なサークル、中産階級的な家庭といった対面的な共同体を浸食し、友情関係、恋愛関係、家族関係を浸食していく。こうした親密な関係がなくなれば、配慮すべき他者もいなくなるだろう。

幼いときから親密な関係を充分に経験してきた人は、共同体から自由になっても、そこに配慮すべき他者を見いだすことができるし、そうすることでエゴイズムを抑制することができる。しかし、幼いころに親密な関係を充分に経験してこなかった人は、共同体から自由になると、そこに他者を見いだすことができず、エゴイズムにとらわれてしまう。たとえば、匿名になると同時に凶悪になる人間、他者の視線をまったく感じなくなる人間が、この種のエゴイズムにとらわれてしまった人間である。

現実と闘うための音

しかし、一九九〇年代、〈ありきたりな将来〉という物語に、すべての若者が倦んでいたわけではなかった。〈ありきたりな将来〉という物語など歯牙にもかけず、他者を告発する正義を唾棄し、他者を無視するエゴイズムを嫌悪し、ひたすら自分をとりまく機能システムと闘いつづける若者たちもいた。一九九〇年代の日本には、〈ありきたりな将来〉という物語だけでなく、ひりひりとした闘いの物語も息づいていた。一九九〇年代のサブカルチャーのなかで、そうした闘いの息吹を伝えつづけたメディアの一つが、月刊誌『ロッキング・オン』である。

『ロッキング・オン』は、日本最高の発行部数をほこるロック系音楽評論誌でありながら、そこに掲載されている評論のほとんどが若い読者の投稿だった。大ざっぱにいえば、そこに浮かびあがるのは、世渡りのうまい計算高い若者でもなければ、共同体的な権威に服従する従順な若者でもない。投稿者たちは、人生を後生大事に送ろうとしていなかったし、生きることへの問いかけをやめなかった。彼（女）らにとって、自分の存在意義はいつまでも疑いつづけるべきものだった。しかし、だからといって、彼（女）らは、人生を降りようとはしなかった。彼（女）らにとって、自分の存在理由はいつまでも闘いつづけることだった。

まじめな児童・生徒だった若者は、闘うためにまず学校知を忘れなければならなかった。ある投稿者は、「記憶喪失は幸福」というタイトルのエッセイに、次のように書いている。「子供の頃は忘れるということについて妙な罪悪感があっ［た］……しかし、あの時あれほど死に物狂いで覚えたこともウソのように忘れてしまった。水洗便所のちり紙のように流れて消えてしまった」（小田島久恵 1991：55）。この投稿者は、人生を後生大事にするために必要な知識、ようするに学校知を下水に流してしまった。あとに残ったものは、今・ここの生のアクチュアリティである。それは、「まったり」などしていられないような違和感、いらだち、息苦しさだった。

機能システムに響く不協和音

彼（女）らをいらだたせ、息苦しくさせていたもの、つまり彼（女）らの敵は、端的にいうなら、悲劇性とともに展開する世界ではなく、あらゆる悲劇性を無化する社会構造だった。それは、思い通りにならないこと、予測できないこと――ようするに他者性（異質性）・悲劇性・冗長性――を無視しつづける人・組織・言説である。それは、たとえば、どこまでももっともなことをいう「金八先生」のような教師であり、子どもを「児童」「生徒」に還元する学校であり、「ふつう」「ノーマル」という名の抽象概念で構成された教育言説だった。

このような機能システムの肥大化に、彼（女）らが抗いつづけた理由は、何だろうか。彼（女）らは、どうして機能システムの肥大化という流れに追随し、計算高くすみやかに生きようとしなかったのだろうか。「外界の雑音によって自分の内なる声を見失ってしまうということ――それこそがもっとも平穏な生き方を約束してくれるというのに……」（砂川史子 1997 : 94）。おそらく機能システムにたえず不協和音を響かせる自分の姿、いいかえるなら、機能システムにつまずいてよろけている自分の姿が、自分という個体性（かけがえのなさ）を示すことになったのだろう。その惨めな姿は、まさに予測不可能性・計算不可能性――悲劇性――だったからである。「滑らかさに埋没した声は、いくらでも他者を、そして自分自身を欺いてしまう。けれど、『僕』の願いを裏切って無様な『僕』を剝き出しにする……声は、けっして嘘にならない」からである（砂川史子 1997 : 94）。

彼（女）らがロックを聴くのは、彼（女）らの違和感を語りうる言葉がなかったからである。一九九一年に、ある投稿者が次のように書いている。「自分の血と肉を持った言葉を自分の中に得ること。当たり前といえばこんな当たり前のことはないはずのことが、いかに私たちの日常から失われているか」。彼（女）らに必要なものは、自分を包囲している得体の知れないこの情況から、自分自身を差異化する音だった。「一度もまともに「反抗」させてもらえたためしのない私たちの弱さを、飾りもせず、繕いもせず、そのどまん中から、このぐにゃぐにゃな地面に向かって、ありったけの声で……響かせようとする」ような歌だった（佐藤和美 1991：71）。

そんなに社会になじめないのなら、カウンセリングでも受けたらどうか、といわれるかもしれない。しかし、彼（女）らの違和感は、カウンセリングが勧める三つのC――自己を相対化する視点（Cognition）、豊かな人間関係（Communication）、健全な自己制御（Control）――で癒されるものではなかった。なるほど、精神科医が論じているように、これら三つのCは、人が社会に順応するための必要条件だろうが、人が社会と闘争するための必要条件ではない。PTSD（心的外傷性障害 Post-Traumatic Stress Disorder）に苦しんでいる人にとって、これら三つのCは必要だろうが、多くの人が「普通」（ノーマル）と見なしている情況を最低の情況と感じながら、その情況を愉しもうとする彼（女）らにとって、これら三つのCは無益である。彼（女）らは、心を癒そうと考えていないし、癒える傷を負わない闘いを闘いとは認めないからである（一條和彦 1997 を参照）。

そんなに社会になじめないのなら、何か超越的な存在（絶対的な理念）に助けを求めてはどうか、といわれるかもしれない。たしかに、一九七〇年代以降に生まれ、物心つくころから機能システムに慣れ親しんできた彼（女）らにとっては、世界・他者・自分が操作不可能であることは、耐え難いことだったはずである。しかし、彼（女）らは、耐え難いはずの「この世界」を捨てようとはしなかった。「この世界は腐っているから、この世界を捨てよう」というカルト教団的な観念論は、彼（女）らの敵だった。彼（女）らはまた、社会的な理念にすがろうともしなかった。「世界は汚れているから、法によってきれいにしよう」という人権主義的な観念論も、彼（女）らの敵だった。彼（女）らは、「世捨て人が開いた悟り……や、盲目的な空想などではなく、あくまで生に固執する者の抱えるもどかしさ」（平野敬三 1997：91）を生きることをめざしていた。いいかえるなら、アンディ・ウォーホールのように、「ここがクソのような世界であろうがなかろうが、ただここに世界が存在しているということに魅了されつづける」（一條和彦 1991：53）ことをめざしたのである。

彼（女）らが聴く音はしたがって、歌って踊れるポップ・ミュージックでも、心を癒してくれるヒーリング・ミュージックでもなかった。彼（女）らが聴く音は、この社会に順応し、この社会の内部に自分を埋め込むためのメディアではなく、たとえば「レディオ・ヘッド」の表現する音のように、自分の置かれた情況に敵対しながらも、自分の置かれた情況のなかで、自分の置かれた情況を愉しむためのメディアでなければならなかった。それは、あるディスク評の言葉を借りていえば、「通りすがりの他人の独り言に自分の想いを聞いたような〝鮮烈〟」な音であり、「しみったれてもいられないし能天気でもいられない、生活者としての僕にとって、虚飾なきリアリズムとして響く」音でなければならなかった（其田尚也 1997：188）。一九九二年に『ロッキング・オン』の編集者の一人は、次のように書いている。「［ロックを聴くこと］はまるで、他の戦線から届いた古い友人からの戦況報告を受けとるようなものだ。［それは］自分が間抜けな日常に悪戦苦闘しているとき、もしかしてこんなくだらないことに懸命になっている馬鹿は俺一人ではないのかという自堕落な被害妄想が頭を過ぎる瞬間に届けられる戒めの声」なのだ、と（田中宗一郎 1992：51）。

機能システムに寄生しているかぎり、機能システムに抵抗するアクチュアルな歓びを感じることはできないだろう。すなわち、通勤電車のなかでピザを食べ散らかしたり化粧に夢中になる女子高生に、また「相互不干渉」という名のもと「自己責任」「自己決定」とつぶやく知識人に、情況に抗する具体的な革命を遂行し、そこに生きる意味を見いだすことはできない。機能システムを嫌悪するどころか、それにすがり、それに埋没してしまう者に、機能システムを嫌悪し、それにあらがい、それを批判する者の気持ちなど、わかるはずもないだろう。

5　生身のポリティクスへ

抽象性の言説

機能システム（教育システム）にたいする違和感に苛まれながら、それと闘いつづける若者の生きざまを捉えようとするとき、とりわけ妨げになるものは、次の三つの言説だろう。欠如感覚を正当化する古典的リベラリズム、ポップ感覚を正当化するポストモダニズム、浮遊感覚を正当化するネオリベラリズムである。きわめて単純化して規定するなら、古典的リベラリズムは〈かがやかしい未来〉を信仰する言説であり、ポストモダニズムは〈さまざまな差異〉を信仰する言説であり、ネオリベラリズムは〈すみやかな選択〉を信仰する言説である。

どの言説も、機能システム（教育システム）にたいする違和感に苛まれながら、それと闘いつづける若者たちの姿を構成するための概念装置をもっていないといえるだろう。彼（女）らの姿は、古典的リベラリストにとっては、夢をもてない「ルーザー（負け犬）」に見えるだろう。また、ポストモダニストにとっては、差異を楽しめない「プロヴィンシャル（田舎者）」に見えるだろう。そして、ネオリベラリストにとっては、自己選択のできない「コミュニタリアン（時代遅れ）」に見えるだろう。

しかし、逆に、機能システム（教育システム）にたいする違和感に苛まれながら、それと闘いつづける若者から見れば、自由・平等・博愛というヒューマニズムの理念で人を扇動しようとする教育者は、メリトクラシーを信仰し早期教育に熱心な人と一緒で、〈かがやかしい未来〉のために他者の他者性を犠牲にする者に見えるだろう。また、自由化という名の市場化を推しすすめる人びとは、テクノロジーを信仰し有用性に魅入られた人びとと一緒で、〈さまざまな差異〉のために生の悲劇性を忘却する者に見えるだろう。そして、機能システムをうまく活用しトラブルをすべて機能システムによって処理する人は、アイデンティティを信仰し過剰な自己言及に倦んでいる若者たちと一緒で、〈すみやかな選択〉のために関係の冗長性を抹消する者に見えるだろう。

生身のポリティクスへ

古典的リベラリズム、ポストモダニズム、ネオリベラリズムに通底するものは、他者性・悲劇性・冗長性に敵対するものを信奉するという態度、すなわち具体的な闘争行為よりも抽象性を重視するという態度である。古典的リベラリズムは生産性という抽象性に、ポストモダニズムは差異性という抽象性に、ネオリベラリズムは自律性という抽象性に囚われている。こうした抽象性の言説は、私という個体性、あなたという他者性が生みだすポリティクス、すなわちいがみあい、ゆるしあい、またいがみあうという、冗長的なコミュニケーションを前提にする生身のポリティクスを無視している。

生身のポリティクスはたしかに鬱陶しいが、それは、これまで「イデオロギー闘争」と呼ばれてきた理念のポリティクスよりもましである。かつてベンヤミン（Benjamin, Walter）が、「模範の概念は……教育論から完全に排除されるべきだ」と述べたように（今井康雄 1998：143から引用）、模範（理念）の伝達という旧来の啓蒙的な考え方は、結局のところ、だれ一人として救いはしないからである。理念は、人を助け起こすどころか、人を擦り潰していくからである。具体的・日常的な文脈から離れた理念は、どうしようもなく貧困で粗雑だからであり、もっともらしい理念によって人を動かそうとする人間は、そのことに気づいていないように見える。

たとえば、渋谷陽一（前出の雑誌『ロッキング・オン』を発行している会社ロッキング・オンの社長）は、「自分がかわいいから、頭の悪い科学技術の利用はやめてもらいたい」と述べ、「自然の破壊は、自分が困らない程度に適当にやってもらいたい」と述べている。彼にとって大事なことは、人を言説（理念）によって扇動（先導）することではない。今、半径五メートル以内で誰と戦うべきか、である。彼は次のように挑発している。「飢えた子供を救うことのどこが悪い、核に反対することのどこが悪い、環境破壊に反対することのどこが悪い、頭の悪い善意の人びとから何百回も言われた言葉である。悪いんだよ、お前の頭と同じくらい悪いんだよ」（渋谷陽一1992：52）。

物事の善悪と知性の有無とを同一視するな、といわれるかもしれない。しかしここでは、その問題を脇に置いて、抽象性の暴力性という彼が指摘する問題を確認しよう。たとえば、「集団」を強調する古いタイプの教育者からみれば、生身のポリティクスを大事にする渋谷陽一は、自分のことしか考えない恣意的な人間に見えるだろう。しかし、渋谷陽一から見るなら、肥大しすぎている「私」と衰微しすぎている「公」とのバランスを回復するために「公共的」な教育を確立しようとする旧世代の教育者こそ、「人間」という理念のことしか考えない恣意的な人間である。彼にとって、公共性の再構築と説くことは「世界平和」「自然保護」を声高に説くことにひとしく、どちらも、どこにもいない人間のための理念、つまるところ、自己満足のための虚言に聞こえるだろう。

こうした抽象性の言説は、先ほどふれた機能システムへの寄生が蔓延する現代社会の危険性と密接に関係している。まず、こうした言説は、ありきたりな正義を神とあがめるいびつな人権主義を増長させ、人権という抽象性によって、個体としての私の代替不可能性を蔑ろにするだろう。また、こうした言説は、喪われつつある親密な関係をさらに喪わせ、疑心暗鬼を広げ、妄想という抽象性によって、他者としてのあなたの了解不可能性を愚弄するだろう。さらに、こうした言説の蔓延するところには、「これをすると、こんなまずいことがあるだろうから、やめておこう」という、抽象的な怯えに満ちた――危険回避行動ではなく――リスク回避行動が広がるだろう。私にとっての当面の敵は、こうした危険性を増大させる抽象性の言説すべてである。

〔注〕

（１）　考えてみれば、「少年犯罪」という言葉の出現そのものが、おそらく一九九〇年代の子どもにたいする不安を示している。「少年犯罪」という言葉は、一九九〇年以前にはほとんど使われなかったからである。警視庁が未成年の違法行為を「非行」

と呼ばずに「少年犯罪」と呼びはじめた時期、そして「ふつうのいい子」が犯す「少年犯罪」を「いきなり犯罪」と呼びはじめた時期は一九九六年以降である。松本良夫（1985）によると、未成年の違法行為は、一九四五年～七〇年までは「犯罪」と見なされていたが、一九七〇年代初頭から「非行」と見なされるようになった。「非行」という言葉には、教育の失敗がまねいたものというニュアンスがあるが、「少年犯罪」には、そうしたニュアンスが感じられない。

（2）ちなみに、社会学者のフリスによるなら、「一〇代（teenager）」は一九五〇年代の概念であり、「若者（youth）」と「若者文化（youth culture）」は一九六〇年代の概念である。前者はおもにその時代の労働者階級の若年層をさし、後者はその時代の中産階級の若年層をさしている（Frith 1983＝1991：216）。

（3）一九七〇年代末期から一九八〇年代において流行したイングランドの「カルチュラル・スタディーズ」においては、サブカルチャーは主要な研究テーマだった。たとえば、支配的な文化にたいする異議申し立てをくわだてたパンクロックが支配的な文化に組み込まれるというパラドクスを論じた、ヘブディッジの『サブカルチャー』（Hebdige 1979＝1986）、労働者階級の若者文化が支配的な文化から相対的な自律性を確保していきながら労働者階級に落ち着いていくメカニズムを示した、ウィリスの『労働のための学習』（日本語訳『ハマータウンの野郎ども』）など（Willis 1977＝1985）。

（4）山下達郎を一躍有名にしたのは、「クリスマス・イブ」という曲である。この曲は、一九八三年に発表されたアルバム *Melodies* に収録されたもので、当初、シングルカットされなかった。シングルカットされたのは一九八六年で、ＪＲ東海のＣＭに使われて大ヒットしてからである。それ以降、この曲は一五年間にわたりヒットチャートに入りつづけ、二〇〇万枚以上の売り上げを記録している。

（5）ありきたりの人生にうんざりしていたのは、少年少女ばかりではなかった。村上龍は「会社で充実感が得られない中年男がどうやって、家族のなかで威厳や尊敬を得ればいいのか」と問い、人生はつまらない、自分は寂しいと態度で示している親を見ているからこそ、少年たちは人生はつまらないものと決めつけ、何かにリアリティを求めて悶々とすると述べている（村上龍 1998：74）。

〔文献〕

一條和彦「「平和、愛、思いやり」、そしてフー・ファイターズ」『ロッキング・オン』26(9)、一九九七
今井康雄『ヴァルター・ベンヤミンの教育思想――メディアのなかの教育』世織書房、一九九八

岩谷宏『ザ・ポップ宣言（仮題）』ロッキング・オン社、一九八一
内田隆三「ブラウン管の中のロートレアモン?・」『現代思想』12(6)：一二二-一三九頁、一九八四
大平健『豊かさの精神病理』岩波書店、一九九〇
大平健『やさしさの精神病理』岩波書店、一九九五
大平健「バブルの末えい多様化」『朝日新聞』一月一三日：8、二〇〇〇
大澤真幸『虚構の時代の果て』筑摩書房、一九九六
大澤真幸「〈透明〉を〈実在〉に変える視線」『児童心理別冊　神戸小学生殺害事件』金子書房、一九九七
大澤真幸『戦後の思想空間』筑摩書房、一九九八
小川博司『音楽する社会』勁草書房、一九八八
尾木直樹『学級崩壊をどうみるか』NHK出版、一九九九
小田晋「少年Aはなぜ罪を犯したか」『児童心理別冊　神戸小学生殺害事件』金子書房、一九九七
小田島久恵「記憶喪失は幸福」『ロッキング・オン』20(4)、一九九一
小谷敏『若者たちの変貌――世代をめぐる社会学的物語』世界思想社、一九九八
粉川哲夫「〃ポストモダン〃社会の差異性」『現代思想』12(6)：七〇-七九頁、一九八四
小谷野敦『もてない男――恋愛論を超えて』筑摩書房、一九九九
斉藤孝『「ムカツク」構造――変容する現代日本のティーンエイジャー』世織書房、一九九八
佐伯啓思『貨幣・欲望・資本主義』新書館、二〇〇一
佐藤和美「敵なき戦場のグルーヴァーズ」『ロッキング・オン』20(3)、一九九一
佐藤俊樹「透明な他者の後で――言説の閉域と階層の閉域と」『大航海』No.35：一一六-一二三頁、二〇〇〇
佐藤直樹『〈責任〉のゆくえ――システムに刑法は追いつくか』青弓社、一九九五
渋谷陽一『ロック微分法』ロッキング・オン社、一九八四
渋谷陽一「半径5メートルのリアリティ」『ロッキング・オン』21(1)、一九九二
砂川史子「墜落する天使の歌声」『ロッキング・オン』26(12)、一九九七
諏訪哲二『〈平等主義〉が学校を殺した』洋泉社、一九九七

諏訪哲二『学校はなぜ壊れたか』筑摩書房、一九九九

其田尚也「孤独な散歩」『ロッキング・オン』26(11)：一八八頁、一九九七

田中宗一郎「自堕落な共同体に死を！」『ロッキング・オン』21(1)、一九九二

平野敬三「永久の青信号を求めて」『ロッキング・オン』26(12)、一九九七

松本良夫「少年非行——戦後40年間の変遷」青少年福祉センター『犯罪と非行』65、一九八五

牟田和恵『戦略としての家族』新曜社、一九九七

村上龍『寂しい国の殺人』シングルカット社、一九九八

三森創『プログラム駆動症候群』新曜社、一九九八

南田勝也『ロック・ミュージックの社会学』青弓社、二〇〇一

宮台真司『終わりなき日常を生きろ——オウム完全克服マニュアル』筑摩書房、一九九五

宮台真司『まぼろしの郊外——成熟社会を生きる若者たちの行方』朝日新聞社、二〇〇〇

山中康裕「心の内にある「悪」」『児童心理別冊　神戸小学生殺害事件』金子書房、一九九七

＊

Bauman, Zygmunt *Liquid Modernity*. Cambridge: Polity Press. 2000（森田典正訳『リキッド・モダニティ——液状化する社会』大月書店、二〇〇一）

Bourdieu, Pierre *La distinction: Critique social du jugement*. Paris: Editions de Minuit. 1979（石井洋二郎訳『ディスタンクシオン——社会的判断力批判』I・II　新評論、一九八九）

Foucault, Michel *Michel Foucault: Dits et Écrits, 1954-1988*, 4 vols. Paris: Gallimard. 1994（蓮見重彦・渡辺守章監修『ミシェル・フーコー思考集成』筑摩書房、一九九八-二〇〇二）

Frith, Simon *Sound Effects: Youth, Leisure, and Politics of Rock'n' roll*. London: Constable. 1983（細川周平・竹田賢一訳『サウンドの力——若者・余暇・ロックの政治学』晶文社、一九九一）

Giroux, Henry A. *The Mouse That Roared: Disney and the End of Innocence*. New York: Roman and Littlefield. 1999（田中智志監訳『ほえたマウス——ディズニーと無垢の終焉』新曜社、近刊）

Hebdige, Dick *Subculture: The Meaning of Style*. London: Methuen. 1979（山口淑子訳『サブカルチャー——スタイルが意味す

るもの』未来社、一九八六）
Lasch, Christopher *The Culture of Narcissism*. New York: W.W. Norton. 1978（石川弘義訳『ナルシシズムの時代』ナツメ社、一九八三）
Willis, Paul *Learning to Labour: How Working Class Kids Get Working Class Jobs*. Farnborough: Saxon House. 1977（熊沢誠・山田潤訳『ハマータウンの野郎ども』筑摩書房、一九八五）

あとがき

本書の執筆をめざして執筆予定者が三日がかりの合宿を行なったのは二〇〇〇年三月初旬、すでに三年ごしの企画ということになる。何度も頓挫しかけた本書の企画を救い上げて下さった勁草書房の伊藤真由美さんに心からの感謝を捧げたい。伊藤さんの理解と助力なしには本書が日の目を見ることはなかった。

＊

三年前の合宿の段階で、編者の側にも執筆予定者の側にも、本書の明確な筋立てがイメージされていたわけではない。ただ、従来なされてきたような戦後教育史の記述の枠組みに対する居心地の悪さが、私たちの共通の前提になっていたことは確かである。従来の枠組みは、戦後民主主義教育とそれに対する「逆コース」という図式にせよ、よき教育の論理に対する悪しき政治の論理・経済の論理の介入という図式にせよ、あるいはかつては健全であった子どもの発達環境の経済成長による劣悪化という図式にせよ、事態をあまりに単純化して捉えているように思われた。個別事実がたとえどれほど「丁寧に」調べ上げられたとしても、こうした善玉・悪玉式の図式が支配している限り、戦後教育史像は結局この単純な図式に収斂していってしまう。

この単純な図式化には、もちろんそれなりの理由があった。最大の理由は、おそらく「教育運動」の必要に応えるということだったであろう。上のような図式は、「逆コース」に対抗し、悪しき政治・経済の論理に対抗し、資本主義的な成長路線に対抗しようとする「教育運動」と不可分の形で形成された。運動を鼓舞し正当化するために、善玉・悪玉図式は便利なものだったかもしれない。この図式に従えば、「われわれ」はあくまで正しく、「敵」はあくまで邪悪なものとして現われるのだから。しかし、この図式が歴史研究を縛り、歴史的現実と取り違えられ、ひいては現実認識を歪めることにつながってしまうとすれば、それはこの図式を提供した理論の側にとっても、それを受け取った運動の側にとっても不幸なことだったであろう。本書は、この不幸な呪縛を少しでも緩めようとする試みである。

＊

本書の執筆者は、これまでヨーロッパやアメリカの教育思想を主なフィールドとしてきた研究者である。教育思想研究の領域では、善玉・悪玉図式は比較的早くに力を失った。それを促した大きな要因は「近代」批判という研究関心だったであろう。アリエスやフーコーらの研究から衝撃を受けつつ近代の教育思想の負の側面に目を向けていったとき、そこに現われてきたのは、これまで白かったものが黒に反転するといった単純な逆転の風景ではなかった。むしろ、「近代」を善玉・悪玉に単純に色分けしたり、ある思想を「進歩的」側面と「反動的」側面に腑分けしたりなどできないという認識が、研究する側に一種の暗黙知として蓄積されていったのである。教育思想の領域は、いたるところにパラドックスや意味の反転や両義性をかかえこんだ複雑な相貌をもって現われてきた。こうした近代教育思想史研究の成果を提示しようとしたのが、本書の編者らも執筆に加わった『近代教育思想を読みなおす』（新曜社、一九九九年）であった。「戦後教育史を読みなおす」をタイトルに持つ本書はその続編と言ってもよい。もちろん、執筆陣は大幅に入れ替わっているし、また本書は欧米をフィールドとした教育思想史研究の戦後教育史への単なる「応用編」でもない。しかし、「近代」批判という関心に導かれた教育思想史研究は、自己自身の立脚点を問う再帰的な問いと不可分に結びついていた。欧米近代の教育思想との一見迂遠な取り組みは、実はそうした近代教育思想に正当性の基盤を求めてきた教育学のものの見方を問いなおす作業でもあった。この再帰的な問いのループを戦後日本というより身近な対象を巻き込みうるまでに引き絞ること――これは、この戦後日本という対象を私たちがこれまで専門的に研究してきたわけではないという意味ではたしかに飛躍ではあったが、私たちにとってごく自然な飛躍であった。本書は、戦後教育史という、私たちの直接的な正当性の基盤となってきた構築物に対して、「近代」批判によって鍛えられた再帰的な問いを作動させようとする試みである。

＊

最初に触れたとおり、本書の具体的なイメージが最初から編者の側にあったわけではない。「政治と教育」という本書を貫くテーマが浮上したのも企画の最終段階になってからである。しかし、戦後教育史の呪縛を緩め、戦後教育史に再帰的な問いを働かせようとしてなされた各執筆者の極めて個性的な試みが、「政治と教育」としてくくれるようなテーマ群に収斂していったことはやはり偶然ではあるまい。「教育運動」が描いた対立の図式が解体した後も、そこで提起された教育の公共性をめぐる問いは解消していない。教育をめぐる公共空間をどのように理解し構築していくかという広い意味での政治的な問題が、冷戦の終結やグローバル化の進展といった新しい条件のもとで改めて問われているのである。教育をめぐる現在の様々な困難の責任を一括して「日教組」や「戦後教育」や「教育基本法」に負わせて鬱憤晴らしをする類いの粗雑な議論も現れている。しかしそれに対抗しようとして、またあの善玉・悪玉図式を持ち出すとすれば、それは同じ粗雑さのレベルへと下降する道でしかあるまい。必要なことはむしろ、右のような議論の粗雑さが曇りなく明らかになるような、かつまた新しい条件のもとでの教育の公共空間が構想可能になるような、議論のレベルを確保することなのである。本書がそのための一つの貢献となることを望みたいと思う。

二〇〇三年八月

今井康雄

執筆者紹介（執筆順）

森田尚人（もりた　ひさと）
1944年生まれ，東京大学大学院教育学研究科博士課程修了，中央大学文学部教授。
『デューイ教育思想の形成』（新曜社，1986），『教育研究の現在：教育学年報１』（藤田英典らとの共編著，世織書房，1992），『現代教育学の地平――ポストモダニズムを超えて』（増渕幸男との共編著，南窓社，2001）

森田伸子（もりた　のぶこ）
1945年生まれ，東京大学大学院教育学研究科博士課程修了，日本女子大学人間社会学部教授。
『子どもの時代――エミールのパラドックス』（新曜社，1986），『テクストの子ども――ディスクール・レシ・イマージュ』（世織書房，1993），『文字の経験――読むことと書くことの思想史』（勁草書房，2005）

小玉重夫（こだま　しげお）
1960年生まれ，東京大学大学院教育学研究科博士課程修了，東京大学大学院教育学研究科教授。
『教育改革と公共性――ボウルズ=ギンタスからハンナ・アレントへ』（東京大学出版会，1999），『シティズンシップの教育思想』（白澤社，2003）

鳥光美緒子（とりみつ　みおこ）
1952年生まれ，広島大学大学院教育学研究科博士課程修了，中央大学文学部教授。
『ドイツの家族』（I. ヴェーバー=ケラーマン，勁草書房，1991），『近代教育の再構築』（共著，福村出版，2000）『新しい時代の幼児教育』（共著，有斐閣，2002）ほか。

松下良平（まつした　りょうへい）
1959年生まれ，京都大学大学院教育学研究科博士課程修了，金沢大学人間社会学域学校教育学類教授。
『知ることの力――心情主義の道徳教育を超えて』（勁草書房，2002），『道徳の伝達――モダンとポストモダンを超えて』（日本図書センター，2004）

松浦良充（まつうら　よしみつ）
1958年生まれ，国際基督教大学大学院教育学研究科修了，慶應義塾大学文学部教授。
『経験の意味世界をひらく――教育にとって経験とは何か』（共編，東信堂，2003），『大学改革』〔教育学年報９〕（共著，世織書房，2002），『いま教育を考えるための８章――現代教育の基礎理論』〔改訂版〕（編著，川島書店，1999）

今井康雄（いまい　やすお）
1955年生まれ，広島大学大学院教育学研究科博士課程修了，東京大学大学院教育学研究科教授。
『ヴァルター・ベンヤミンの教育思想――メディアのなかの教育』（世織書房，1998），『子どもたちの想像力を育む――アート教育の思想と実践』（佐藤学との共編著，東京大学出版会，2003），『メディアの教育学――「教育」の再定義のために』（東京大学出版会，2004）

山名淳（やまな　じゅん）
1963年生まれ，広島大学大学院教育学研究科博士課程修了，東京学芸大学准教授。
『ドイツ田園教育舎研究――「田園」型寄宿制学校の秩序形成』（風間書房，2000），『教育人間論のルーマン――人間は〈教育〉できるのか』（共編著，勁草書房，2004），『夢幻のドイツ田園都市――教育共同体ヘレラウの挑戦』（ミネルヴァ書房，2006）

田中智志（たなか　さとし）
1958年生まれ，早稲田大学大学院文学研究科教育学専攻博士課程修了，山梨学院大学法学部・大学院社会科学研究科教授。
『ペダゴジーの誕生――アメリカにおける教育の言説とテクノロジー』（編著，多賀出版，1999），『〈教育〉の解読』（編著，世織書房，1999），『他者の喪失から感受へ――近代の教育装置を超えて』（勁草書房，2002），『〈近代教育〉の社会理論』（編著，勁草書房，2003），『教育がわかる事典』（日本実業出版社，2003），『人格形成概念の誕生――近代アメリカの教育概念史』（東信堂，2005）ほか。

教育と政治／戦後教育史を読みなおす

2003年9月20日　第1版第1刷発行
2009年7月20日　第1版第2刷発行

森田尚人
編著者　森田伸子
今井康雄

発行者　井村寿人

発行所　株式会社　勁《けい》草《そう》書房

112-0005 東京都文京区水道2-1-1 振替 00150-2-175253
（編集）電話 03-3815-5277／FAX 03-3814-6968
（営業）電話 03-3814-6861／FAX 03-3814-6854

三協美術印刷・鈴木製本

http://www.keisoshobo.co.jp

教育と政治／戦後教育史を読みなおす

2017年7月1日　オンデマンド版発行

森田尚人
編著者　森田伸子
今井康雄

発行者　井村寿人

発行所　株式会社　勁《けい》草《そう》書房

112-0005 東京都文京区水道 2-1-1　振替　00150-2-175253
（編集）電話 03-3815-5277／FAX 03-3814-6968
（営業）電話 03-3814-6861／FAX 03-3814-6854

印刷・製本　（株）デジタルパブリッシングサービス http://www.d-pub.co.jp

AJ954

ISBN978-4-326-98279-0　Printed in Japan